夜船閑話
延命十句観音経霊験記

白隠禅師

伊豆山　格堂

春秋社

白隠禅師　百寿字（岡山市曹源寺蔵）

観世音南無仏与仏
有因与仏有縁仏法
僧縁常楽我浄朝
念観世音暮念観
世音念々従心起念々
不離心

十句観音経讃　白衣観音像

白隠禅師筆

本書は、伊豆山格堂著『白隠禅師　夜船閑話』（初版一九八三年）、『白隠禅師　延命十句観音経霊験記』（初版一九八七年）を合本したものである。なお刊行に際し一部表記や見出しを改めた。

白隠禅師　夜船閑話・延命十句観音経霊験記　目次

夜船閑話

延命十句観音経霊験記

白隠禅師　夜船閑話・延命十句観音経霊験記

夜船閑話

はじめに

『夜船閑話《やせんかんな》』は、江戸時代禅界の最高峰白隠《はくいん》禅師が著わした仮名法語《かなほうご》で、『遠羅天釜《おらてがま》』と並んで、白隠仮名法語の双璧《そうへき》と称すべきものである。

本書について故東大教授常盤大定《ときわだいじょう》博士は「禅師自身が禅病対治の体験を述べたものである。由来、医術未発達の往時に在っては、社会教化に当る者には、養生医療の心得に関する訓誡の著が少くない。沢庵禅師にも有名な医薬の著があり、平田篤胤には〝しづの窟〟がある。しかるに本篇は、事を白幽真人なる隠士に受けたと称するものであり、道教的色彩頗る濃厚で、殊に禅病に限るが如く、しかもその禅病は多く黙照枯坐より来る者なるを思ふ時、禅師の宗風を知るは勿論《もちろん》、吾が国文化史上にすら一問題を与へる底《てい》の重要なるものである。」と推称されている（大日本文庫『白隠禅師集』解題）。禅師は自画像の自賛にすら「挫キ二今時黙照ノ邪党ヲ一」云々と書いている位、黙照枯坐の枯木《こぼく》禅を嫌っていたが、『夜船閑話』が問題にしている禅病は、禅師自らが体験した「観理度に過ぎ」「多観を以て此重症を見る」底《てい》のもので、臨済禅の公案《こうあん》（禅問題）工夫《くふう》にともない易い病弊であるから、常盤博士の「禅病は多く黙照枯坐より来る」とされるのは本書の場合には当らない。

禅師は本書で、「内観」と「輭酥《なんそ》（軟蘇）」の二法（二つの教え）を白幽《はくゆう》という仙人めいた人から授かり、神経症・ノイローゼを治した始末を興味深く語っているのであるが、元より単に修行者の禅病に限られる療法ではなく、一般人にも適切な精神療法であり、寧ろ、あまねく身心の健康法として尊重さるべきものである。実際、多くの人々が、本書が説く所を実践し、身心の健康上、大きな恩恵を蒙って来たのであった。良寛和尚も山田七彦（良寛の甥馬之助の妻の実家主人）宛《あ》ての手紙で「白幽子伝《でん》弥《いよいよ》御つとめ被遊《あそばされ》候哉《そうろうや》。野衲《やのう》（野僧。私）は彼《か》の法を修《しゅ》し候故《ゆえ》か、当冬《とうふゆ》は寒気も凌《しの》ぎやすく覚《おぼえ》候」と言っている。白幽に著書はない。良寛は『夜船閑話』を読んで内観・軟蘇を実践し、人にも勧めたと思われる。

この古典的名著については既に数種の解説書があるが、春秋社の依頼に応じ今改めて玆に新釈を提供する所以《ゆえん》は、出来るだけ綿密周到な註を施して原著の深い含蓄をひろく世の人に味わっていただきたいと思うにある。

本稿は故あって久しく春秋社の篋底に在ったが、この度漸く世に出る事になった。玆に社長田中弘吉氏と編集部の岡野守也・鈴木龍太郎・西垣鼎三氏の労に対し、深く謝意を表する。殊に西垣氏には、故葛生勘一氏と並び多年お世話になった。

昭和壬戌十一月

格堂　記

原文・語釈
現代語訳

夜船閑話

①夜船閑話《やせんかんな》　序《じょ》

②窮乏庵主饑凍《きゅうぼうあんじゅきとう》　選《せんす》

宝暦丁丑③《ていちゅう》の春、長安④の書肆小川⑤の何某《なにがし》とかや聞《きこ》へし、遠く草書を裁して、吾が鵠林⑥《こくりん》近侍の左右に寄せて云《いわ》く、

伏⑦して 承《うけたまわ》る、老師⑧の古紙堆中⑨《こしたいちゅう》、夜船閑話《やせんかんな》とかや云《い》へる草稿あり、書中多く気⑩を錬《ね》り精《せい》を養ひ、人の営衛⑪《えいえい》をして充《み》たしめ、専ら長生⑫《せい》久視の秘訣を聚《あつ》む。謂《いわ》ゆる神仙錬丹⑬の至要なりと。是故《このゆえ》に世の好事⑭《こうず》の君子、是《これ》をおもふ事、荒旱⑮《こうかん》の雲霓《うんげい》の如し。偶々《たまたま》⑯雲水の徒侶《とりょ》窃《ひそ》かに伝写し来《きた》るあるも、秘重《ひちょう》し珍蔵して、人(を)おして見せしめず。天瓢⑰《てんぴょう》むなしく櫃《ひつ》におさめて匿《かく》したるが如し。願《ねがわ》くは是《これ》を梓⑱《あずさ》に寿《いのちな》がふして、以て其《その》⑲渇を慰《い》せん。聞く、老師《ろうし》常に人を利するを以て老後を楽しみ玉《たま》ふと。若夫《もしそれ》人に利あらば、師豈《あ》に是れを吝《お》しみ玉わんや、と。

二⑳虎《こ》含み来《きたっ》て師に呈す。師、微々《びび》として笑ふ。

此《ここ》において諸子《しょし》旧書櫃《しょき》を開けば、草稿、㉑蠹魚《とぎょ》の腹中に葬《ほうむ》らるる者中葉《なかば》に過《す》ぎたり。諸子即ち訂正伝写《でんしゃ》して、既に㉒五十来紙《らいし》を見る。即ち㉓封裹《ふうか》して以て京師《けいし》に寄せんとす。予が㉔馬歯、一日《いちじつ》も諸子に長たるを以て、其《そ》の㉕端由《たんゆ》を書せん事を責《せ》む。予も亦《また》辞せずして書す。

①夜船閑話　夜船《よぶね》の乗合いの人々が、むだばなしをしたのになぞらえた書名で、謙遜の意を含めたもの（詳しくは解説・九七頁を参照）。「閑」は無益の意。

②窮乏庵主饑凍　「饑凍」は飢《う》え凍《こご》えていること。白隠和尚がユーモラスに、自分を客観化して形容した戯称。事実、その頃の松蔭寺《しょういんじ》は、貧乏寺《でら》であった。「選」は選述、正しくは撰述。詩文をつくること。

③丁丑　「ひのとうし」の年は宝暦七年（一七五七）、桃園天皇の御宇《ぎょう》、九代将軍家重《いえしげ》の時代。白隠和尚七三歳。

④長安　京都《きょうと》を中国風にいう言葉。長安は今の陝西《せんせい》省西安《シーアン》市で、前漢・隋・唐時代の都。洛陽《らくよう》（河南省洛陽《ルオヤン》。東周・後漢・西晋・北魏・後唐等の都）と並び、有名な古都。京都の皇居朱雀《すざく》門から羅《ら》城《じょう》門に通ずる朱雀《すざく》大路を中心に、左京（東ノ京）・右京（西ノ京）に分ち、左京を洛陽、右京を長安と言う風が昔あった。又、京都全体を長安、或いは洛陽とも言った。

⑤小川の何某　異本に「小川の」の代りに「松月堂」とある。出版書肆松月堂は、左京区寺町通り六角下ル　小川源兵衛。

⑥鵠林　松蔭寺の山号を鶴林山《かくりんざん》と言う。鵠《こく》は白鳥《はくちょう》の事であるが、鶴と同種であるところから、白

隠和尚は「鵠林《こくりん》」を別称として用いた。「近侍の左右」とは、目上《めうえ》の人に直接手紙を出すのは失礼に当るので、左右に近く侍する人々に宛てて送り、取り次ぎを乞う意。今でも手紙の宛て名のわきに「侍史」「侍曹」などと書くならわしがある。

⑦「伏して承る」は、中国書翰文の体裁にならったもので、「うかがうところによりますと」という意。下の「神仙錬丹の至要なりと」につづく。転置法。

⑧老師　師家分上《しけぶんじょう》の禅僧を尊んでいう。老は老熟・円熟の意で、老年の意はない。

⑨古紙堆中　古反故《ふるほご》の堆《うずたか》き中に。

⑩「気を錬り精を養ひ」は、不老長寿を旨とする道教思想の語。「気」は、呼吸の息《いき》を始めとし、五臓六腑にそれぞれ生命の根源たるものがあってこれを養っている、と古代人が考えたもの。気を錬るというのは、気を錬り固め衰えしめざること。「精」は精気とも熟し、やはり生命の根源たるもの。但し漢方医学では血と気との調和を重んじ、血の精微なるものを精となす。精は即ち血である。精液も其の一で、これを濫費するは生命を損ずる所以《ゆえん》。精を養う事が生命を保つために必要である。

⑪営衛　本来は昔の軍隊用語。営は将軍の本陣、衛は士卒の陣。古代医書『黄帝内経』によれば、「営」は血が脈《みゃく》中に行き、「衛」は気がそれを引いて脈外を運行すること。本文の場合、血と気が不足なく充満する意。

⑫長生久視　『老子』守道第五十九に「長生久視之道」とある語「人を治め天に事《つか》うるは嗇《しょく》（節用）に如《し》くは莫《な》し」とする思想。「久視」は世の行末《ゆくすえ》を長く視る意、長生と同じ。『黄帝内経』に

も用いらる。

⑬神仙錬丹　「神仙」は長生の仙人。「錬（煉）丹」は長生の丹楽《たんやく》をねり上げる意。丹は元来、水銀と硫黄の化合物の丹砂。精製して、顔料や薬（強精剤）を作る。のちに広く、ねり上げた薬を丹薬という。道教で不老不死のふしぎの効《き》きめありとする練り薬を練る意。それより意を転じ、臍《せい》下丹田《かたんでん》（へその下一寸乃至一寸五分の所）に精気の本があるので、それを錬磨する意。本文の場合はこの意。

⑭好事の君子　物事に深く心を寄せる、探究心のある人々。

⑮『孟子』梁ノ恵王章句下に「民の之《これ》（湯王）を望むこと、大旱《かん》の雲霓《げい》を望むが如し」とあるに由る。日照りが続くと田畑が荒凶になるので、雨をもたらす雲や虹を人々が切に望むようである。

⑯雲水　禅門修行僧。行雲流水の如く師を求めて行脚《あんぎゃ》修行する僧を雲水（雲衲）と称す。

⑰天瓢　傾けると雨が降るという仙人の宝物。出典不明。本文は、大切な宝物をかくして見せない意。「櫝におさめて」は、『論語』子罕《しかん》篇に「斯《ここ》に美玉（孔子の形容）あり。匵《とく》（はこ）に韞《おさ》めて諸《これ》を蔵せんか」云々とあるに基づく。櫝は大きな箱や戸だな。

⑱梓　昔は版木に梓《あずさ》を用いたので、出版の事を上梓《じょうし》といった。但し、日本では桜の木を版木に用いた。「寿」は「いのちながし」とよみ、永久に伝える意。

⑲　渇望を満たす。前の荒旱雲霓の句に応ずる。

⑳二虎　「潭州華林《かりん》善覚禅師。馬祖に嗣《つ》ぐ。常に錫《しゃく》を持して夜、林麓の間に出づ。七歩に一度錫を振い、一度観音の名号を称《とな》う。一日、観察使裴休《はいきゅう》之を訪う。問うて曰く、師還《ま》た（抑《そもそ》も）侍者

有りや否や。師曰く、一両箇あり。裴曰く、甚《いず》麼れの処にか在る。師乃ち大空・小空と喚ぶ。時に二虎、庵後より出づ。裴休之を視て驚悸《きょうき》（びっくり）す。師之に語って云く、客有り、且《しばら》く去れと。二虎哮吼《こうく》して去る。裴問うて云く、師何《なん》の行業を作《な》してか感得すること此《かく》の如くなる。師良久《りょうきゅう》して（しばらく黙って）曰く、会《え》すや（わかったかい）。曰く、不会《ふえ》（わかりません）。師曰く、山僧常に観音を念ず」（『景徳伝燈録』八）。二虎は侍者の意であるから、必ずしも二人とは限らない。侍者が書肆の手紙を持ち来って老師に差し上げた、という意であるが、虎と言ったので、口に「含み来て」と、獣が物を運ぶように表現した。

㉑蠹魚　紙魚《しみ》。紙を食う銀白色の虫。シミに草稿紙を半分以上も食われてしまっていたが、既に写した物を借りて来て対校訂正した。

㉒「来」は音調を助け意を強める助辞。「五十来紙」は五〇枚の紙。

㉓本文の「即ち」は、すぐ前の「諸子即ち」の「即ち」と共に、「乃ち」とするを正しとする。「そこで」の意。

㉔馬歯　馬齢。自分の年齢を謙遜して言う。『倭漢三才図絵』に「馬三十二歳。以テレ歯知ルレ歳ヲ」として「一歳駒歯二、二歳歯四、三歳歯六（中略）自ヨリ二二十七歳一次第ニ歯白ク。至リ二三十二歳ニ一上下尽ク白シ」とある。

㉕端由　由緒。成立事情。

宝暦七年（一七五七）の春、京都の本屋《ほんや》小川なにがし（松月堂・小川源兵衛）とかいう人が、はるばる急ぎの手紙を書いて、私の侍者に宛ててよこしたが、曰く、〝うかがうところによりますと、老師の沢山な古い書きものの中に、『夜船閑話』とかいう草稿がありますそうで、その内容は、不老長寿を理想とする道教思想にもとづいて、一切《いっさい》生命の根源たる「気」や「精」を養い、人体に、血液と気息が充ちるようにする事、『老子』の長生久視、即ち長命の秘訣が集めてあり、いわゆる神仙の、不老不死の薬《くすり》を練り上げる秘訣《ひけつ》が説かれていると申します。それ故、世間の研究心の強い人達がこの書を見たいと思うのは当然で、ちょうど日照《ひでり》に雨をもたらす雲や虹を待っているようであります。たまたま雲水連中がコッソリ写している者があっても、大事にして人には見せず、丁度、仙人の宝を箱に入れて隠しているようであります。実にもったいないことで、出版業者たる私は、それを刊行して永久に後世に伝え、人々の渇望を充たしたいと存じます。老師は常々、人の為めになる事をするのを老後の楽しみとしておられます由、人を利する事ならどうしてこれを惜しまれましょうか〟と。

侍者はその手紙を、私に差し出した。私はニコニコして承諾した。

そこで、徒弟達が古い文箱《ふばこ》を開くと、『夜船閑話』の原稿は、紙魚《しみ》に食べられている事半分以上である。徒弟達は早速それを訂正して写したのであったが、その訂正された原稿が既に五十枚にもなったので、封じ包んで京都に送ろうとした。私が皆より年長たるため、皆が由来を書いて下さい、としきりに要求した。私も辞退しないで書くことにした。

云く、師、鵠林《こくりん》に住すること大凡《おおよそ》四十年、㉖鉢嚢《ほのう》を掛けしより以来《このかた》、雲水参玄㉗の布衲子《ふのっす》纔《わず》かに㉘門閫《もんこん》に跨《またが》れば、師の毒涎《どくぜん》を甘《あま》なひ痛棒を滋《うま》しとして、辞し去るを忘るる者、或は十年或は二十年、鵠林林下《りんか》の塵と成る事も亦総《そう》に顧みざる㉙底《てい》あり。尽く是《これ》㉚叢林《そうりん》の頭角《ずかく》、四方の精英なり。各々西東《さいとう》㉛五六里が間に分けて（異本に、「分れて」）旧舎廃宅、㉜老院破廟、借《かり》て菴居《あんご》の処として清《（精）》苦す。㉝朝艱暮辛《ちょうかんぼしん》、昼餒夜凍《ちゅうたいやとう》、口に投ずる者は㉞麦麩《ばくふ》、耳に触るる者は熱喝《ねっかつ》垢罵《め》、骨に徹する者は瞋拳痛棒《しんけんつうぼう》、見る者 顙《ひたい》を攢《あつ》め、聞《きく》者肌汗《はだえあせ》す。鬼神もまた涙を浮べつべく、魔外《まげ》もまた掌《たなごころ》を合せつべし。

其初め来《きた》る時は、㉟采《（宋）》玉河《（何）》晏《かあん》が美貌有《あり》て、肌膚《きふ》光沢凝《こ》れる膏《あぶら》の如くなる者も、久しからずして恰《あたか》も㊱杜甫賈嶋《とほかとう》が形容枯槁《ここう》、顔色憔悴《しょうすい》するが如く、或は㊲屈子《くっし》に沢畔《たくはん》に逢ふが如し。参玄軀命《くみょう》を顧《かえり》みざる底《てい》の勇猛《ゆみょう》の上士に㊳あらざるよりんば、何の楽《たの》しみ有《あっ》てか片時《へんじ》も㊴湊泊《そうはく》する事を得んや。

是故《このゆえ》に往々に㊵参窮度に過ぎ、㊶清《（精）》苦節を失する族《やから》は、㊷肺金いたみかじけ、㊸水分枯渇して、㊹疝《せん》癖塊痛《ぺきかいつう》、難治の重症を発せんとす。是《これ》を憐《あわれ》み是を愁《うれ》ひて、師㊺不予《ふよ》の色有る者《もの》連日、乍《たちま》ち忍《にん》俊不禁《しゅんふきん》にして、㊻雲頭を按下《あんげ》し、㊼老婆の臭乳を絞つて、是に授《さずく》るに㊽内観の秘訣を以てす。

㉖鉢嚢　雲水僧が托鉢《たくはつ》の時用いる鉄鉢《てっぱつ》と頭陀袋《ずだぶくろ》。それを（壁に）掛けるとは、雲水生活を終えて住職となること。

㉗「参玄」は参禅、「布衲子」はフノッスと訓《よ》むが、「布衲」はフノウと訓んでよい。木綿《もめん》の衲衣《のうえ》を着た雲水。衲はころも。特に破れ目を縫い込めた粗衣。

㉘門閫　門のしきみ。ちょっとでも門の敷居をまたいで寺内に入れば。

㉙底　助字。本文の場合は、者・人の意。

㉚叢林　道場。くさむら・林の如く多くの僧が集まって修行する場所の意。「頭角」はすぐれた者。

㉛　此の「里《り》」は中国里（六丁一里）。六里で日本の一里（四キロ）に当る。

㉜老院破廟　古寺・破れ社《やしろ》。松蔭寺は狭い貧乏寺であったから修行僧を収容し切れなかった。

㉝　朝夕艱難辛苦する。昼は腹がへり夜は凍える。托鉢のみに頼る日常生活は不自由だらけ。

㉞麦麩　小麦から麦粉をとった糟《かす》。屑麦《くずむぎ》。ふすま。

㉟宋玉・河晏　宋玉は戦国時代楚の詩人。屈原《くつげん》の弟子。楚の大夫《たいふ》（卿に次ぐ高官）となる。美男子を以て知られ『十訓《きん》抄』巻十一にもその逸話が載せられた。何晏は三国時代魏《ぎ》の人。才に秀《ひい》で美貌で魏の公主（皇女）を妻にめとった。『論語集解《しっかい》』の著で知られる。

㊱杜甫・賈嶋　唐の大詩人杜甫は、玄宗の朝に集賢院の待制（詔により詔勅を起草したり政治上の顧問をする官）にされ、粛宗により左拾遺《しゅうい》（天子の誤りを諫める役）になったが、後に官を棄て甘粛の秦州に客居し薪を拾い橡栗《しょうりつ》（しばぐりの実）を食って生活した。賈嶋は唐の范陽の人。初め僧

であったが詩才を韓愈（退之）に認められ、遂に還俗《げんぞく》し進士（科挙の合格者）となり、長江の主簿（記録を掌る官）となった。詩を作るや苦吟すること甚しかった。「顔色憔悴。形容枯槁」（顔色やつれ衰え、身体がやせ細ること）は屈原の「漁父辞《ぎょほのじ》」（今は後人の模作とされている）の中の文句であるが、杜甫の耐乏生活、賈嶋の苦吟に対して用いた。

㊲屈子　屈原、名を平といい、原は字《あざな》。戦国時代、楚の王族。懐王に仕え国政を執り信任せられたが、人に妬《ねた》まれ疎《うと》んぜられた。「離騒《りそう》」（離を遭、騒を憂の意に解し、「憂に遭う」意とも、或いは「離別の憂」の意とも解されている。楚国文学『楚辞』の第一の名作）を作って王に訴えたが、襄王の時再び讒に遭い長沙に流された。原《げん》、江濱《こうひん》に到り髪をふり乱し、沢畔《たくはん》に行吟した。顔色憔悴、形容枯槁、「懐沙」の賦を作り、石を抱いて汨羅《べきら》（湖南省の川）に投じて死んだ。

㊳「あらざるよりんば」は、「あらざれば」、の意。

㊴湊泊　滞留。とどまる。

㊵参窮　参禅して道を窮めること。参究。

㊶清苦　「清苦」は「精苦」が正しい。精進辛苦。

㊷肺金　肺臓。中国古代医学では五臓を五行《ごぎょう》（万物を作る木・火・土・金《こん》・水の五つの元素）に当て、肺金、心火、肝木、脾《ひ》土《ど》、腎水と称した。肺は臓の長とされ、一身の気を司るものと考えられた。

㊸水分枯渇　気水合一が失われ、気が衰えれば水分も涸れてしまう。

㊹疝癖・塊痛　「気積テ如キレ山ノ故ニ曰ウレ疝ト」。気の滞りより生ずる病を疝という。腰腹などの筋肉のひきつり痛む病。癖は痼癖《こへき》。病が固まって持病となること。塊痛も疝と同様、気水の滞りより生

ずる痛み。
㊺不予　予は悦。悦ばざる顔つき。「忍俊不禁」は俊敏な者が他人がテキパキ事を運び得ないことを忍んで見ていられない意から、転じて、慈悲心を禁じ得ない意に用いられる。
㊻雲頭　雲は高く聳える意。容易に下げない高い頭《あたま》を下げ、我《が》を折って。
㊼老婆の臭乳　出ない乳を強いてしぼり出し、しかも臭い乳を出して。
㊽内観　心を静めて自己自身を観察する事で、その大略は次に記され、また本文に更に詳細に記されている。

私は三十三歳で鶴林山《かくりんざん》松蔭寺の住職となり、今は七十三歳、およそ四十年になったわけだが、住山以来修行にくる雲水は寺の敷居をまたいで寺内《じない》に入《い》るや否や、師たる私の厳《きび》しい教えを甘んじて受け、棒で打たれてもありがたいと思って逃げ出さず、十年二十年の修行をし、此の寺で死んでもいいとさえ思う者もあった。ここに来る僧は皆、禅門の俊英ばかりであった。それらの僧は、松蔭寺が狭いので、わかれわかれになって、寺から一里内外の所にある古家《ふるいえ》や古寺《ふるでら》、破れた社《やしろ》等を借りて住み、松蔭寺に通って修行した。朝夕苦労し昼は飢え夜はこごえる有様である。口にする食物は野菜に屑麦《くずむぎ》であり、耳に触れるものは、私から与えられる激しい喝（どなり声）や口汚く罵る声であり、骨身に徹して受けたものは私の打つ拳《こぶし》や棒であった。見る者余りのひどさに顔をしかめ、聞く者はゾッとして冷汗を流す始末。さすがの鬼神も涙を浮かべ、悪魔外道《げどう》も哀れに思って合掌するであろうという程である。

彼等が初めて松蔭寺に来た時は、美丈夫で名高い楚の宋玉《そうぎょく》や魏《ぎ》の何晏《かあん》のように、皮膚がつやつやして膏《あぶら》ぎっていた者も、間もなく、晩年肺病で困窮した唐の詩人杜甫《とほ》や、苦吟甚しかった同じく唐の詩人賈島《かとう》のように、衰弱して顔色やつれ、或いは宋玉の師の屈原《くつげん》が、失意の末に沢のほとりをさまよいながら詩作に耽っているのに逢うような有様になってしまう。いのちがけで参禅する勇猛の優れた人物でなければ、何の楽しみもないこのような所に片時《かたとき》もとどまることが出来る筈はない。

それ故、屢々《しばしば》修行が各自の体力の限度を越えた人々は肺臓を悪くし、水分が枯れ、下腹部の痛む病が持病となり治りにくくなる恐れがある。これを憐み心配して、私の不快な顔つきの日が長く続いたが、或る時急にふびんで我慢出来なくなって、遂に我《が》を折り老婆心を出し、それらの者たちに「内観」の秘訣を授けることにした。

●

⑭乃《いまし》ひ云く、若是《もしこれ》参禅辨道の上士⑩心火逆上し、身心労疲し、五内⑫調和せざる事あらんに、鍼⑬灸薬の三《み》つを以て是を治せんと欲せば、縦《たと》ひ⑭華陀扁倉《かだへんそう》と云へども、輒《たやす》く救ひ得る事能わじ。我に仙人⑮還丹《げんたん》の秘訣あり。儞《なんじ》が輩《とも》がら試みに是を修《しゅ》せよ。奇功を見る事、雲霧を披《ひら》ひて⑯皎《きょう》

日《じつ》を見るが如けん。若し此《この》秘要を修せんと欲せば、且《しば》らく工夫《くふう》を抛下《ほうげ》し(57)話頭《わとう》を拈放《ねんぽう》して先《まず》須《すべか》らく(58)熟睡一覚《いっかく》すべし。其《その》未だ睡《ねむ》りにつかず眼《まなこ》を合せざる以前に(59)向《むかっ》て、長く両脚を展《の》べ、強《つ》よく踏《ふ》みそろへ、(60)一身の元気をして(61)臍輪《さいりん》気海《きかい》丹田、腰脚足心《そくしん》の間に充《み》たしめ、時々《じじ》に此《この》(62)観を成すべし。我が此の気海丹田、腰脚足心、総《そう》に是《これ》我が(63)本来の面目《めんもく》、面目何の鼻孔《びく》かある。我が此の(64)気海丹田、総に此れ我が(65)唯心《ゆいしん》の浄土、浄土何の荘厳《しょうごん》かある。我が此の気海丹田、総に是れ我が(66)己身《こしん》の弥陀《みだ》、弥陀何《なん》の法をか説くと、打返《うちかえ》し打返し常に斯《か》くの如く(67)妄想《もうぞう》すべし。妄想の功果つもらば、一身の元気いつしか腰脚足心の間に充足して、臍下(68)瓠然《こぜん》たる事、(69)いまだ篠《しの》打ちせざる鞠《まり》の如けん。(70)恁麽《いんも》に(71)単々に妄想し(72)将《も》ち去《さっ》て、五日七日《いつかなぬか》乃至(73)二三七日《にさんしちにち》を経《へ》たらむに、従前の(74)五積《しゃく》六聚《じゅ》(75)気虚労役等の諸症底《そこ》を払《はらっ》て平癒せずんば、老僧が(76)頭《こうべ》を切り将《も》ち去れ。

此《ここ》において諸子歓喜《かんぎ》作礼《さらい》して密々に精(77)修《しゅ》す。各々悉く不思議の奇功を見る。功の遅速は、(78)進修の精麁《せいそ》に依るといへども、大半皆全快す。各々内観の奇功を讃嘆して休《や》まず。

(49)乃ひ　「いましい」と読む。「いまし」の「し」を延ばした形。すなわち。そこで。流布本には「乃ち」となっている。

(50)辨道　参禅と同じ。

(51)心火　心臓は五行説で火性に当るので心火といった。ちなみに古代中国医学では「心蔵ス㆑神ヲ」といい、工夫思案は心臓が司るとされた。

㊾五内　五臓―肺・心・肝・脾・腎―と、これに六腑―大腸・小腸・胆・胃・三焦（腰部の消化作用をなす所。上焦・中焦・下焦にわかれ臍の上下にあり、食物を熱エネルギーに変える作業をなすと考えられた）・膀胱―をも含めて「五内」といった。

㊿鍼灸薬　鍼《はり》と灸《きゅう》と薬。一切の病気の治療法はこの三つに含まれる、と考えて。

54華陀扁倉　魏の華陀《かだ》と戦国時代の扁鵲《へんじゃく》と前漢の倉公《そうこう》。中国古代の代表的三名医。

55還丹　本来、還丹は道家の行なった一種の錬金術的なもので、丹砂から水銀が作られ水銀が丹砂に戻ること。又その薬。不老不死の薬で、それをのむと昇天して仙人になれるとした。但し此の本文の場合は内観の事。尚、三二頁、⑮九転還丹の註参照。

56皎日　白日。かがやく太陽。

57話頭　公案のこと。拈放は放下《ほうげ》と同じ。公案工夫の修行をやめて。

58熟睡一覚すべし　よくねむってから目をさませ、ということであるが、此の箇処については荒井荒雄氏が「このような疾病には、何をおいてもまず熟睡することが必要である。その熟睡するためにも、この内観法があるのだ」とされているのが説得的である。このような患者には坐禅や公案工夫は却って害がある。

59向て　於いて。

60一身の元気　五臓の気総てを指す。元気に、先天の元気、即ち父母より受けたるものと、後天の元気、即ち生れた後に自ら養い得たるものとあるが、ここでは両者を共に意味している。

61「臍輪」は、ほぞ。へそ。「気海」は上気海・下気海に分れ、上気海は肺臓、下気海は臍下より陰処まで。丹田も上丹田・下丹田に分れ、上丹田は心臓まで、下丹田は臍下三寸位までの処をいう。ここでは下気海、下丹田を指している。

㊷観　観念、念想。

㊸本来の面目　五祖弘忍《ぐにん》の法を嗣いだ米搗男《こめつき》の慧能《えのう》が、師の指示により伝法のしるしの衣鉢《えはつ》を携えて寺をぬけ出した時、衣鉢を取り返そうと明《みょう》上座があとを追い、大庾嶺《だいゆれい》で追い着いたが、慧能は衣鉢を石上に置いて慧明《えみょう》が持ち去るに任せた。ところが動かざること山の如くであったので慧明は恐れおののき、慧能に教えを乞うた。慧能は「不思善不思悪、正与麼《しょうよも》の時、那箇《なこ》か是れ明上座が本来の面目」と言ったと『六祖法宝《ほうぼう》壇経』、『無門関』第二三にある。自己の本心本性《しょう》を本来の面目という。本心本性に鼻孔などがある筈はないが、本来の面目とはいかなる物か端的に答えろ、と自問するのである。

㊹気海丹田　「腰脚足心」を略した。以下同じ。

㊺唯心の浄土　西方浄土思想に対し、禅家では我が一心の外に浄土なしとする。浄土の荘厳は『阿弥陀経』に述べられているが、本来の面目にはいかなる荘厳があるか。

㊻己身の弥陀　阿弥陀仏は自己の外になしとする。然らばその弥陀はいかなる説法をするか。

㊼妄想　此の場合は煩悩妄想《ぼんのうもうぞう》の意でなく、仮想し、観念する事。

㊽瓠然　瓠《ひさこ》（ひょうたん）の如く張って力あること。

㊾　昔、蹴鞠《けまり》に用いる鞠は鹿の革で作るが、さらにこれを柔軟にするため篠《しの》竹で打ち叩いた。「いまだ篠打ちせざる鞠」とは固いことをいう。

(70)恁麼に　「如是」の義。「麼」は助辞。「このように」という事で、中国の俗語。北宋辺りから禅籍によく現われる。禅問答は俗語・口語を交えて行われたからである。
(71)単々に　ひとえに。専一に。
(72)将ち去て　「将去」は意を強める助辞。懸命に観念して、の意。
(73)二三七日　二七日《にしちにち》(十四日)、三七日《さんしちにち》(二十一日)。
(74)五積六聚　五臓六腑の病。「積聚」は気のとどこおり。
(75)気虚労役　「気虚」は心気の衰え。神経衰弱。「労」は肺脾の疲労。労咳。肺病。
(76)　此の白隠の首を切ってもよい。
(77)精修　精進修行。
(78)進修　精修に同じ。「精麁」は精進の程度如何ということ。麁《そ》は粗に同じ。

そこで内観の法だが、それは次の如きことである。参禅修行をしている優れた人物が、若し心臓の鼓動が激しくてのぼせ、身心疲労し、肺・心・肝・脾・腎の五臓が調和しない場合には、これを針・灸・薬の三つで治《なお》そうとしても、たとい中国の名医華陀《かだ》・扁鵲《へんじゃく》・倉《そう》公といえども容易に治《なお》すことはできないだろう。

自分には仙人の還丹《げんたん》という秘訣がある。但し中国道教のそれとはちがう。君達ためしにやって見たらどうか。雲霧を払って太陽を見るような不思議な効《き》きめがあるだろう。

若し此の秘訣を実践しようと思うなら、しばらく公案（禅問題）工夫《くふう》の修行をやめ、先ず熟睡してから目をさますのだ。まだ眠りにつかず目を閉じない時に、長く両足をのばし、強く踏みそろえ、全身に籠もる天地根元の気をへそ下の下腹部、腰と足、足のうら土踏《つちふ》まずに充たしめ、いつも次のように観念するといい。

わがこの気海丹田（へそ下の下腹部）・腰・脚・足心（土踏まず）そのまますべて是れ我が本来の面目（本心・本性）である。その面目（顔つき・様子）はいかなる様子をしているか？

我が此の気海丹田は、そのまますべて「唯心の浄土」（浄土は我が心）である。その浄土にはいかなる荘厳《しょうごん》があるか。

我がこの気海丹田はそのまますべて「己身《こしん》の弥陀《みだ》」（弥陀はおのれ）である。その弥陀はいかなる法を説くか？

繰《く》り返《かえ》し繰り返し常にこのように観念すべきである。観念の功果がつもると、一身の「元気」がいつの間にか腰・脚・土踏まずの間《かん》に充ち足りて、臍下丹田《せいかたんでん》・下腹部がひょうたんのように張って力があること、あたかも蹴鞠《けまり》に使う皮製の鞠《まり》をまだ篠《しの》打ちしない時のようであろう。このようにひとえに観念し続け、五日七日乃至二週間三週間を経過しても、今迄の五臓六腑の「気」の滞《とどこお》り、神経衰弱や肺病等の病気が徹底的に治らなかったら、この白隠の首を切り取ってもよろしい。

ここにおいて皆の者は喜んで礼拝し内密に内観の法を精進実践したが、悉く不思議の功果をあらわした。功果の遅速は精進の程度によるものの、大半は皆全快した。各人は内観の奇功を讃美し続けた。

●

師の曰く、

你《なんじ》が輩《やから》、心病全快を得て以て足れりとする事なかれ。[79]転々《うたた》治《ち》せば転々《うたた》参ぜよ。転々《うたた》悟らば転々《うたた》進め。老僧初め参学の時[80]、難治の重病を発して、其《その》憂苦諸子に十倍せり。進退惟谷《これきわ》まる。[81]尋常《よのつね》心にひそかに思惟すらく、生きて此憂愁に沈まんよりは、如《し》かじ早く死して此[82]革嚢《かくのう》を捨《す》てんにはと。何の幸《さいわい》ぞや。此の内観の秘訣をつたへて全快を得る事今の諸子の如し。[83]至人の云《いわ》く、此《これ》は是《これ》神仙長生不死の神術なり。[84]中下《げ》は世寿《せいじゅ》三百歳なるべし。[85]其余《よ》は計り定むべからず。予《よ》則ち歓喜《ぎ》に堪へず、精修《しゅ》怠らざる者大凡《おおよそ》三年、[86]心身次第に健康に気力次第に勇壮なる事を覚《おぼ》ふ。

此《ここ》において重《かさ》ねて心に竊《ひそ》かに謂《おも》へらく、縦《たと》ひ此《この》真修を修し得て[87]彭祖《ほうそ》が八百の歳時を保ち得るも、唯是《ただこれ》一箇[88]頑空無智の[89]守屍鬼《しゅしき》ならくのみ。老狸《ろうり》の旧窠《きゅうか》に睡《ねむ》るが如し。終《つい》に壊滅《えめつ》に帰せん。何《なん》が故ぞ、今既に独りも[90]葛洪《かっこう》・鉄拐《てっかい》・張華《ちょうか》・費張《ひちょう》が輩《ともがら》を見ず。如《し》かじ[91]四弘《しぐ》の大誓《だいぜい》を憤起し、

(92)菩薩の威儀《いいぎ》を学び、常に(93)大法施《ほっせ》を行じ、(94)虚空《こくう》に先《さきだ》つて死せず、虚空に後《おく》れて生ぜざる底《てい》の(95)不退堅固の真法身《しんぽっしん》を打殺《たせつ》し、(96)金剛不壊《こんごうふえ》の大仙身《だいせんしん》を成就《じょうじゅ》せんにはと。

此《ここ》において(97)真正《しょう》参玄の上士両三輩を得て、内観と参禅と共に合せ並《な》らべ貯へて、且つ耕やし且つ戦ふ者蓋《けだ》し茲《ここ》に三十年。年々一員を添へ(98)二肩《けん》を増し得て、今既に二百衆《しゅ》に近かし。其の(99)中間《ちゅうげん》、方来の衲子《のっす》労屈疲倦《ひけん》の族《やから》、或は心火逆上し正に発狂せんとする底《てい》を憐み、密《ひそか》に此《この》内観の至要《しい》を伝授し、立所《たちどころ》に快癒せしめ、転々《うたた》悟れば転々《うたた》進ましむ。(100)今年《ことし》馬歳古稀に越へたりと云へども半点の病患《げん》なく、歯牙《げ》全く揺落せず、眼耳《げんに》次第に分明《ふんみょう》にして、動《やや》もすれば(101)靉靆《あいたい》を忘る。毎月両度の(102)法施《はっせ》終に怠倦《たいけん》せず、(103)請《しょう》に他方《たほう》に応じて三百五百の(104)海衆《かいしゅ》を聚会《じゅえ》して、或は五旬七旬を(105)経《きょう》に録《ろく》に雲水の所望《しょもう》に随て(106)胡説乱道《うせつらんどう》する者大凡《おおよそ》五六十会《え》に及ぶと云へども、終《つい》に一日も(107)罷講斎《はこうさい》を鎖《とざ》さず。身心健康気力は次第に二三十歳の時には遥かに勝《ま》されり。是《これ》皆(彼の)〔異本二字有り〕内観の奇功に依る事を覚ふ。

(79)転々　いよいよ、ますます。心病が治れば治るほど、それとともにいよいよ坐禅に骨を折れ。

(80)参学　参禅学道。

(81)尋常　「よのつね」とよむ。平常、つねづね。

(82)革嚢　膿血《のうけつ》を盛る皮袋。肉体のことを卑しんでいう。

(83)至人　『荘子』逍遙遊篇「至人無己」とある。道の極致に達した人。ここでは白幽先生をほめて言ったもの。

(84)中下　人間を上中下に分ち、上を除き中下。仏教の浄土門では極楽に往生する人間を上中下の三《さん》品《ぼん》に分つ。世寿は世にある寿命。

(85)其余　中品下品以外の上品の人。三百歳は勿論、いくら生きるか分らない。

(86)心身　仏教では普通「身心」というが、ここでは特に心を主として「心身」と言った。

(87)彭祖　黄帝の孫の顓頊《せんぎょく》の玄孫（孫の孫。曽孫の子。やしゃご）という仙人で、堯から夏殷を経、周代に至る長期七百余年生きたと伝えられる。

(88)頑空　単なる空、虚無。「無智」は覚りの智を欠く無知。

(89)守屍鬼　死体の番人をする鬼《おに》。人を罵る言葉。役に立たない者。「ならくのみ」は「ならんのみ」と同じ。

(90)　葛洪以下は何れも中国古代の仙人。彼等が長生きしたと言っても現在まで生きてはいない。高が知れている。葛洪は東晋の道家で儒家。江蘇省丹陽の人。号抱朴子《ほうぼくし》。羅浮山《らふざん》で錬丹七年。著に『抱朴子』『神仙伝』あり。八十一で羽化登仙すという。鉄拐（枴とも書く）は老子と同時代の隋の仙人。姓は李、名は洪木、鉄拐は字《あざな》。老子に会うため魂が形骸を離れて去ったが、弟子が母の大患に赴くため形骸を焼いたので、七日の後帰った魂は餓死した乞食の屍に宿ったため、足が悪くて弊衣をまとった姿に画かれ、面貌も醜陋である。また小人を空中に吐き出すように画かれるのは、魂の遊離する事を表わしている。張華は晋の名将で学者。『博物志』を著わす。道術を得た人。ところで、張果という唐の仙人は、自ら堯の時に生れたと称し、白驢《はくろ》に跨り日に数万里を行き、休息する時は驢を瓢中に収めたというが、本文の張華は或いは此の張果を指したのかも知れない。張果老として画にも描かれている。俗語に「瓢箪から駒が出る」というのはこの故事にもとづく。費張は費の張房の略。後漢時代の汝南（費）の人。市長。市中に一老翁あり。薬を売って暮らしていたが、夜は一箇の壺の中に入って寝た。張房、翁を訪ね、導かれて壺中に入れば、殿堂あり美酒佳肴があった。共に飲食して壺を出た。翁は己れが天界の仙人なることを明かし、共に天に行かん事を勧めた。張房、翁に従って深山に入り仙術を修行したが、遂に堪えずして辞去した。その時翁は鬼神を駆使出来る符を彼に与えた。張房、仙符により鬼神を駆使し、衆病を治し、又、縮地の術を行ったが、後、仙符を失い悪鬼に殺されたという。

(91)**四弘の大誓**　四弘誓願《しぐせいがん》のこと。衆生無辺誓願度（無量無辺の衆生を救わんとの誓願）、煩悩無尽誓願断（無量無辺の煩悩を断除せんとの誓願）、法門無量誓願学（無量無辺の教法を学知せんとの誓願）、仏道無上誓願成（無上の仏道を成就せんとの誓願）。これ諸仏菩薩のすべてに通ずる大切な総願である。「憤起」は奮起に同じ。

(92)**菩薩**　菩提薩埵《ぼだいさった》の略。覚有情《かくうじょう》などと訳される。理想的人格たる仏陀（覚者）に達せんとして四弘誓願をおこし、布施・持戒・忍辱《にんにく》・精進《しょうじん》・禅定《じょう》・智慧の六度《ろくど》（六波羅蜜）を行じ、上《かみ》は菩提《ぼだい》（覚）を求め、下《しも》は衆生《しゅじょう》を度（済度）せんとする大乗仏教の修行者。「威儀《いぎ》」は法にかなった堂々たる儀容。この場合、菩薩らしい立派な行いの意。

(93)**大法施**　大いに法を説いて人の善根《ぜんこん》を増長し解脱を得しむること。六度の最初の「布施」は、僧にあっては財施でなく法施。説法。

㉔ 虚空と寿命を同じうする意。虚空の如く不生不滅。
㉕ 不退転（あと戻りせず）堅固で何者にも動かされない、真実の仏の本体たる仏心を成就する。「打」は意味を強める助字。「殺」は、此の場合は「得」の意。「打得」となっている流布本もあり、その方が分りやすい。殺は本来、狩猟によりえものを得る事。不生不滅の法（真理）を体験体得する。
㉖ 「金剛」は金中の精なる物といい、又金剛石という。何れにせよ堅固なる物で、なかなかこわれない。「大仙」は仏をいう。仏は仙人中の最尊最大なる者だからである。「大仙身」は仏身と同じ。釈尊も初め仙人に就いて学んだ、いわば仙人の仲間である。
㉗ 真正参玄　如実如法に参禅弁道するすぐれた人。
㉘ 二肩　二人。年ごとに一人二人と少しずつふえて。
㉙ 「其中間」は、其の間《かん》。三十年のあいだに。「方来」は四方より来る意。「衲子《のっす》」は雲衲・雲水・修行僧。
⑽ 馬歳　馬齢・馬歯。自分の年齢を謙遜していう。「古稀」は七十歳。杜甫の詩句に「人生七十古来稀」とある。
⑽ 靉靆　眼鏡《めがね》の異称。老人用のめがね。
⑽ 法施　説教とか接心とかを指す。
⑽ 他（佗）地方からの屈請《くっしょう》・招待に応ずる。
⑽ 海衆　大衆《だいしゅ》。海は多数の意。雲衲。「海象《かいぞう》」というときは、四海（天下）の竜象（すぐれた人）。

四方から集まる修行僧達。
⑮『維摩経《ゆいまぎょう》』や『法華経』或いは『虚堂録《きどう》』や『大応録《だいおう》』等について。
⑯胡説乱道　胡乱《うろん》に説く。わけもわからぬことを、むやみやたらに説く。自己の講説・提唱の謙称。
⑰罷講斎　罷講は講をやめる事。斎は斎座《さいざ》で、禅家の中食。午前中の講了って斎座となる。講がなければ外来の人々は散じて斎座には出ないが、講をやめたことがないので斎座に方来の大衆も出る。

師曰く、お前達は神経衰弱が全快したからとてそれで満足してはいけない。心病が治れば治るでいよいよ修行しなければいけない。いよいよ悟ればいよいよ精進すべきだ。この老僧が初めて修行した時、難治の重病にかかってお前達の十倍も苦しんだものだ。進退窮まってしまった。いつも心ひそかに考えていたことは、生きて此の憂いに沈んでいるよりは、早く死んで此の皮袋のようなつまらぬ肉体を捨てた方がいいということである。ところが何という幸いなことか。此の内観の秘訣の伝受で全快できたこと、現在のお前達と同じであった。

道の最高を極めた人、私の師、白幽子のいうには、この内観法は神通力を得た仙人になるための、長生不死の霊妙な術で、中《ちゅう》や下《げ》の人間でもこれによって寿命三百歳になるであろうし、上《じょう》になるといくつまで生きるか分らないということであった。自分はそこで大いに喜んで、およそ三年専ら内観を実践した。そのため心身次第に健康になり、気力も次第に盛んになった。

そこで重ねて心ひそかに考えたことは、たといこの内観法を実践して彭祖《ほうそ》仙人のように七、八百歳の寿命を保ち得たとしても、それだけでは単に虚無で無知な役に立たない者であるに過ぎないであろう。古狸が古巣で眠っているようなもので遂には亡びてしまう。葛洪《かっこう》・鉄拐《てっかい》・張華《ちょうか》・費張《ひちょう》のような仙人達を今一人も見ることができない。徒らに長生きしてもしようがない。それよりも、大乗仏教の四弘誓願《しぐせいがん》を起し、大乗菩薩《ぼさつ》の行為を学び、常に法を人の為めに説き、宇宙に先立って死せず、宇宙に後《おく》れて生ぜざる、宇宙とピッタリ一つになった不退転堅固な仏の真の姿を体得し、悟りを開き、金剛不壊《こんごうふえ》の仏身を成就《じょうじゅ》する方がよいということである。

ここに於いて大乗禅をめざす真正の参禅修行を志す勝れた人物両三人を道友とし、内観と参禅を合せて修し、内観で心を耕し参禅で煩悩と戦うこと、考えてみるともう三十年になる。年々一人ふえ二人ふえという調子で、今やもう二百人になろうとしている。その間、四方から集まって来た修行僧の中には、修行に疲れくじけ、倦み怠る者も出《で》、あるいはのぼせあがり、発狂しそうになる者もあったが、それらの者を憐れみ、ひそかに此の内観の秘法を伝授し、たちどころに快癒せしめ、一歩一歩深く悟らしめている。

自分の年は本年七十を越えたが、少しの病もなく、歯が抜け落ちることもなく、眼や耳もますますハッキリし、ともすれば老眼鏡を忘れる位である。毎月二度の説法今もって怠ることなく、諸方の請待《しょうだい》に応じ、三百人五百人の人々の集まりで、或いは五十日、七十日もの間、経やら禅録やらを講本として、雲水僧の所望に従ってやたらに説きまくることおよそ五、六十回に及んだが、遂に一日たりとも午前の講座を休んで、そのため外来の人々が講了後の斎座《さいざ》（中食）に出ないで散ずるということはなかった。身心ともに健康で、気力に至っては二、三十歳の時より遙かに勝《まさ》っている。これ皆内観の秘法の不思議な効果によることと思う。

●

住菴の諸子各々悲泣作礼《さらい》して云《いわ》く、[108]吾が師大慈大悲《だいずだいひ》、願くは内観の大略を書せよ。書して留めて後来《こうらい》禅病疲倦《ひけん》吾《わ》が輩《ともがら》の如き者を救へ。師即ち[109]頷《がん》す。立処《たちどころ》に草稿成る。稿中何の説く処ぞ。曰く、大凡《おおよそ》生を養ひ長寿を保つの要、[110]形《かたち》を錬《ね》るにしかず。形を錬るの要、[111]神気《しんき》をして[112]丹田気海の間に凝《こ》らさしむるにあり。神凝《しんこ》る則《とき》は気聚《あつま》る。気聚る則《とき》は即ち[113]真丹成る。丹成る則《とき》は形《かたち》固し。[114]形固き則《とき》は神《しん》全し。神全《まった》き則《とき》は寿《いのちなが》し。是《これ》仙人[115]九転還丹《くてんげんたん》の秘訣に契《かな》へり。須《すべか》らく知るべし。丹は果して外物《げもつ》に非ざる事を。[116]千万唯《ただ》心火を降下《げ》し、気海丹田の間に充《み》たしむるに有るらくのみ。住菴の諸子此《この》心要を勤《つと》めてはげみ、進んで怠らずんば、禅病を治《ち》し労疲を救ふのみにあらず、[117]禅門向上の事《じ》に到《いたっ》て年来疑団《ぎだん》あらむ人々は、大《おお》ひに手を拍《はく》して大笑する底《てい》の大歓喜《だいかんぎ》有らむ。何《なん》が故ぞ、(118)月高《たか》くして城影尽《じょうえいつ》く。

(119)維時宝暦丁丑孟正《これときほうれきていちゅうもうしょう》廿五蓂《めい》

(120)窮乏菴主飢凍《きとう》灶《ちゅう》香《こう》稽首《けいしゅ》題《だいす》

(108)吾が師大慈大悲　「慈」は与楽、「悲」は抜苦。仏の大慈大悲の如く慈悲深い吾が師よ。

(109)頷す　あごでうなずいて承諾の意を表わす。頷可。

(110)形を錬る　「形」は形骸《けいがい》。からだ。形山《ぎょうざん》という語も禅門では用いられる。「錬る」は、鍛錬する。

(111)神気　心臓・腎臓・肺臓・肝臓・脾臓の五臓にそれぞれ神《しん》気（霊妙なる生命力。精気）ありと古人は考えた。神と気との区別は微妙で殆ど区別はつかない。ただ、気には呼吸の息も含まれるから、神《しん》に比べれば物質的性格を有する霊妙なるものと見られよう。

(112)丹田気海　気海は元気・精気の集まる海の意で、丹田と同じ。臍の下一寸乃至一寸五分の所。

(113)真丹成る　真の錬丹が完成する。内観が完成する。

(114)　身体堅固になれば精神はその働きを全うする。「大凡《おおよそ》生を養ひ」以下此の処までは、宋の道士白玉蟾《はくぎょくせん》の「生を養うの要は先ず形を錬るに若《し》くはなし。形を錬るの妙は神を凝《こ》らすに在り。神を凝らせば則ち気聚る。気聚れば丹成る。丹成れば則ち形固し。形固ければ神全し」の語に基づいて書いたもので、此の語は白隠著『遠羅天釜《おらてがま》』や『寒山詩闡提記聞《せんだいきもん》』巻一にも引用されている。

(115)九転還丹　九転丹、九転金丹、九還丹ともいう。『抱朴子』の金丹の条に見える。九回練った丹薬。

(116)千万　何がなんでも。ひたすら。
(117)禅門向上の事　禅の奥義、悟りの問題。
(118)月高くして城影尽く　『三体詩』五律、唐の耿湋《こうい》の「暢当《ちょうとう》に酬ゆるの詩」の一節、「月高《クシテ》城影尽《キ》霜重《クシテ》柳条疎《ナリ》」の前の句に禅的解釈を加えたもの。悟りを月と見、迷いを影と見た解釈。
(119)維（これ）は語調を助け口調を強める為めに用いる語。宝暦丁丑《ひのとうし》は前出。宝暦七年（一七五七）。孟正は正月。孟は始め。蓂《めい》は日。蓂莢《めいきょう》は堯《ぎょう》の時生じたというめでたい草で、月の一日から十五日まで毎日一葉を生じ、十六日から晦日《みそか》までは毎日一葉を落とす。これにより暦を作ったという。葉数により日数が知られるので、日の字の代りに蓂の字を用いた。
(120)窮乏菴主飢凍　既出。禅師が戯れに作った仮名《かめい》。「炷香」は香をたく。尊敬の意を表わす作法。「稽首」は首の地に至るをいう。最敬礼。「題す」は書物の初めの文句を書く事。この文の場合、序文を書くこと。

松蔭寺止住の雲水達は皆感涙にむせび礼を正していうには、師よ、仏の大慈悲心でどうか内観の秘法の大略をお書きとめ下さい。書きとどめて、のちのちの禅病で疲れたり倦んだりする我々のようなやからをお救い下さいと。私はすぐ承諾し、立ちどころに原稿が出来上った。

稿中いかなることが説かれているか。

そもそも生命を養い長寿を保つに必要なことは、先ず身体を鍛えることである。身体を鍛えるためには、霊妙な生命力たる「神気《しんき》」を臍下丹田に集中させることが大切である。「神」が集中すれば「気」というやや物質的な生命力が集まってくる。気が集まる時にはそっくりそのまま私の真の錬丹が出来上る。真丹が出来れば身体が堅固になる。身体が堅固になれば神気が完全になり、神気が完全になれば寿命が長くなる。これは仙人の九転還丹《くてんげんたん》の秘訣に契《かな》っている。丹は決して外なる物ではなく、己れの内なる物たることを知るべきである。ひたすら心火を下げて、気海丹田の間に神気を充たしめるにあるのみである。わが松蔭寺の雲水達よ、此の大切なことをはげみ怠ることがないならば、禅病を治療し疲労を救うのみでなく、禅の奥義・悟りの問題について長い間解決を求めていた人々は、内観の功によって疑問のかたまりが解け大いに手を打って大笑する程の大歓喜《だいかんぎ》を得ることであろう。唐の耿湋《こうい》の詩の一句に「月高うして城影尽《つ》く」とある。高い心境・深い悟境のもとでは月が高く昇って城影がなくなるように身心ともに解脱《げだつ》し、身心ともにけがれが尽き、健康になるのである。

時に宝暦《ほうれき》七年丁丑《ひのとうし》の年正月二十五日

窮乞庵主飢凍、香をたき、深く首を下げて拝し、謹んで序文を書いた。

夜《や》船《せん》閑《かん》話《な》

（一）

①山野《さんや》初め参学の日、誓って勇猛《ゆみょう》の修心《(信)》を憤発し、不退の②道情を激起し、精錬刻苦する者既に③両三霜、乍《たちま》ち一夜忽然《こつねん》として④落節《らくせつ》す。従前⑤多少の疑惑、根《こん》に和《か》して氷融し、⑥曠劫生死《こうごうしょうじ》の業根《ごうこん》、底に徹して⑦漚滅《おうめつ》す。自《みずか》ら謂《おも》へらく、⑧道ち《(ママ)》人《ひと》を去る事寔《まこと》に遠からず。⑨古人二三十年是何《これなん》の捏怪《ねっかい》ぞと、怡悦踏舞《いえつとうぶ》を忘るる者数月《すげつ》、⑩向後《きょうご》日用を廻顧するに、⑪動静《じょう》の二境全く調和せず。⑫去就《しゅ》の両辺総《そう》に脱洒《だっしゃ》ならず。自《みずか》ら謂《おもえ》らく、猛《たけ》く⑬精彩を着け、重ねて一回⑭捨命《しゃみょう》し去らんと。越《ここに》おひ《(い)》て⑮牙関《げかん》を咬定《こうじょう》し双⑯眼睛《がんぜい》を瞪《とう》開し、寝食ともに廃せんとす。既にして未だ期月《きげつ》に亘《わた》らざるに⑰心火逆上し肺焦枯《しょうこ》して双脚氷雪の底《そこ》に浸《ひた》すが如く、両耳《に》渓声の間《かん》を行くが如し。⑱肝胆《かんたん》常に怯弱《こにゃく》にして、挙措恐怖《きょそくふ》多く、⑲心神困倦《こんけん》し、⑳寐寤《みご》種々の境界《きょうがい》を見る。両㉑腋《えき》常に

汗を生じ、両眼常に涙を帯ぶ。㉒此《ここ》においで遍《あまね》く明師に投じ、広く名医を探ると云へども、百薬寸功なし。

或人曰く、㉓城《じょう》の白河《しらかわ》の山裏《さんり》に巌居せる者あり、世人是を名《なづ》けて㉔白幽《はくゆう》先生と云ふ。㉕霊寿三四甲子《かっし》を閲《け》みし、㉖人居三四里程《てい》を隔《へだ》つ。人を見る事を好まず。行く則《とき》は必ず走つて避《さ》く。人其賢愚を辨ずる事なし。里人《りじん》専ら称して仙人とす。聞く、㉗故《もと》の丈山《じょうざん》氏の師範にして精《くわし》く天文《てんもん》に通じ、深く医道に達す。人あり、礼を尽《つく》して咨叩《しこう》する則《とき》は、稀《ま》れに㉘微言を吐く。退いて是を考《かんがう》るに大《おお》ひに人に利ありと。

①山野　山野《さんや》の僧。山僧とも野僧とも言う。自己の謙称。
②道情　道心。求道心《ぐどう》。修心・信心と同じ。激起は奮起に同じ。
③両三霜　二、三年。霜の降る季節は年に一度なので、年月を経る意に用いる。
④落節　抜本落節と熟して、失敗してすべてを失う意に使われるが、本文の場合は、竹の節を抜いたように堅い疑団が解けて開悟すること。
⑤多少　少は助字。道に対する多くの疑問が「根に和《こん》して」、根《ね》ごと、根本的に解決。
⑥曠劫生死の業根　「曠」は長遠、「劫」は劫波（梵語カルパの音訳）の略で長時。久しい間の生死《しょうじ》流転《るてん》のもとをなす「業」、善悪の行為。「根」は因。善悪の行為を生み出す因。
⑦漚滅　漚《おう》は小さいあわ。水面の泡《あわ》がはかなく消えるようになくなり、悟り了る。

⑧『中庸』に「道不レ遠カラレ人ニ。人之為ルレ道而遠ケレバレ人ニ、不レ可ニカラ以テ為ス一レ道ト」。『孟子』に「道在リレ迩キニ。而求ム二諸コレヲ遠キ一ニ」（迩は近に同じ。「諸」は「之於」の合音字）。

⑨ 古人が修行に二、三十年を要したというのは何たる捏造奇怪な事か。信じられぬ。

⑩向後　爾後。そののち。「日用」は日常。「廻顧」は反省。

⑪「動」は日常、「静」は禅定。動静一如が理想であるのに、離ればなれで、静中の工夫が動中の工夫に徹しない。

⑫ 進退の二つがサラリとしない。すべてに自由でない。『白隠禅師年譜』宝永六年己丑《つちのとうし》、師、二十五歳の条を参照。

⑬精彩　元気な様子。精修・精進の度を加え。

⑭ 信州飯山正受《しょうじゅ》庵の、正受老人のもとで命を捨てるまでの修行をしたが、もう一度そういう修行をしたいものだ。「去」は前にも出たが、漢文の動詞につく助辞。

⑮牙関　奥歯。歯をくいしばって。

⑯眼睛　ひとみ。「瞪」はみつめる意。双眼をカッと開き一ケ処をみつめて、ということ。発奮努力の様子を形容したもの。

⑰「心火逆上」は序の註㉛参照。「肺金焦枯」は序に「肺金いたみかじけ、水分枯渇して」とあるのと同じ。五行《ごぎょう》説では、肺は金に当るので、肺臓を肺金と言った。心火に焦がされて肺が衰える。

⑱ 肝臓と胆嚢とは共に腹部にあって表裏をなし、互いに相依り相輔けるもの。胆は勇気の出てく

る所と考えられていた。それが疲れて弱くなり、勇気がなくなり、立居振舞がおどおどする。

⑲心神　精神。異本に「心身」とある。

⑳「寤」はさめる。「寐」はねむる。寝ても醒めても、昼夜さまざまの幻影を見る。

㉑両わきの下から心臓の疲れで冷汗が出る。

㉒肝臓の疲れで涙が出る。

㉓「城《じょう》」は山城《やましろ》の国。「白河」は元の愛宕《おたぎ》郡白河村。現在、京都市左京区北白川。「山裏」は山中。

㉔白幽先生　白河の幽人（隠者）の意で名づけられたものであろう。

㉕霊寿三四甲子　霊妙不可思議な長寿。「甲子」（カッシ或いはコウジ）は干支《えと》の第一。きのえね。一甲子は甲子《きのえね》より癸亥《みずのとい》までの六十年で、癸亥より甲子に還る。故に六十一歳を還暦という。三四甲子は百八歳乃至二百四十歳。「閲《け》みす」とは経過する意。

㉖人居云々　人里《ひとざと》を離れること三、四里程度の山奥に住んで居た。但し、この「里」は六丁一里。二キロ余り。

㉗　故人の石川丈山。丈山は大坂夏の陣に功をたてた武人。江戸初期の漢詩人で書家。藤原惺窩《せいか》に学ぶ。寛永十八年（一六四一）京都一乗寺に詩仙堂を作り閑居した。寛文十二年（一六七二）没。

㉘微言　微妙な意味深長な言。遠回しに言う言葉の意にも用いる語。

私が初めて参禅学道を始めた時、誓を立て、勇猛精進《しょうじん》の信心を起し、あとへ引かぬ不退転の求道心《ぐどうしん》を起し、精励刻苦二、三年たった時、一夜忽ち悟りを開いた。今までの多くの疑惑が根本から解け、人間が長い間生れかわり死にかわり苦しむ輪廻《りんね》の業《ごう》の根元が、徹底的に水泡の如く無くなった。思うに、道は人を去ること遠き彼方にあるものではない。『中庸』に言う通りで道は近きにある。古人が悟るため二十年三十年を費やしたというが甚だ信じがたい。自分は二、三年で悟ったではないかと、手の舞い足の踏む所を知らざることが数ヶ月続いた。

ところがその後、日常を反省してみると、動《どう》と静《じょう》の二つの境涯、日常と坐禅が全く離ればなれで調和していない。進退・去就の動作がぎごちなく自由でない。それで大いに踏《ふ》ん張《ば》って今一度死に切って大悟《だいご》しなければと、歯をくいしばり両眼を開いたまま坐禅をし寝食を忘れるばかりの修行を始めた。ところが一ヶ月にもならないのに、心火逆上してのぼせあがり、肺が衰え、両脚は氷雪の中に漬けたように冷え切り、両耳は耳鳴りして渓声を聞いているようである。肝臓と胆嚢の働きが弱まり、動作がおずおずし、心は疲れ切った状態で、寝ても醒めても種々の幻覚を生じ、両腋下にいつも汗をかき、両眼にはいつも涙がたまる状態であった。

それで遍《あまね》く名僧を尋ね、広く名医を探し求めて治療を受けたが、百薬寸功なしであった。

時に或る人がいうのに、山城《やましろ》の国（京都府）白河の山中に巌窟生活をしている人がある。世人はその人を白幽先生と名づけている。不思議な長寿で百八十歳から二百四十歳を経過しており、人里を三、四里程離れた処に住み、人に逢うことを嫌い、人が尋ねて行けば必ず走り避ける。悧口か馬鹿か分らない。村民は仙人とだけ言っている。聞く処によると、故石川丈山氏の師で天文に通じ深く医道に達している。人が礼をつくして教えを乞うなら、たまには意味深長な話をしてくれる。帰ってからこれを考えてみると、大いに人のためになる言葉である、ということである。

（二）

此《ここ》において、㉙宝永第七庚寅孟正中浣《かのえとらもうしょうちゅうかん》、窃《ひそか》に㉚行纏《あんてん》を着け㉛濃東《じょうとう》を発し、㉜黒谷《くろだに》を越へ直《ただ》ちに白川の邑《ゆう》に到り、包《ほう》を茶店《さてん》におろして、幽が巌栖《がんせい》の処を尋《たず》ぬ。里人《りじん》遙かに一枝《いっし》の渓水を指す。即ち彼《か》の水声に随て遙かに山渓に入る。正に行く事里《り》ばかりに、乍《たちま》ち㉝流水を踏断《とうだん》す。樵径もまたなし。

時に一老父あり、遙かに雲烟《うんえん》の間を指す。黄白にして方寸余《ほうすんよ》なる者あり。㉞山気《さんき》に随《したがっ》て或は顕われ或は隠る。是れ幽が洞口《とうこう》に垂下《げ》する所の蘆簾《ろれん》なりと。予《よ》即ち㉟裳《もすそ》を褰《かか》げて上《のぼ》る。巉岩《ざんがん》を踏み、蒙茸《もうじょう》を披《ひら》けば、氷雪、草鞋《そうあい》を咬《か》み、雲露《うんろ》、衲衣《のうえ》を圧す。㊱辛汗《しんかん》を滴《したた》して苦膏《くこう》を流して、漸く彼の蘆簾《ろれん》の処に到れば、風致清絶、実に㊲物表《もっぴょう》に丁々《とうとう》たる事を覚ふ。心魂震ひ恐れ、肌膚《きふ》戦栗《せんりつ》す。

且《しば》らく巌根《いわね》に倚《よっ》て㊳数息《すそく》する者数百、少焉《しばらく》あつて衣《ころも》を振ひ襟《えり》を正《ただ》して、畏《お》づ畏づ㊴鞠躬《きくきゅう》して、㊵簾子《れんし》の中を望めば、朦朧《もうろう》として幽が目を収めて端坐するを見る。蒼髪《そうはつ》垂れて膝に到り、朱顔麗《うるわ》しふして、棗《なつめ》の如し。㊶大布《たいふ》の袍《ほう》を掛け、輭草《なんそう》の席《せき》に坐せり。窟中纔《わずか》に㊷方五六笏《しゃく》にして全く資生《ししょう》の具《ぐ》無し。机上只㊸中庸と老子と金剛般若《こんごうはんにゃ》とを置く。

予則ち礼を尽して苦《ねんご》ろに病因を告げ、且つ救ひを請ふ。少焉《しばらくありて》、幽眼《まなこ》を開ひて熟々《つらつら》視て、徐々として告げて曰く、我《われ》は是《これ》山中半死の陳人《ちんじん》、㊹樝栗《さりつ》を拾《ひろっ》て食《くら》ひ、㊺麋鹿《びろく》を伴《ともな》つて睡《ねむ》る。此外《このほか》更に何をか知らんや。自ら愧《は》づ、遠く㊻上人《しょうにん》の来望《らいぼう》を労することを。予即ち転々《うたた》咨叩《しこう》して休《や》まず。

時に幽㊼恬如《てんじょ》として予が手を捉《と》らへて、精《くわ》しく㊽五内を窺《うかが》ひ九候《きゅうこう》を察す。爪甲《そうこう》長きこと半寸、惨乎《さんこ》として顙《ひたい》を攢《あつ》めてつげて言《いわ》く、㊾已哉《やんぬるかな》。㊿観理度に過ぎ、進修《しんしゅ》節を失して、終《つい》に此の重症を発す。実に医治し難きものは、公の禅病なり。若し鍼灸薬《しんきゅうやく》の三《み》つの物を恃《たの》んで、而して後《のち》に是《これ》を救《すく》ワむと欲せば、(51)扁倉《へんそう》力をつくし華陀顙《ひたい》を攢《あつ》むるも奇功を見る事能ワじ。公今既に観理の為めに破らる。勤めて(52)内観の功を積まずんば、終《つい》に起《た》つこと能ワじ。是彼《これか》の(53)起倒《きとう》は必ず地に依るの謂《いい》なり。

予《よ》が曰《いわ》く、願くは内観の要秘を聞かん。(54)学びがてらに是を修《しゅ》せん。

㉙ 宝永七年（一七一〇）禅師二六歳の時、正月中旬。「浣」は澣と同じ。沐浴の義。昔中国で朝臣に十日ごとに休暇を与えて沐浴させたので、「浣」を十日の意に用いる。上浣・中浣・下浣は、上旬・中旬・下旬のこと。

㉚ 行纏　脚絆《きゃはん》。すねあて、はばき。旅仕度。

㉛ 濃東　美濃《みの》の国の東。「年譜」によれば霊松院（現在岐阜市）に居て、そこから出発。

㉜ 黒谷　京都東山にある丘陵。法然上人布教の地。ここに特に「黒谷を越え」としたのは、次の「白川（河）の邑に到り」の白の字と、黒白対照せしめんとしたのであろうとする虚白道人（『白隠夜船閑話氷釈』の著者）の説は読みが深く面白い。氏によれば、古聯句に「白河連リ二黒谷一ニ紫野接ス二丹波一ニ」とあるという。

㉝ 流水　異本に「流声」とある。『碧巌集』第六則の雪竇《せっちょう》の頌《じゅ》「徐《おもむろ》ニ行テ踏断ス流水ノ声。縦《ほしいまま》ニ観テ写シ出ス飛禽ノ跡」に基づく。此の頌は公案として用いられるが、本文の場合は、流水の声が聞こえなくなり、流れが尽《つ》きた事を指す。

㉞ 山気　嵐気と同じ。山のもや。

㉟ 「裳」は裾《すそ》。「巉岩」はけわしい岩。「蒙茸」は草が乱れ生ずる様子。此の箇処は、蘇東坡の「後赤壁賦」に「予乃チ摂《からげ》テレ衣ヲ而上リ。履《ふ》ミ二巉巌一ヲ披キ二蒙茸一ヲ」とあるに拠った。

㊱ 辛汗・苦膏　辛苦の二字を分って汗膏の二字を結びつけた。膏は肉のあぶら。「苦しいあぶらあせを流して」の意。

㊲物表　俗世間の外。物外《もつがい》。塵外。「丁々」はトウトウ或いはチョウチョウとよむ。斧で木を切る音。本文の場合は「迢々」に通じて用いられ、物外に高く出、超然たる様子を言ったものであろう。

㊳数息観《すそつかん》（自筆刻にはシュソクカンとなっている）をして呼吸を整えたこと。呼吸の数を無声音でかぞえて心を静める修養法で、仏教以前からインドで行われ、仏教にとり入れられ、現在に及んでいる。

㊴鞠躬　身をまるくかがめ敬いつつしむ。

㊵簾子　「子」は名詞に添えられる助字。

㊶大布の袍　大きな粗布の上着。「布」は本来麻《あさ》や葛《くず》のぬの。後世は錦布のこと。

㊷方五六笏　笏は尺の借字。五、六尺四方。

㊸『中庸』は孔子の孫、魯の子思《しし》の著とされる。「天の命ずる、之を性と謂い、性に率う、之を道と謂い、道を修むる、之を教と謂う」に始まり、「喜怒哀楽の未だ発せざる、之を中《ちゅう》と謂う。発して皆節《せつ》に中《あた》る、之を和《わ》と謂う。中なる者は天下の大本なり。和なる者は、天下の達道なり」とする。四書の中で最も哲学的に深遠なものであるから、朱子によって大学・論語・孟子・中庸の順に読むべきものとされた。『老子』は『老子道徳経』。周の老聃《ろうたん》の説を記した道家の聖典。老子は、上に立つ者の徳により人民を無為にして化す事を理想にした。老子は「大道廃《すた》れて仁義あり」とし、宇宙の本体たる道を高唱し、無為自然を尊び、仁義を尊ぶ儒家と対立する。金剛般若とは『金剛般若経（略称　金剛経）』のこと。大乗の空思想を高調した般若部の経典中、『般若心

経』と並んで有名。禅家で尊重される経。

㊹「樝」は、しどみ。こぼけ。木瓜《ぼけ》に似た落葉灌木。梨の実に形が似た実がなるが、味は酸いという。

㊺麞鹿　となかい、馴鹿《なれしか》。鹿の一種。中国の古えにあっては鹿と共に仙獣とされた。

㊻上人　智徳を具え、行い勝れ、人の上に在る意で、僧の敬称。「来望」は来訪所望。

㊼「恬」は安らかに落ちついている様子。「如」は状態を表わす形容詞につく言葉。然と同じ。

㊽「五内」は五臓六腑。「九候」は身の脈処を上中下の三部に分ち、其の三部の中に各、浮・中・沈の三脈を分つので九種となる。

㊾已哉　しようがないと嘆息する言葉。

㊿序文に「参窮度に過ぎ、清（精）苦節を失す」とあるのに応ずる。坐禅観法の骨折りが度を越したがために。

51「華陀《かだ》」と「扁鵲《へんじゃく》」と「倉《そう》公」は序にも出ている古代の名医。「顙を攅む」は、此の場合、懸命に考え込む様子。

52内観　白幽子より授けられた精神療法。禅的長寿法。前出。

53『入大乗論』に「因テレ謗ルニ二大乗ヲ一而堕ツ二悪道ニ一。亦由テ二大乗ニ一起ス二諸善業ヲ一。如シ下人因テレ地ニ倒レ、還《マタ》依テレ地ニ而起ツガ上」とあるに基づき、「地に因て倒るる者は地に因て立つ」の諺を生じた。観理に破られたのは地に因て倒れたことを指し、内観の功を積んで回復するのは地に因て起つことを指す。

㊿54 「がてら」は、かたがたの意。一つ事をするついでに他の事をする。学び且つ修《しゅ》せん（実行しよう）と思います。

そこで宝永七年（一七一〇）正月中旬、ひそかに旅支度をして東美濃《みの》（註㉛岐阜霊松院）を出発し、京都に入り黒谷を経て直ちに白河村に到り、荷物を茶店におろして白幽先生岩窟生活の処を聞いた。村人は遙か向うのひと流れの渓流を指し、そこを上って行きなさいと教えてくれた。そこで渓流の水声に従って遠く山渓にわけ入った。ちょうど一里ばかりで渓流が無くなり、樵夫《きこり》の通う道もない所に出た。

時に、一人の老人がいたので道を聞くと、遙か高い雲霞の所を指した。そこを見ると黄と白の一寸余りの四角なものがあって、雲霧が動くにつれて見え隠れしている。それが白幽先生住居の洞窟の入口に垂れ下っている蘆《あし》で作ったすだれであるという。そこで私は衣の裾をからげ、険しい岩を踏みしめ、おい茂る雑草をおし分けて登って行った。雪や氷は草鞋《わらじ》にしみ込んで冷たく、雲や露は僧衣を濡らした。苦しいあぶら汗を流して漸くの事で蘆づくりのすだれの所に至れば、風景絶佳、俗世間を遠く離れた感じである。心は震え上り肌《はだえ》は粟《あわ》だつばかりであった。

しばらく岩の根に倚りかかり呼吸を数百回数えて心を落ちつけ、少したってから衣を振って塵を払い襟を正し形を整えて、おそるおそるかしこまってすだれの中を見ると、白幽子が目を閉じてキチンと坐っているのがぼんやり見えた。しらがまじりの黒髪は長く垂れて膝に達し、顔色《がんしょく》赤く美しく棗《なつめ》のようである。大きな粗末な布製の上着を着、軟かい草のむしろの上に坐っていた。岩窟の中は狭くて五、六尺四方しかない。生活に必要な物は全くなく、机上に『中庸』と『老子』と『金剛経』が置いてあるばかりであった。

私はそこで礼をつくして、詳しく病気の原因を告げ且つお救い下さいとお願いした。しばらくして白幽子は眼をあけ、つくづく私を見て、ゆっくりと告げていうには、自分はこの山中で半分死にかけた無用の人間です。櫨《しどみ》（草ぼけ。地梨）や栗を拾って食い、鹿などと一緒に睡っている。この外に何も知らないのです。お愧《は》ずかしいことだが、遠路わざわざ貴僧に来ていただいても何もお答えできないのです、と。

私はそこで何度も繰り返してお尋ねしてやまなかった。

すると白幽子は静かに私の手をとり、精しく五臓を診察し、九ヶ所の脈どころを観察した。爪が長くて五分《ぶ》もあった。気の毒そうに顔をしかめて言うことには、困ったなあ。公案工夫が度を過ぎ、修行の節度を失したので、とうとうこんな重症になったのです。あなたの禅病は医者の力では治しにくいのです。もし鍼《はり》・灸《きゅう》・薬の三つの物によって治療しようと思うと、名医の扁鵲《へんじゃく》・倉公《そうこう》が力を尽くし華陀《かだ》が考え抜いても大した功果はないでしょう。あなたは坐禅観法が過ぎて身体を痛めたのですから、懸命に内観の工夫をしなければ回復することはできないでしょう。『入大乗論』に「地に因って倒れるものは地に因って起《た》つ」とある言葉は此の道理を示しています。治すには薬でなく内観の法によるべきです。

私がいうには、何卒《なにとぞ》内観の極意《ごくい》をお教えください。学びながら実行いたします。

（三）

[55]幽粛々如《しゅくしゅくじょ》として容《かたち》をあらため、従容《しょうよう》として告《つげ》て曰《いわ》く、嗚呼《ああ》、公の如きは問ふ事を好むの士なり。我《わ》が昔聞ける処を以て微《すこ》しく公に告《つげ》んか。是養生《これようじょう》の秘訣にして人の知る事稀《ま》れなり。怠らずんば必ず奇功を見ん。[56]久視もまた期《ご》しつべし。

夫《それ》[57]大道分れて[58]両儀あり、陰陽交和《か》して[59]人物生《な》る。[60]先天《せんてん》の元気[61]中間に黙運《もくうん》して、[62]五臓列《つらな》り経脈《けいみゃく》行ワる。[63]衛気営血《えいきえいけつ》互に昇降循環する者、昼夜に大凡《おおよそ》五十度。[64]肺金は牝蔵《ひんぞう》にして膈上《かくじょう》に浮《うか》び、[65]肝木《かんぼく》は牡蔵《ぼぞう》にして膈下《かくか》に沈《し》づむ。[66]心火《しんか》は大陽にして上部に位ひし（ママ）、[67]腎水《じんすい》は大陰にして下部を占む。[68]五臓に七神《しん》あり。脾腎各々《ひじんおのおの》二神《じん》を蔵《か》くす。呼《こ》は心肺より出で、吸《きゅう》は腎肝《じんかん》に入る。一呼に[69]脈の行く事三寸。一吸に脈の行く事三寸。昼夜に一万三千五百の気息あり。脈一身を巡行する事五十次。火は軽浮にして、つねに騰昇《とうしょう》を好み、水は沈重にして常に下流を務む。

若人《もしひと》察せず、[70]観照或は節を失し、[71]志念或は度に過《すぐ》る則《とき》は、[72]心火熾衝《ししょう》して、肺金焦薄《しょうはく》す。[73]金《きん》母《ぼ》苦しむ則《とき》は水子《すいし》衰滅す。母子互に疲傷して五位[74]困倦《こんけん》し、六属凌奪す。四大増損して各々百一の病を生ず。百薬功を立《りっ》する事能ワず、衆医総《そう》に手を束《つか》ねて、終《つい》に[75]告《つぐ》る処なきに到る。

蓋《けだ》し生を養ふ事は国を守るが如し。明君聖主は、常に心を下《しも》に専《もっぱら》にし、暗君庸主は常に心を上《かみ》に恣《ほしいまま》にす。上に恣にする則《とき》は、[76]九卿《きゅうけい》権に誇り、百僚寵《ちょう》を恃《たの》んで、曾て民間の窮困を顧る事無し。[77]野《や》に菜色《さいしょく》多く国《くに》餓莩《がひょう》多し。賢良潜《ひそ》み竄《かく》れ、臣民瞋《いか》り恨《うら》む。諸侯離れ叛《そむ》き、衆夷競《きそ》ひ起つて、終《つい》に民庶を[78]塗炭《とたん》にし、[79]国脈永く断絶するに到る。心を下《しも》に専らにする則《とき》は、九卿倹を守り百僚約を勤めて、常に民間の労疲を忘るる事無し。[80]農に余《あ》まんの粟《ぞく》あり、婦に余《あ》まんの布《ぬの》有りて、群賢来り属し、諸侯恐れ服して、民肥へ国強く、令に違《い》するの[81]烝民《じょうみん》なく、境《さか》ひを侵すの敵国なし。国、[82]刁斗《ちょうと》の声を聞く事なく、民、[83]戈戟《かげき》の名を知らず。

人身もまた然り。至人《しいじん》は常に心気をして下《しも》に充《み》たしむ。心気下に充つる則《とき》は、[84]七凶内に動く事なく、[85]四邪また外《そと》より窺ふ事能ワず。[86]営衛充ち、心神健《すこや》かなり。口《く》ち終《つい》に[87]薬餌《やくじ》の苦（甘、異本）酸を知らず、身終《みつい》に鍼灸《しんきゅう》の痛痒を受けず。庸流《ようる》は常に心気をして上《かみ》に恣《ほしいまま》にす。上に恣にする則《とき》は、[88]左寸《さすん》の火《か》、右寸《うすん》の金《きん》を剋《こく》して、[89]五官縮まり疲れ、六親苦しみ恨む。是《この》故に[90]漆園《しつえん》曰く、[91]真人の息《いき》は是《これ》を息《いき》するに踵《くびす》を以てし、衆人の息は是を息するに喉《のんど》を以てす。[92]許俊《きょしゅん》が云く、蓋し気[93]下焦に在る則《とき》は、其息遠く、気上焦に有る則《とき》は、其息促《しじ》まる。[94]上《じょう》陽子《ようし》が曰く、人に[95]真一の気有り、[96]丹田の中《なか》に降下する則《とき》は、一陽また復す。若人《もしひと》[97]始陽《しよう》初復の候《こう》を知らむと欲せば、暖気を以て是が[98]信とすべし。大凡《おおよそ》生を養ふの道、[99]上部は常に清涼ならん事を要し、下部は常に温暖ならん事を要せよ。

夫《それ》[100]経脈の十二は、[101]支の十二に配し、月の十二に応じ、[102]時の十二に合す。[103]六爻《りくこう》変化再周して一歳《いっさい》を全《まった》ふするが如し。五陰上《かみ》に居し、一陽下《しも》を占む。是を[104]地雷復《じらいふく》と云ふ。冬至《とうじ》の候なり。[105]真人の息《いき》は是《これ》を息するに踵《くびす》を以てするの謂《いい》か。

三陽下《しも》に位《くら》ひし、三陰上《かみ》に居す。是を[106]地天泰《ちてんたい》と云ふ、孟正《もうしょう》の候なり。万物発生の気を含んで[107]百卉《き》春化の沢《たく》を受く。[108]至人元気お《(を)》して下《しも》に充《み》たしむるの象《しょう》。人是を得る則《とき》は、営衛充実し、気力勇壮なり。

五陰下《しも》に居し、一陽上《かみ》に止《とど》まる。是《これ》を[109]山地剝《さんちはく》と云ふ。九月の候なり。天是を得る則《とき》は、林苑色を失し百卉荒落す。是《これ》衆人の息《いき》は、是《これ》を息《そく》するに喉《のど》を以てするの象《しょう》。人是《これ》を得る則《とき》は、形容枯槁《けいようここう》し、歯牙揺《ゆる》ぎ落つ。

所以《ゆえ》に[110]延寿書に云く、[111]六陽共に尽《つ》く、則《すなわち》（尽く則は、異本）是《これ》全陰の人、死し易《や》すし。須らく知るべし、元気をして常に下《しも》に充《みた》しむ、是《これ》生を養ふ枢要《すうよう》なる事を。

昔《むか》し[112]呉契初《けいしょ》、石台先生に見《まみ》ゆ。斎戒《さいかい》して錬丹の術を問ふ。先生の云く、我に[113]元玄真丹の神秘あり。[114]上々の器にあらざるよりんば、得て伝ふべからず。古《いにし》へ[115]黄成子《こうせいし》是を以て黄帝に伝ふ。

帝、三七斎戒して是を受く。

夫《それ》大道の外に(116)真丹なく、真丹の外に大道なし。蓋《けだ》し(117)五無漏《ごむろ》の法あり。爾《なんじ》の(118)六欲を去《しりぞ》け、(119)五官各々《おのおの》其職を忘るる則《とき》は、(120)混然たる本源の真気、彷彿《ほうふつ》として目前に充《み》つ。是彼《これか》の(121)太白《たいはく》道人の謂《いわ》ゆる、(122)我が天を以て事《つか》ふる所の天に合《がっ》せる者なり。

(123)孟軻氏の謂《いわ》ゆる浩然《こうぜん》の気、是をひきいて臍輪《さいりん》気海丹田の間に蔵《おさ》めて、歳月を重ねて、是を(124)守一《しゅいつ》にし去り、是を養《やしない》て無適《むてき》にし去《さっ》て、一朝《いっちょう》乍《たちま》ち丹(125)竈《そう》を掀翻《きんぽん》する則《とき》は、(126)内外《げ》中間、八《はっ》紘《こう》四維《しい》、総《そう》に是《これ》一枚の(127)大還丹《げんたん》。此時《このとき》に当《あたっ》て初《はじめ》て、自己即ち是《これ》天地に先《さきだ》つて生《しょう》ぜず、虚空《こくう》に後《おく》れて死せざる底《てい》の真箇《しんこ》長生久視の大神仙なることを覚得せん。是を真正丹竈《たんそう》功成る底《てい》の時節とす。豈に(128)風に御《ぎょ》し、霞に跨《また》がり、地を縮め、水を踏む等の瑣末《さまつ》たる(129)幻事《げんじ》を以て懐《かい》とする者ならんや。大洋を攪《か》ひて(130)酥酪《そらく》とし、厚土《こうど》を変じて黄金《おうごん》とす。

前賢曰く、丹は丹田なり、液は(131)肺液なり。肺液を以て丹田に還《か》へす。是故《このゆえ》に金液還《げん》丹と云ふ。

(55)粛々如　慎重に身をひきしめて。「如」は先の恬如の如と同じ。状態を表わす形容詞につく語。

(56)久視　長生久視。長生不死。長寿。道家の語。前出。

(57)大道　『老子』に「大道廃レテ。有リ二仁義一」とあり、儒家の太極に当る道家の語。天地に先だって存する天地の根元。万物の本源。
⑱両儀　『易経』繋辞伝上に「有リ二太極一。是レ生ズ二両儀ヲ一」とあるに基づく。「儀」は法則の意である
が、要素の意に解するとよい。天地又は陰陽。本文の場合、陰陽の意。
⑲人物　人と物。
⑳『易経』巻一に「先チテレ天ニ而天弗ナシレ違ウコト」とある。聖人は天運時機を前知して行うが、天も
聖人の行いに違わず天人合一する事を指す。併し白隠は『老子』二十五「有リレ物混成シ先テ二天地一ニ
生ズ」の先天の「道」同三十九「天得テレ一ヲ以テ清ク、地得テレ一ヲ以テ寧シ」の「一」。道から発した一
元気を寧ろ考えていたかも知れない。「元気」は天地や人の精気。エネルギー。
㉑この場合「中間」とは人間の体内をいう。人間の体内を音もなくめぐる。
㉒肺・心・肝・脾・腎の五臓が各々然るべき位置を得てならび相互に連関する。
㉓陽の気と陰の血が経脈を運行して暫らくも止まらず、上より下、下より上と往来する。昼間は
外部を二十五度、夜間は内部を二十五度、昼夜で五十度運行。
㉔肺は五行《ごぎょう》の金に当り、秋に当り、陰に当るので牝《ひん》臓という。牝は陰。膈は膈膜。肺は膈膜の上、
胸にある。
㉕肝は五行の木に当り、春に当り、陽に当るので、牡《ぼ》臓という。牡は陽。膈下は腹部。
㉖心臓は五行の火に当り、夏に当り、陽に当るので大陽という。
㉗腎は五行の水に当り、冬に当り、陰に当る。
㉘「七神」とは、肝に魂、肺に魄、心に神、脾に意と智の二神、腎に精と志の二神、計七神あり

ということ。神は一種の霊力。

⑹脈　脈搏。一呼吸に六寸進む（今日の生理学によれば、心臓を距る事最も遠き足の指先をめぐる血が心臓に戻る時間は二十三秒に過ぎず）。

⑺観照　観理。観法。法理を明らかにする事。

⑺志念　観念。観理と同じ。対句的に前句と並べ用いた。

⑺「熾衝」は燃えあがり衝《つ》く。「焦薄」はこげ損ず。心火逆上して肺金を冒すため、肺金がとろかされ損じる。心臓も肺臓も共に痛むこと。

⑺「金母」は肺金のこと。影響を及ぼす本なる故に母と言う。「水子」は腎水（精液）のこと。影響を受ける方なる故に子と言った。肺が病めば精力が衰えること。

⑺「五位」は五臓。「六属」は六腑。凌奪はしのぎみだす。

⑺誰にも告げ訴えて救いを求める事が出来なくなる。手がつけられなくなる。

⑺九卿《きゅうけい》は古代中国の九人の高官。周・秦・漢でその名称は異る。三公に次ぐ重職。百僚は百官。

⑺郊外・村里には飢えて青ざめた顔の者多く、国邑・都には飢え死にする者が多い。莩（殍）は、うえじに。

⑺塗炭　塗はどろ。泥にまみれ火にやかれるような苦しみ。

⑺国家の継続を人体の経脈に譬う。後漢の隠遁の学者王符が徳義を忘れ名利に奔る時弊を論じた『潜夫論』（潜夫は自称）に「是ヲ以テ身常ニ安ク。而テ国脈永シ」とあるのに基づく。

⑻食料や衣料に余分があり国民が富んでいる様子。「余まんの」は「余まりの」の音便。

㉛烝民　烝は衆。烝民は万民。

㉜刁斗　古代軍用の一斗《と》入り銅製の炊事用なべ。一斗は周代で約一・九四リットル。隋唐代で約六リットル。清代で約一〇リットル。日本で約一八リットル。夜は叩いて警戒用の銅鑼《どら》を兼ねた。

㉝戈戟　武器。戈《か》は一本の枝のある刃に長い柄をすげた矛《ほこ》。戟《げき》は両側に枝のある刃を持つ矛。『漢書』に「不㆘撃㆓チテ刁斗㆒ヲ自ラ衛ラ㆖」とある。

㉞七凶　喜・怒・哀・懼《く》（おそれる）・愛・悪《お》（にくむ）・欲の七情より生ずる病。

㉟四邪　風・寒・暑・湿の四気のもたらす邪気。

㊱営衛　前出。気血。

㊲薬餌　薬と食物。本文の場合は薬。

㊳心火逆上して肺を痛めること。左寸右寸は心臓肺臓の診脈（脈搏診察）の部位。心臓は左手の寸口《すんこう》（寸脈ともいう。手頸のやや下の、脈搏をみる動脈のある所）。肺臓は右手の寸口にて診脈するを指す。尅はきざむ意。左の心臓の火が右の肺臓の金《きん》をいためる。

㊴五官六親　五臓六腑の意とする事も出来るし、五官を眼《げん》・耳《に》・鼻《び》・舌《ぜつ》・身《しん》の五根、六親を六根（五根に意根を加えたもの）とする事も出来よう。六親の本来の意義は父母妻子兄弟であるから、本文に「苦しみ恨む」と人間的な表現をした。

㊵漆園　荘子の別称。蒙（山東省荷沢県北方）の漆園の官吏であったので言う。

㊶真人　『荘子』内篇第六大宗師篇に「真人之息ハ以㆑テシ踵ヲ。衆人之息ハ以㆑テス喉ヲ」とある。「真人」は至人・達人。

(92)許俊　朝鮮の医家で『東医宝鑑』の著ありという。但し、ここに引用された語は、元来『金匱《きんき》要略』なる中国古医書にある語なりという。

(93) 上焦・中焦・下焦を三焦（和名。みのわた）といい、六腑の一。水分の排泄を司る。上焦は心臓の下、胃腑の上にあり、中焦は胃腑の中にあり、下焦は膀胱の上にありとされた。気が丹田にあれば息も長く、気が胸にあれば息も短いということ。

(94)上陽子　元時代の医家陳致虚、上陽子と号し、『金丹大要』十六巻の著あり。

(95)真一の気　真正純一の気。天然の元気・精気。

(96)丹田　前にも出たが、臍下を丹田という。三焦の中の下焦も畢竟同じ所。「前に心火は大陽にして上部に位し、腎水は大陰にして下部を占む」とあり、心火は陽で夏、腎水は陰で冬に当る。ところで、夏は旧暦の五月を中とし、冬は旧暦の十一月を中とする。易理によれば、五月の夏至《げし》に一陰を生じ、十一月の冬至《とうじ》に一陽を生ずる。此の理に基づき、陽の心火に一陰が生じ、心火の気が下に降って丹田に達し、陰の腎水の中に一陽が生ずる。これを「一陽また復す」と言った。往った陽がかえったことを指す。

(97)始陽初復　一陽来復と同じ。「候」は徴候。きざし。

(98)信　しるし。証拠

(99) いわゆる、頭寒足熱《ずかんそくねつ》でなければならない、という事。

(100) 十二経。十二脈。心・肺・肝・脾・腎・胆・胃・大腸・小腸・膀胱・心包絡《ぼうらく》（心臓を包みおおう二枚の薄い膜。心嚢）・三焦それぞれに陰陽の経脈（脈管・血管）ありとし、これを手足に配して考える。漢方の説。

(101) 子《ね》丑《うし》寅《とら》卯《う》辰《たつ》巳《み》午《うま》未《ひつじ》申《さる》酉《とり》戌《いぬ》亥《い》の十二支。

(102) 昔は一日を十二時に分けた。一時《いっとき》は今の二時間。

(103) 六爻　易《えき》の卦《か》（ケ。算木にあらわれる形象）を組み立てる六つの画線。⚋を陰の爻《こう》⚊を陽の爻《こう》とする三爻から成る卦を単に卦、又は小成の卦といい、八種あるので八卦という。六爻から成る卦を重卦又は大成の卦といい、六十四種あるので六十四卦という。この卦を一年十二ケ月に配する。十一月に始まり四月に終り、更に五月に始まり十月に終るので「再周」と言った。

(104) 地雷復　䷗の卦。陰爻が上に五、陽爻が下に一の形。震《しん》下坤《こん》上の卦。坤☷は地の象。震☳は雷の象。一陽来復。冬至に当る。

(105) 『荘子』にいうところの真人の息は踵を以てするということかという事。心火が腎水に下り、一陽が丹田に生じたのは、一陽が下にある地雷復に当る。

(106) 地天泰　䷊の卦。上下陰陽平分の卦である。これを乾下坤上の卦という。乾《けん》☰は天の象。十一月に最下に一陽を生じ、十二月に二陽となり、正月に三陽となるので孟正（孟は季節のはじめ）という。天地陰陽調和し泰平の様子。これより進んで陽を増さんとする勢を示す。

(107) 「卉」は草の総称。また、草木の意。百卉はすべての草木。「春化」は春陽により化成する意。「沢」は恩沢・恵沢。

(108) 至人　前出。真人と同じ。「元気」は心気・精気。

(109) 山地剝　䷖の卦。坤《こん》下艮《ごん》上の卦。坤は地の象。艮は山の象。陽減じ来って、最上の一陽も剝《けず》られんとする象ゆえ、山地剝《さんちはく》という。九月の候である。十月には陽全く尽き全陰となる。人事の面では、小人の勢が盛で、君子が悩むかたち。

(110) 虚白道人の氷釈に、武田昭慶の『延寿類要』（康正二年。一四五六年作）、曲直瀬《まなせ》玄朔の『延寿撮要』（慶長四年。一五九九年作）ではないか、姑《しばら》く疑を存す、としてある。

(111) 六爻に陽が尽きて全陰の人は、季節十月に当り、心火全く亡び死し易し。

(112) 呉契初・石台先生、共に中国古代の仙人であろう。「呉契、初め、」とよんでいる一書もある。白隠『発菩提心偈《ほつぼだいしんげ》』にも此の話は出ている。

(113) 「元」は根元。また大の意。「玄」は奥深い意。玄元皇帝は、唐代に老子に贈られた尊号。「神秘」は神妙不可思議の秘術。

(114) 九品《くほん》（極楽往生する九つの階級。上品《ぼん》・中品・下品の三に、更に上生中生下生《げしょう》に三分して九種になる。上品《ぼん》上生《しょう》が最高）の最上の人。「あらざるよりんば」は「あらざるよりは」の意。

(115) 黄成子　中国上代黄帝時代の仙人広成子。その千二百歳の寿を保つを聞き、黄帝、空同山に至り彼に至道の精を問うた事が『荘子』外篇在宥第十一に出ている。広成子は黄帝の徳足らざる故を以て佞人《ねいじん》（口先きがうまくておもねる人）と叱責して道を伝えず。帝退いて身を治めること三月、再び広成子を訪う。是に於て広成子長生の法を説いた。其の著と伝えられるも、道蔵及び四部叢刊に収められている。本文に「三七斎成」とあり、三七廿一日、三週間斎戒したように出ているのは、『荘子』が三月とするのと異る。尚、黄帝は、古伝説中の有名な帝王で、暦算・律呂（中国古代音楽の音階）・文字・医薬等を民に教え、文明の曙光を点じたとされている。河南の軒轅《けんえん》の丘に生れたというので軒轅氏とも言われる。

(116) 真丹　ここでいう真丹は、薬としての金丹でなく、錬気長生の法を指す。

(117) 五無漏　漏《ろ》は漏泄《ろせつ》の義で煩悩《ぼんのう》。眼耳鼻舌身意《げんにびぜっしんい》の六根門より日夜煩悩が漏泄流注《るちゅう》して絶えざるを以て漏という。色声香味触《そく》の五塵に基づく五欲にまみれている凡夫《ぼんぶ》は有漏《うろ》の身、五塵の欲を離れたのが無漏の身。「法」は、此の場合は教えの意。白隠の『遠羅天釜《おらてがま》』に「蓋し五無漏の法あり、眼妄りに見ず、耳妄りに聞かず、舌妄りに言はず、身妄りに触れず、意妄りに思慮せざる時は、混然たる本元の一気、湛然として目前に充《み》つ」とある。

(118) 六欲　色欲（色彩等に貪著）形貌欲（美しい形に貪著）威儀恣態欲（含笑嬌態等の態度行為に貪著）語言音声《ごごんおんじょう》欲（巧言歌詠等に貪著）細滑欲（男女の皮膚の細軟滑沢等に貪著）人相欲（男女の愛すべき相に貪著）また、眼耳鼻舌身意の六根より生ずる欲とも見られる。

(119) 五官　眼耳鼻舌身の五。此の五は色声香味触《しきしょうこうみそく》の五塵に溺れるのが本職ともいうべきものであるから、五塵に溺れないのを、「其職を忘る」と言った。

(120) 「混然」は分別なきかたち。混沌と同じ。「本源の真気」は、先天的の元気・精気。禅家のいわゆる本来の面目を指す。「彷彿」は髣髴。ほのかに。かすかに。はっきり見えはしないが。

(121) 太白道人を以て、京都建仁寺の太白（暮山道人）であろうとする熊谷氏や虚白道人の説は、引用語から見て承認し難く、やはり中国の道家と考えるべきであろう。

(122) 「我が天」は、我が先天の元気。「事ふる所の天」とは、我が元気の更に根元たる天地の元気・精気。天人冥合一。『老子』第五十九章に「治メレ人ヲ事ルハレ天ニ莫シレ如シクハレ嗇ニ」と、「天に事うる」

という語が出ている。嗇は物をみだりに費やさない事。また『孟子』尽心章上に「尽二ス其ノ心一ヲ者ハ。知二ル其ノ性一ヲ也。知二ル其ノ性一ヲ則《トキ》ハ知レル天ヲ矣。存二シ其ノ心一ヲ養二ウハ其ノ性一ヲ所《ユ》二以《エン》事一レウル天ニ也」とあって、本文の意に近い。

⑫³ 孟子、名は軻。戦国時代の思想家。有名な「浩然《こうぜん》の気」は『孟子』公孫丑《こうそんちゅう》上篇に出ている。曰く「我レ善ク養二フ吾ガ浩然之気一ヲ。敢テ問ウ。何ヲカ謂二フ浩然之気一ト。曰ク。難レキ言イ也。其ノ為レ《タ》ルヤ気也。至大至剛。以レテ直ヲ養イテ而無レケレバ害スルコト。則チ塞《フサ》二ガル于天地之間一ニ。」（「以直」を返ってよまず、「にして直《なお》く」とよむ訓み方もある）。浩然の気は、孟子も言い難しと言っているもので、円覚寺今北洪《いまぎた》川は此の問題解決のため、儒より禅に入った。

⑫⁴ 守一　宋学の術語「主一無適」の主一をもじったもの。浩然の気を守り養う事。「去」は助字。宋学では「敬」の義とする。心を一事に集注し心が余事に適《ゆ》かずとらわれぬこと。

⑫⁵ 丹竈　仙人が仙丹を煉るかまど。「掀」は勢よく上に挙げる意。「翻」はひるがえす意。仙薬を煉るかまどをひっくり返す。道教的長生久視の境地を飛び越えて禅の悟りを得るときは、の意。

⑫⁶ 「内外中間」は到る処の意。「八紘《はっこう》」は四方と四維。「四維」は四《よ》すみ。乾（いぬい、西北）。坤（ひつじさる。西南）、艮（うしとら。東北）、巽（たつみ。東南）。

⑫⁷ 序文に出ている九転還丹。天地が一団の仙丹。『碧巖録』第八十七則に「雲門衆《しゅ》に示して云く、薬病《へい》相治す。尽大地是れ薬。那箇か是れ自己」とある。

⑫⁸ 列子は風に御《ぎょ》したと言われる。餐霞《さんか》（霞を食う）は道家修煉の術で、仙人を霞人と言い、仙人の住所を霞洞と言う。仙人が山中雲霞深き処に住するに因《ちな》んで「霞に跨がり」と形容したのであ

ろう。縮地の術は、後漢の費張房が仙人の壺《こ》公に遇った時、千里の遠き所を目前に在るが如く見せられた故事。「水を踏む」は、黄檗《おうばく》禅師が天台山中で遇った一僧が、渓流を平地を躡《ふ》むが如く渡った如きを指す。其の時黄檗は咄《とつ》して曰く「這《こ》の自了《じりょう》の漢（自覚だけに甘んじて人を救うことをしない小乗の羅漢）、吾れ早く捏怪《ねっかい》（ばけもの）なることを知らば、当《ま》さに汝が脛《はぎ》を斫《き》るべきに」と。其の僧嘆じて「真に大乗の法器なり」と言って姿を消したという（『碧巖録』第十一本則の評唱）。

⑫⑨ 幻事　幻術。魔術。「懐」は本懐。目的。

⑬⓪ 「酥酪」は牛乳を精練した物。酪は牛乳を煮つめてその上層部分で作るクリーム。それをとり出して蓄え発酵させた乳酸飲料が酥。その酥を更に精製しバターにクリームのまざったような最上の乳製品が醍醐《だいご》。「厚土」は大地。「大地を変じて黄金と作《な》し長河を攪《かきみだ》して酥酪と為す」の語、『宗鏡《すぎょう》録』『大慧《だいえ》書』『虚堂《きどう》録』『槐安《かいあん》国語』に出ているが、それを少し変えたのである。虚白道人が、此の二句も仙人の幻術を云う、前の「水を踏む」の下に続けてよいのに、強いて離したのは修辞の変化を尊びたるものなるべしと考えたのは、誤りであろう。この場合は仙術・幻術をいうのでなく、禅家流の殺活《せっかつ》自在を意味する語とするべきである。熊谷氏が、衆生を済度する義とし白隠『辻談義』の「長河を攪《か》いて酥酪と成し、荊棘（いばら）を変じて栴檀林《せんだんりん》（香木の林）と成し、鉄を転じて金と成す底《てい》の時節、人間天上の善果是れに如《し》かず」という一句を玩味すべしと言うのに従いたい。畢竟、本文聊か舌足らずなのである。地を縮め水を踏む如き幻術でなく、大洋を酥酪となす如き、自由な利他覚他の働きを理想とするものであるの意。

(131) 肺液の「液」は血液。前述の如く肺を肺金ということからの附会説。簡単にできることではない。「金液還丹」は錬気の事を指す語である。「前賢曰く」の此の一文も聊かおさまりが悪い。

白幽子はキチンと威儀を正して、落ちつき払って言うには、ああ、あなたは問うことを好む人で結構である。私が昔聞いたところを少しあなたにお伝えしましょう。これは養生の秘訣で、知る人稀です。怠らずに此の秘法を実践すれば必ず立派な効果が現われましょう。長生きも亦期待できるでしょう。

そもそも、万物の根源、『老子』にいう「大道」は、陰と陽の両儀・二つの要素に分れる。陰陽の両儀・二要素が交わって人と物が生れる。人や物の生ずる前から存する先天の元気・力・エネルギーは人体に具わって、体内を音もなく運《めぐ》り、五臓（肺・心・肝・脾・腎）が連関して存し、血や気のめぐる筋の「経脈」が体内に行きわたっている。全身をめぐって生命力となる陽の気を衛といい、食べ物から得られた陰の血を営というが、衛気と営血が経脈を通り昇降循環すること、昼夜およそ五十回である。五行《ぎょう》の金《きん》たる肺は陰の臓で横隔膜《おうかくまく》の上にあり、五行の木《もく》たる肝臓は陽の臓で横隔膜の下にあり、五行の火たる心臓は「大陽」で体の上部、胸にあり、五行の水《すい》、腎臓は「大陰」で下腹部にある。五臓には七神、七つの霊力が存する。脾と腎にはそれぞれ二神があるので、合計七神になるのである。吐く息は心・肺から出、吸う息は腎・肝に入る。一《ひ》と吐《は》きに気血が脈搏で進むこと三寸、一《ひ》と吸《す》いに同様三寸進む。一昼夜に一万三千五百の気息・呼吸がある。脈が一身を巡ること五十回。火は「軽浮」で常に上に昇りたがり、水は「沈重」で常に下に流れようとする。若し人これを知らずに公案工夫度《ど》を越える時には、心火逆上し肺をこがし呼吸を困難にする。肺という母が苦しめば子に相当する腎も影響を受けて病《や》み精力が衰える。肺と腎が共に疲れ傷つけばそのため五臓が衰え、六腑が乱れる。それで人体を構成する四大、地《ち》・水《すい》・火《か》・風《ふう》の四要素に増損（減）過不足の不調和状態が生じ、四大不調、病気になり、四大のそれぞれに百一の病気を生ずる。四百四病とはこれである。いかなる薬も効なく、多くの医者もすべて手を束《つか》ね遂に手の施しようがなくなってしまう。

思うに、生を養うことは国を守るようなものである。明君聖主は常に下層の人々に専ら気をくばり、暗君庸主は常に心を上層の人々に向けている。上ばかり見ていると、九卿《きゅうけい》といわれるような高官達が権力に誇り、百官は天下の寵愛をあてにして、少しも民間の窮困を考えない。村里には飢えて青ざめた顔の者が多く、都には餓え死にする者が多い。賢良の臣は容れられずに跡をくらまして隠れ、臣民、君を瞋《いか》り恨むに至る。諸侯離反し、四辺の夷狄《いてき》蛮民が競い起って叛乱し、庶民を極度の苦しみにおとし入れ国家を滅ぼすに至る。これに反し、心を下《しも》民衆に用いる時は、九卿の高官を始め百官倹約につとめ常に民間の苦労を忘れない。農民に食料の余裕ができ、農婦に衣料の余裕が生ずるから、多くの賢人も来って官に仕え、諸侯も恐れ心服し、民富み国強く、命令に違反する民衆なく、国境を侵す敵国もなくなる。それ故、敵襲を告げる銅鑼《どら》の音を国が聞くことなく、民衆は武器の名も知らない。

人の身についても事は同じである。至人、達道の人は、常に心臓の気を下に充実させる。心気が下《しも》に充実する時は、喜怒等の七情より生ずる病が体内に生ずる事なく、寒暑等から生ずる、四つの外からの邪気も冒さなくなる。気・血共に充実し、心が健やかで薬を口にすることなく、針灸の苦痛をからだが受けないですむのである。ところが凡人達は常に心臓の気を上に勝手にのぼらせている。そうすると、心臓の火が肺臓の金《きん》を傷め、五臓六腑を疲らせ苦しませるに至るのである。

それ故荘子曰く「真人（至人）の息《いき》は是を息するに踵《くびす》を以てし、衆人の息《いき》は是を息するに喉《のんど》を以てす」と。「踵（くびす。かかと）を以て息《いき》す」とは心気が丹田に集まれば腹式呼吸になり、息がかかとから出るような感じになることを言うのである。朝鮮の医家許俊曰く「蓋し気下焦（膀胱の上。丹田）に在るときは其の息遠く（長く）、気上焦（心臓の下、胃の上）に有るときは其の息促《しじ》まる（ちぢまる。短くなる）」と。元時代の陳致虚（号、上陽子）曰く「人には真一（真正統一）の気あり、丹田の中に降下《げ》するときは一陽また復す。若し人始陽初復、一陽来復の候《きざし》を知らんと欲せば、丹田の辺りに生じた暖気を以てしるしとすべし」と。

およそ生を養うの道は、上部は常にさわやかで涼しく、下部は常にあたたかでなければいけない。

元来、心経《しんけい》・肺経《はいけい》等経脈の十二（十二経）は支《し》の十二（子丑寅《ねうしとら》等、暦法の十二支）に配し、月の十二に応じ、時の十二に合致する。易《えき》の六爻《りくこう》が変化し再び周《まわ》って来て一年を全うするようなものである。五陰爻《いんこう》が上、一陽爻《ようこう》が下なのを「地雷復《ふく》」（䷗）というが、季節の上では冬至《とうじ》の候《とき》である。荘子の「真人の息《いき》は是を息するに踵《くびす》を以てす」ということであろう。三陽爻が下にあり、三陰爻が上にあるのを易の卦で「地天泰《たい》」という（䷊）。季節では正月である。万物発生の気を含んで、すべての草木が春来って成長の恩沢を受ける時である。これは至人が元気を下に充たしむる象《かたち》である。人がこれを得る時には、気血充実し気力勇壮である。五陰爻が下にあり、一陽爻が上にある卦を「山地剝《はく》」という（䷖）。九月の候である。天がこの時になると、林の木も色を失い草木が凋落する。これは荘子がいう「衆人の息《いき》は是を息するに喉を以てす」るの象《かたち》、人これを得れば形容枯槁し歯牙揺《ゆら》ぎ落ちるの時である。この故に『延寿書』に曰く「六陽共に尽《つ》くるときは是れ全陰の人、死し易し。須らく知るべし、元気をして常に下に充《み》たしむ。是れ生を養うの枢要なることを」と。

昔、中国古代の仙人呉契初《ごけいしょ》が石台《せきだい》先生にお目にかかって教えを乞うに当り、斎戒沐浴、飲食等の生活を慎しみ湯あみして身心を清め長生不死の薬、金丹の作り方を尋ねた。先生曰く、

「私には根元的な奥深い霊妙な秘術があるが、最上の器量を具えた人でなければこれを伝えることはできない」と。中国上代の仙人黄（広）成子はこれを黄帝に伝えた。帝は三七二十一日斎戒してこれを受けた。

元来、大道の外に真丹はなく、真丹の外に大道はないのである。考えてみると、色声香《しきしょうこう》味触《みそく》の五塵より生ずる五欲を離れる五無漏《ごむろ》の教えというものがある。君達が六欲を去り眼耳《げんに》鼻舌身《びぜっしん》の五つの感覚がそれぞれその本来の働きを忘れるときは、分別のない先天的の精気・本来の面目が、ありありと目前に充満する。これこそ、かの太白道人が言うところの「我が天を以て事《つか》うる所の天に合《がっ》する」ことで、われわれ人間に存する先天的元気・精気を、更にその根元たる天地に充ち満ちている元気・精気に合一させるということである。

孟子がいう「浩然《こうぜん》の気」をまとめて、臍下丹田のあたりにおさめ、歳月を重ねてこれを中国宋時代の大儒程伊川《ていいせん》や朱熹《しゅき》の「守一無適《しゅいつむてき》」の状態、精神を集中して、外物に心を移し奪われないようにつとめ、いったん、仙丹を煉るかまどなどはひっくり返し、道教的立場を越えて、禅の悟りを得る時は、内外《げ》・中間《げん》、四方・四維、至る処が一箇の大きな仙薬になってしまう。

この時に於いて初めて、自分が天地に先立って生ぜず天地と共であり、虚空《こくう》におくれて死なず虚空と共であるような、真の長生不死の大神仙であることを悟り得るであろう。是を真正の仙丹を錬る功が成就した時節とするのである。列子《れっし》のように風に御《ぎょ》したり、或る仙人のように霞《かすみ》に跨《また》がり、後《ご》漢の仙人壺《こ》公のように地を縮めて見せたり、唐の黄檗《おうばく》禅師が山中で遇った僧のように、渓流を踏んで渡ったりするような瑣末な幻術を以て本懐とするものであろうか。大海をかき廻して酥酪《そらく》のような美味な牛乳製品を作り、大地を変じて黄金とするような自由な働きを以て人を利する利他行《りたぎょう》を行ずることこそ本懐である。

昔の賢人は言う。「金液還丹」ということは、丹は丹田を意味し、金液は肺の血液を意味しており、肺の血液を丹田に還《かえ》すことであると。このことをよく理解して実践してもらいたい。

（四）

予が曰く、謹んで命《めい》を聞いつ。且《しば》らく禅観を抛下《ほうげ》し、努《つと》め力《つと》めて治するを以て期《ご》とせん。恐るる処は[132]李士才《りしさい》が謂《いわ》ゆる[133]清降《せいごう》に偏《へん》なる者にあらずや。心を一処《いっしょ》に制せば、気血或は滞碍《たいげ》する事なからむか。

[134]幽微々として笑《わらっ》て云《いわ》く、然らず、李氏云ワずや、火の性《しょう》は[135]炎上なり。宜しく是《これ》を下《くだ》らしむべし。水の性《しょう》は下《くだ》れるに就《つ》く。宜しく是をして上《のぼ》らしむべし。水上《のぼ》り火下《くだ》る。是を名《なづ》けて交《こう》

と云ふ。交《まじわ》る則《とき》は[136]既済《きさい》とす。交《まじわ》らざる則《とき》は[137]未済《みさい》とす。交《こう》は生《せい》の象《しょう》、不交《ふこう》は死の象《しょう》なり。李家が謂《いわ》ゆる清降に偏なりとは、[138]丹溪を学ぶ者の弊を救ワんとなり。

[139]古人云く、相火《しょうか》上《のぼ》り易《やす》きは身中《しんちゅう》の苦るしむ所、水を補ふは、火を制する所以《ゆえん》なり。蓋《けだ》し火に君相《くんしょう》の二義あり。[140]君火《くんか》は上《かみ》に居《きょ》して静《じょう》を主《つか》さどり、相火《しょうか》は下《しも》に処《しょ》して動《どう》をつかさどる。君火は是《これ》一心の主なり。相火は宰輔《さいほ》たり。蓋し相火に両般あり。謂《いわ》ゆる腎《じん》と肝《かん》となり。[141]肝は雷《らい》に比し、腎は竜に比す。是故《このゆえ》に云ふ、竜お《(を)》して海底《かいてい》に帰《き》せしめば、必ず迅発《じんぱつ》の雷《らい》なけん。但し雷お《(を)》して沢中《たくちゅう》に蔵《かく》れしめば、必ず飛騰《ひとう》の竜なけん。海《かい》か沢《たく》か、水にあらずと云ふ事なし。是《こ》れ相火上《のぼ》り易きお《(を)》制するの語にあらずや。

又曰く、心労煩《しんろうはん》する則《とき》は、[142]虚《きょ》して心《しん》熱す。心虚する則《とき》は、是を補《ほ》するに[143]心を下《くだ》して以て腎《じん》に交ゆ。是を補《ほ》と云ふ。既済《きさい》の道なり。公先に心火逆上して此の[144]重痾《あ》を発す。若し心を降下《こうげ》せずんば、縦《たと》ひ[145]三界《さんがい》の秘密を行《ぎょう》じ尽《つく》したり共《とも》、起《た》つ事得じ。且つ又我が[146]形模《けいぼ》、[147]道家者流に類するを以て、大《おお(い)》ひに釈[148]に異《こと》なる者とするか、是《これ》禅なり。他日[149]打発《たほつ》せば、大ひ《(い)》に笑ひつべきの事有らむ。

夫《そ》れ[150]観は[151]無観を以て正《しょう》観とす[152]多観の者を邪観とす。向《さ》きに公多観を以て此重症を見る。今是を救ふに無観を以てす。また可ならずや。公若し心炎意火を収めて、丹田及び足心《そくしん》の間におかば、[153]胸膈《きょうかく》自然《じねん》に清涼《しょうりょう》にして、一点の[154]計較《けいきょう》思想なく、一滴の識浪情波なけん。是れ真[155]

観清浄《しょうじょう》観なり。云ふ事なかれ、しばらく禅観を抛下《げ》せんと、[156]仏の言《たま》ワく、心《こころ》を足心《そくしん》におさめて、能く百一の病を治すと。[157]阿含《あごん》に酥《そ》を用《もちう》るの法あり。心の労疲を救ふ事尤《もっとも》妙なり。天台の[158]摩訶止観《まかしかん》に、病因を論ずる事甚だ尽《つ》くせり。治法を説く事も亦甚だ精密なり。[159]十二種の息《そく》あり、よく衆病を治す。[160]臍輪《さいりん》を縁じて豆子《づし》を見るの法あり。其の大意、心火を降下《こうげ》して丹田及び足心に収《おさむ》るを以て至要《しいよう》とす。[161]但《ただ》病を治するのみにあらず、大ひ《（い）》に禅観を助《た》すく。蓋《けだ》し[162]繋縁諦真《けえんたいしん》の二止《にし》あり。諦真《たいしん》は実相の円観《えんかん》、繋縁《けえん》は心気を臍輪気海丹田の間に収め守るを以て第一とす。行者《ぎょうじゃ》是《これ》を用《もちう》るに大に利あり。

古《いに》しへ[163]永平の開祖師、大宗《だいそう》に入《いっ》て[164]如浄《にょじょう》を天童に拝す。師一日、[165]密室に入《いっ》て益を請ふ。浄曰く、[166]元子《げんし》、坐禅の時《と》き心を[167]左の掌《たなごころ》の上におくべしと。是《これ》即ち[168]顗師《ぎし》の謂《いわ》ゆる繋縁止《けえんし》の大略なり。顗《ぎ》師初め此の繋縁内観の秘訣を教へて、其《その》家兄[169]鎮慎《ちんしん》が重痾《あ》を、万死の中《なか》に助け救ひ玉ふ事は、精《くわ》しくは[170]小止観の中《なか》に説けり。

又[171]白雲和尚曰く、我《われ》つねに心をして[172]腔子《こうし》の中《なか》に充《み》たしむ。[173]徒《と》を匡《ただ》し、衆《しゅ》を領し、賓を接し、[174]機に応じ、及び[175]小参普説《しょうさんふせつ》[176]七縦《じゅう》八横《おう》の間において、是《これ》を用ひつくる事なし。老来殊に利益多き事を覚《おぼ》ふと。寔《まこと》に貴《たっと》ぶべし。是蓋《これけだ》し[177]素問《そもん》に云《いわ》ゆる[178]「恬澹《てんたん》虚無なれば、真気是《これ》にしたがふ。精神内に守らば、病何《いず》れより来らむ」と云ふ語に本づき玉ふ者ならむか。

且《か》つ夫《それ》内に守るの要、元気お《（を）》して一身の中《なか》に充塞《じゅうそく》せしめ、[179]三百六十の骨節《こっせつ》、[180]八万四千の毛竅《もうきょう》、一毫髪《ごうはつ》ばかりも欠缺《けんけつ》の処なからしめん事を要す。是《これ》生を養ふ至要《しいよう》なる事を知るべし。

彭祖《ほうそ》が曰く、和神導気の法、当《ま》さに深く密室を鎖《と》ざし、(181)牀《しょう》を案じ、席を煖《あたた》め、枕の高さ二寸半、正身偃臥《えんが》し、瞑目《めいもく》して心気を胸膈《かく》の中《うち》に閉《と》ざし、(182)鴻毛《こうもう》を以て鼻上につけて動かざる事三百息《そく》を経《へ》て、耳聞く処なく、目見る処なく、斯《かく》の如くなる則《とき》は、寒暑も侵《お》かす事能ワず、蜂蠆《ほうたい》も毒する事能ワず、寿《ことぶ》き三百六十歳、是《これ》真人に近《ち》かしと。

(183)又蘇内翰《そないかん》が曰く、已《すで》に飢《う》へて方《まさ》に食し、未だ飽《あ》かずして先《ま》づ止《や》む。散歩逍遙して、務めて腹をして空《むな》しからしめ、腹の空《くう》なる時に当《あたっ》て、即ち静室《じょうしつ》に入り、端坐黙然《もくねん》して(184)出入《しゅつにゅう》の息を数へよ。一息《そく》よりかぞへて十に到り、十より数へて百に到り、百より数へ(185)将《も》ち去《さっ》て千に到りて、此身(186)兀然《ごつねん》として、此心寂然《じゃくねん》たること虚空《こくう》と等し。斯《かく》の如くなる事久しふして、(187)一《いっ》息《そく》おのづから止《とど》まる。出でず入《い》らざる時、此息《このいき》八万四千の毛竅《きょう》の中より(188)雲蒸《くもむ》し霧起るが如く、(189)無始劫来《むしこうらい》の諸病自《おのずか》ら除き、諸障自然《じねん》に除滅する事を明悟せん。譬《たと》へば盲人の忽然《こつねん》として眼《まなこ》を開くが如けん。此時人に尋ねて(190)路頭を指す事を用ひず。只要す、尋常《よのつね》言語を省略《しょうりゃく》して、爾《なん》ぢの元気を長養せん事を。是故《このゆえ》に云ふ、(191)目力《もくりき》を養ふ者は常に瞑《めい》し、耳根《にこん》を養ふ者は常に飽《あ》き、心気を養ふ者は常に黙すと。

(132)李士才　明時代の医家。『医宗必読』等、多くの医書を残した。

(133)清降　清涼剤を以て心火を降下せしめる事。「清降に偏す」は局部的な対症療法にかたよる事。
丹溪の医法を李が評した言葉である。

(134)微々　微かに。

(135)炎上　炎上は燃え上る事。此の句より「不交は死の象なり」までは『医宗必読』の文の引用。同書に曰く「天地造化之機、水火のみ。平《へい》に宜しくして偏《へん》に宜しからず。交《こう》に宜しくして分《ぶん》に宜しからず。火性は炎上す。故に之を下らしむるに宜し。水性は下に就く。故に之を上らしむるに宜し。水上り火下る。之を名づけて交と曰う。交われば則ち既済と為し、交わらざれば則ち未済と為す。交わる生の象。交わらざるは死の象なり。故に大旱《かん》には物生ぜず。火偏えに盛なればなり。大滂《たいろう》（なが雨）には物亦た生ぜず。水偏えに盛なればなり。之を煦《あたた》むるに陽光を以てし、之を濡《うるお》すに雨露を以てし、水火和平して物将《まさ》に蕃滋せんとす。自然の理なり。人身の水火は即ち陰陽なり。即ち気血なり」。

(136)既済　易の卦名。離《り》（火）下、坎《かん》（水）上䷾の卦。水火交わり和せる象。事物の既に済《な》り了れる位であるから既済という。

(137)未済　坎《かん》（水）下、離（火）上、䷿の卦。水火相対して未だ交わらざる位。事物の未だ成らざる位であるから未済という。

(138)丹渓　元代一流の医家。朱震亨。丹渓と号す。『格致余論』『局方発揮』『金匱鉤元』等の著あり。
清降は必要であるが、偏するのは弊である。

(139)「古人」とは唐の啓玄子王冰《おうひょう》。此の箇所は、王が「水の源を壮んにして以て陽光を制し、火の主を益して以て陰翳を消す」と言ったのを、李士才が敷衍して「水の足らざる者には六味丸を用い、水の源を壮んにして以て陽光を制す。火の足らざる者には八味丸を用いて火の主を益して以て陰翳を消す」と言っているのによるか、と虚白道人は言う。

(140)「君火」は心火。「相火」は腎肝などの火。丹渓の『相火論』により相火竜雷の部分が書かれた。

(141) 肝は火に当り雷は火の気なるを以て、肝は雷に比すと言い、腎は水に当り、竜は水の気なるを以て、腎は竜に比すと言う。竜と雷と相会えば凄《すさま》じい現象を呈するが、竜海底《かいてい》にあらば迅雷も起らず、雷沢中《たくちゅう》にあらば竜ののぼる事もなかるべしと言う。

(142) 血気衰え尽きる時、心火逆上して熱する。

(143) 心火を下して腎水に交わらしめる。

(144)重痾　重病。痾はこじれた病気。

(145)三界　一切衆生《しゅじょう》の生死輪廻《しょうじりんね》する三種の世界。欲界・色《しき》界・無色《むしき》界・欲界は地獄《じごく》・餓鬼《がき》・畜生《ちくしょう》・修羅《しゅら》・人間と六欲天《ろくよくてん》の生存状態、またそれらの住する世界。色界は四禅（四段階の禅）を修めた者の生存状態、またそれらの住する世界。色食の二欲を離れた者の住する処で、身体といい住処といい浄妙なる物質で出来ているという。色界の色《しき》は物質身体の意。無色界は四無色定《しむしきじょう》（四禅より更に深い四段階の禅）を修した者の生存状態、またそれらの住する世界。物質的なるものの無き世界。「秘密」は秘密の法の意。本文の場合は、世にあるいかなる事をしてみても、という意。

(146)形模　形状模様。様子。「かたち」と訓んだ版本もある。

(147)道家　道教を奉ずる人々。道教は老荘哲学に基づき、陰陽五行《ぎょう》説や神仙思想を加え、不老長寿の術を求め、儒仏二教もとり入れ、心身の修練や祈禱等を行う中国民間宗教。後漢末の張道陵を開祖とする。

(148)釈　釈教。仏教。

(149)打発　打は助字。発明する。悟る。気がつく。

(150)観　梵語 Vipaśyanā ヴィパシュヤナー。毘鉢舎那。智慧を以て対境を照見する事。本文の場合、坐禅観法。

(151)無観　分別を離れし観。非思量。但し、本文の場合、公案を用いずに内観による事を同時に指すものと見てよい。

(152)多観　多岐に亘る観法。公案工夫《くふう》に過ぎたるを指す。

(153)胸膈　「膈」は胸と腹との間の横隔膜。「胸膈」は本文の場合、胸中・精神の意。

(154)「計較」はあれこれ思いくらべ思い煩らう事。「思想」は思量・卜度《ぼくたく》・安排《ばい》。「計較」と同じ。

(155)真観清浄観　法華経普門品《ぼん》（観音経）に出ている観音五観の中の二観。「真観清《しょう》浄観。広大智慧観。悲観及《ぎゅう》慈観。常願常瞻仰《せんごう》」と同品の偈《げ》にある。真観は真実観。諸法実相・空諦《くうたい》平等の理を観ずる観。それに基づき万象を悉く仮諦《けたい》と観じ、差別相に染著《ぜんじゃく》する事なきを清浄観と言う。而して、仮《け》を離れて空なく空を離れて仮なき真空妙有《う》の中諦《ちゅうたい》の理を観ずるを広大智慧観と言う。その智慧を以て衆生の苦《く》を抜かんとする悲観、衆生に楽《らく》を与えんとするを慈観と言う。

(156)仏言　出所不明。地水火風《ちすいかふう》の四大（一切を構成する四大要素）に各百一の病あり、すべてで四百四病と言われる。虚白道人は「四百四の病を治すとあるべき所なり。或は腎水の経脉が足心にめぐり居れば、水大に関する百一の疾病の義かと思へど、如何なるべき。止観には、常止㆓心於足㆒者、能治㆓一切病㆒とあり。此語を誤つて仏と引けるか。」と言っているが確証はない。

(157)阿含　梵語Āgamaアーガマ。教・伝来・法帰と訳される。いわゆる小乗の経典とされていた物であるが、その中には釈尊の説法も含まれているとされるに至り、現在重視されている。酥酪を用いる事は『夜船閑話』後段に、白幽の言として出て居るが、一種の観法で、酥を頭上に注ぎ、それが垂れ下って全身を潤す如く観ずる事。阿含に於ける出所不明。

(158)摩訶止観　天台宗の実践的観心《かんじん》門の基本聖典。開祖智者大師の述ぶる所を弟子章安が記録した物。十巻。第八巻に、病患の境を観ずるの法を説き、六種の病因を論じ六種の治法を説く。

(159)十二種の息　上・下・焦・満・増長・滅壊・冷・煖・衝・持・補・和の十二種の呼吸法。上息は沈重の病を治し、下息は虚懸の風病を治す、などと解説されている。

(160)坐禅六治の中、第一止治。「心を繋けて臍中に在らしむること、豆の大きさの如くして、衣《え》を解《と》きて諦了《たいりょう》して相を取る」という止観の文に基づく。心を豆の大いさの如くなりと諦観して心を臍に置く（縁ずる）。気を丹田に満たしめる腹式呼吸。

(161)止観の「能く諸病を治し、亦能く諸禅を発す」に基づく。

(162)二止　「止」は止観の止。梵語Śamathaシャマタ。奢摩他。妄念を止息して心を一つの対象に注ぎ動かざる意。禅定・坐禅のこと。観は、観智通達、真如に契会《かいえ》する意。止によって生じた正しい智慧。止観は定慧と同じ。「諦《たい》真止」は「体真止」とも言い、諸法実相（すべての物が真如のすがた）の理、空理に体達する事。「繋《け》縁止」は方便随縁止とも言い、いかなる縁に随い境《きょう》を歴《ふ》るも、仮諦《けたい》の理に安住して心を動かさざること。「清浄観」である。それがためには心を丹田に繋ぐ要がある。「諦真は実相の円観」の「円観」は、円教の観心の意。円教とは円融円満の大乗窮極の教の意。一念の開悟により頓疾（速やか）に仏果（さとり）に至るとするので、円頓《えんどん》教ともいう。天台宗の自称。

(163)永平の開祖師　永平寺開山道元禅師。「開祖師」の「師」は削るべきである。

(164)天童如浄　足菴智鑑の法嗣《はっす》。清涼《しょうりょう》・浄慈《じんず》・瑞巌の諸寺を経、五山の一、天童山景徳寺に住した（一一六三―一二二八）。「拝す」は師に仰ぐ事。

(165)入室《にっしつ》参禅のこと。「請益《しんえき》」とは修行者が師に教えを乞い自己を益する事。

(166)元子　道元に対する呼びかけ。子《し》は敬称。道元さん。

(167)左の掌を右の掌の上に置いて坐禅をするから、心を左の掌の上に置くという事は、心を丹田に置くのと同じ。

(168)顗師　天台智者大師、智顗《ちぎ》。

(169)智者大師の俗兄、陳鍼《ちんしん》（秦）年四十の時、仙人張果から、死期月《きげつ》（まる一ケ月）に在りと予言された。弟の智顗、方等《ほうどう》の懺法《せんぼう》（大方等陀羅尼経による方等三昧を行じて六根の罪障を懺悔する事）を行わしめ、且つ童蒙止観（小止観）を授けた。咨《し》（はかる、相談）受（命令を受く）修習、夙夜《しゅくや》（朝早くから夜おそくまで）怠らず。未だ一年に満たざる時、また張果に見《まみ》えしに、果大いに驚異して曰く、何れの薬を服して此れを致せるやと。鍼曰く、但懺《ただせん》を修めしのみ、薬に非るなりと。果之を聞きて、手を以て額に加えて曰く、奇なる哉。道力短寿を易《か》えて長齢と為し、卒《つい》に能く死を越え生を超《こ》ゆと、誠に然りと。
(170)小止観　『修習止観《しゅじゅうしかん》坐禅法要』『童蒙止観』ともいう。天台大師の著。岡倉天心の英訳あり。
(171)白雲和尚　白雲守端禅師（楊岐方会《ようぎほうえ》の法嗣）のことか。
(172)腔子　腹腔。はらのなか。子は助字。虚白道人曰く「此語は程明道の此心常使レ在二腔子内一の語より来れり」と。
(173)「徒」は参徒。「衆」は大衆《だいしゅ》。弟子達の言行を匡正し統率する。
(174)「機」は来機。集まって来た門下の修行者。
(175)「小参」は時と処を定めずに住持が説法する事。「普説」は住持が衆のために普ねく正法を説く意。檀越《だんのつ》の特請により行う場合もある。知見広博の人にしてはじめてできる仏教講演。
(176)七縦八横　禅語として、自由自在の意に使われるが、ここは、「徒を匡し」以下「普説」までを受け、「さまざまの場合に」の意。
(177)素問　中国最古の医書『黄帝内経』の一部たる『素問』木火土金水《もっかどごんすい》の五行《ぎょう》五元素の調和を健康の元とする生理・衛生理論。『黄帝内経』は古代伝説的の黄帝と岐伯らの名医と人体について論じた記録という形をとる。陰陽五行説に基づく自然哲学と当時の医学知識をまとめたもの。戦国時代から漢代にかけての編集で著者不明。
(178)恬澹虚無　『素問』は飲酒好色の放縦の生活を誡めて「夫れ上古聖人の下《しも》を教うるや、皆之を虚邪賊風と謂う。之を避くるに時あり、恬澹虚無にして真気之に従い、精神内に守らば病安《いず》くより従い来らん」と述べている。「虚邪」は精気が足りず虚の状態のため病気になること。「賊風」

は人をそこなう風疾。きちがい。「恬澹」の「恬」はやすらか。澹は淡と同意。安静を意味する。「虚無」は思い煩いせざる事。「真気」は元気。元気を内に守り留め充実させて置けば病の起る隙《すき》がない。恬澹虚無は道家思想の根本。

(179) 漢方の医書では骨の数を三百六十五となすが、ここでは文章の調子で五を省いた。今の解剖学では骨数二百十三という。

(180) 毛竅は毛穴《けあな》。印度では物の多きを表わす場合八万四千という。『無門関』第一則の無門和尚の評唱に「三百六十の骨節、八万四千の毫竅を将《も》って通身に箇《こ》の疑団を起して箇《こ》の無字に参ぜよ」とある。此の文句に拠《よ》ったのであろう。

(181) 「案じ」は異本に「安じ」となっている。この方がよい。臥床を延べ敷物を暖かにする。

(182) 鴻《おおとり》は雁の一種。雁より稍々大。羽は極めて柔かで軽い。「命を鴻毛の軽きに比す」などという語がある。

(183) 蘇内翰　宋の大詩人蘇東坡《とうば》。彼は翰林学士（天子の詔勅作製等、文書を司る役人）になった。「内翰」の「内」は「内廷」「朝廷」の意。東林常総に参禅した。同じく内翰の沈括《しんかつ》は、夢渓翁と号し、天文・音楽・医薬等に通じ、著に『夢渓筆談』・『蘇沈《そしん》内翰良方』（蘇は蘇東坡）等がある。此の後者は医書で、本文は此の書よりの引用と思われる。『遠羅天釜《おらてがま》』に不断坐禅の実例に数人を数えた中に、蘇内翰もある。

(184) 数息観《すそっかん》のこと。梵語 Ānāpāna アーナーパーナ。安那般那の漢訳。

(185) 「将去」は助辞で、無意味。異本に「放ち去て」とあるは誤りであろう。

(186) 兀然　山の聳え立つ如く動かない様子。

(187) 熊谷氏の註に曰く。「無病長生法」に曰く、終には閉《とじ》て息せざれども呼吸の促《せま》るを覚えざるに至る。之を名づけて胎息と云ふと。本文の意義斯の如くならん。近藤（近重《ちかしげ》か。無機化学者故近重真澄京大教授は南禅寺河野霧海《ぶかい》老師に参禅。数種の禅の著書あり。）理学博士曰く「内には非常の精力を蓄え而も呼吸は殆んど絶えて外界との交渉が無くなるに至れば、是れ即ち無念無想無我の状態にして身体其者が既に無字公案を化して居る。斯る入定《にゅうじょう》中の状態を他に動物中に求むれば冬《とう》蟄《ちつ》に相当する」と。又曰く「医学的冬蟄状態といふのが其極心理学的無心の状態と一致す」と。

(188) 熊谷氏曰く、「皮膚呼吸の十分に営まるるをいへるものと信ず」と。

(189) 劫は前出。梵語 Kalpa カルパ　劫波。長時と訳す。長い間の病気。熊谷氏曰く、漫性病或いは遺伝病と。

(190) 路頭　みちばた。みおちのほとり。但し、ここでは道のこと。「指すことを用ひず」、道を教えて貰う必要がない。

(191) 勝峯大徹・足立栗園両氏の『禅と長寿法』に引用された「夜船閑話講義」（写本）には、『褚《ちょ》氏遺書』なる医書の次の文が掲げられている。「養ウ二耳力ヲ一者ハ常ニ飽キ。養ウ二目力ヲ一者ハ常ニ瞑シ。養ウ二臂指ヲ一者ハ常ニ屈伸シ。養ウ二股趾ヲ一者ハ常ニ歩履ス」。「飽」は厭飽。聞く事を避けている事。「瞑」は目をつぶる事。「心気を養ふ者は常に黙す」は原文にない。是は蘇内翰がつけ加えたものであろうという。

そこで私は申しました。「謹んで御命令を承わりました。しばらくの間、禅の修行をやめて、禅病を治すことを期待して御教訓を実践することに致しましょう。ただ一つ心配なのは明《みん》時代の医家李士才が丹渓の医法を評して〝清降に偏す〟と言ったのに当るのではないかということでございます。心を一ヶ処に制限しますと、気血が或いはとどこおることがないでしょうか」と。

白幽先生ニコッと微笑して言うには、

「そんなことはない。李氏が言っているではないか。火の性は燃え上がるにあるから是れを下さなければならない。水の性は下るにあるから是を上らせなければならない。水が上り火が下る。是を名づけて〝交〟という。交わる時を易《えき》では〝既済《きさい》〟という、交わらない時を〝未済《みさい》〟という。交《こう》は生の貌《かたち》、不交《ふこう》は死の貌である。李氏が丹氏を評して〝清降に偏なり〟というのは、丹渓を学ぶ者の弊を救わんとした為めである。

古人（唐の啓去子王冰《ひょう》）がいうには、〝相火《しょうか》が上《のぼ》りやすいのは身の苦しむ所であり、水を補うのは火を制するためである〟と。思うに、火には君《くん》・相《しょう》の二義がある。君火《くんか》は上にあって静をつかさどり、相火《しょうか》は下にあって動をつかさどる。君火は一心の主であり、相火は宰相である。この相火にも二種がある。腎《じん》と肝《かん》である。肝は雷に比せられ、腎は竜に比せられる。それで竜を海底に潜ませておけば決して激しい雷が起ることもなく、雷を沢の中に納めておけば、決して飛び上る竜もないであろう。海も沢も何れも水でないものはない。これこそ相火の上《のぼ》り易いのを制止する語ではないか。

また言うには、心臓が疲れている時には血気衰え、心火逆上するために熱する。その時は、それを補うには心火を下して腎水に交わらせるのである。これを補《ほ》と言うのである。易《えき》で言う既済《きさい》の道である。あなたは前に心火が逆上したから此の重病が起ったのである。若し心火を降下させなければ、たとい三界《さんがい》世界中に存するいかなる秘密の法を実践し尽くしても治らないだろう。それにまた私の姿が道教の徒に似ているので、大いに仏教と異なっているように見えるかも知れないが、私は禅なのだ。あなたが他日悟る折あらば、そうだったかと呵々大笑することであろう。

抑《そもそ》も観《かん》なるものは無観が正《しょう》観である。無観、分別を離れた認識が正観であり、仏教的には正しい認識である。多観、多岐に亘る観法は邪観である。先きにあなたは多観をし公案工《く》夫《ふう》度を過ごしたので此の重病にかかった。今それを救うために無観を、公案を用いずに内観を以てしたらよいのではないか。あなたが若し心炎・意火・心火をとり静め、これを丹田《たんでん》下腹部と、足の裏土踏《つちふ》まずの間におくならば、胸の中が自然にすずやかに、あれこれ思い煩うことは少しもなく、一滴の識浪情波なく、心の波が立つことは全くなくなる。観音経にいう真観清《しょう》浄観とはこの事である。諸法実相の理を観じ平等・空に体達する空観・真観と、それにより万物を仮有《けう》と見て、差別にとらわれけがされることのない清浄観である。あなたは禅観をやめることはない。ただその方法を改め内観によればいいのだ。仏のお言葉に、心を足の裏、土ふまずにおさめると百一の病を治することができる、とある。阿含《あごん》経には酥《そ》を用いる方法が説かれている。心の疲れを治すこと最も勝れている。

天台大師の『摩訶止観《まかしかん》』に病因を論ずること詳しい。治療法を説くことも甚だ精密である。十二種の呼吸法があってこれがよく色々な病を治す。また臍中に心を豆の大きさの如く観じて置く腹式呼吸法がある。その要旨は心火を降下して丹田及び足心に収めることにある。これはただ病を治すだけでなく、大いに禅観を助けるのである。

思うに、〝止観〟の〝止〟に繫縁止《けえんし》・諦真止《たいしんし》の二種がある。諦真止は、諸法実相を観ずる天台円教の観心であり、繫縁止は心気を臍下丹田に収め守ることを第一とする。修行者がこれを用いると、大いに利益がある。

昔、永平寺の開祖道元禅師が宋に行って如浄《にょじょう》禅師を天童山《てんどうさん》において師として仰ぐ事になった。或る日道元禅師は如浄禅師の居室に入って教えを請うた。如浄禅師曰く〝道元さん、坐禅をする時には心を左の掌の上に置くべきです〟と。是れ取りも直さず天台智顗《ちぎ》大師のいう繫縁止の大略である。智顗大師が初めて此の繫縁《けえん》内観の秘訣を教えて、兄《あに》鎮慎の大病を万死の中でお助けになったことは、精しく小止観の中で説かれている。

又白雲和尚曰く、自分は常に心を腹の中に充満させておく。弟子達の言行を匡正《きょうせい》し彼等を統率し、客に応待し、修行者に接し、臨時の小参《しょうさん》説法を行い、多勢のための普説《ふせつ》をしたり、様々の場合にそれは無限の力を発揮する。年をとってから殊に利益が多いように思われる、と。誠に尊ぶべきことである。これは思うに中国古代医書『素問』にある〝恬澹《てんたん》虚無、無欲であっさりして物事にこだわりがなければ真気（元気）是にしたがう。精神内に守らば病何れより来らん〟という語に基づかれたのであろうか。

また〝内に守る〟要点は元気を一身の中に充実させ、三百六十の骨節、八万四千の毛穴、髪の毛一本程も元気が欠けたところがないようにすることが必要で、これこそ生を養うのに一番大切であることを知るべきである。

仙人彭祖《ほうそ》曰く〝精神を和らげ心気を養い導く法は、深く密室を閉じ、臥床を置き、敷物を暖め、枕の高さ二寸半、身を正してあおむけに臥し、眼を閉じ心気を胸の中に閉じ込め、軽い鴻毛《こうもう》を鼻の上にかざし、鼻息で動かなくなって三百息数えてから、耳に何も聞こえず目に何も見えずというようになることだ。こうなると寒暑も侵すことができず、蜂やさそりも毒することができない。寿命も三百六十歳、真人・仙人に近いと言ってよい〟と。

又、宋の詩人蘇東坡曰く〝腹がへったら食事をし腹一杯になる前にやめる。散歩逍遥して腹をすかせるように努力し、空腹の時に静かな部屋に入り、正坐して黙って出入の息を数えよ。一息より数えて十息まで到り、十息より数えて百息に到る。百息から数えて千息に到る頃には、身体不動山《やま》の如く、心しずまり返り虚空《こくう》に等しくなる〃と。このような状態が長く続くと、一息もすることなく、息の出入がなくなり、息は八万四千の毛穴の中から雲散霧消の状態となり、長い間の諸病がおのずから治り、諸障自然になくなることをはっきり悟るであろう。譬えば盲人が忽ち眼を開くようなものである。そうすれば人に道を聞く必要もなくなる。ただあなたにとり必要なことは、平生言葉数を少くして元気を養うことだ。この故に『褚氏遺書』に云うのである。〃目の力を養う者は常に目を閉じ、耳の力を養う者は聞くことを常に避け、心気を養う者は常に沈黙しているのである〃」と。

（五）

予が曰く、酥《そ》を用《もちう》るの法、[192]得て聞《き》ひつべしや。

幽が曰く、行者定《じょう》中、[193]四大調和せず、身心ともに労疲する事を覚《かく》せば、心を起して応《ま》さに[194]此想を成《な》すべし。

譬《たと》へば色香清浄《しきこうしょう》の[195]輭蘇《なんそ》鴨卵《おうらん》の大《おお(い)》ひさの如くなる者、頂上に頓在《とんざい》せんに、其気味微妙《みみょう》にして、遍く頭顱《ずろ》の間お《(を)》うるおし、[196]浸々《しんしん》として潤下《じゅんげ》し来《きたっ》て、両肩《けん》及び双臂《ひ》、両乳胸膈の間《かん》、肺肝腸胃、脊梁臀骨《せきりょうでんこつ》、次第に[197]沾注《てんちゅう》し将《も》ち去る。此時に当《あたっ》て胸中の五積《しゃく》六聚《じゅ》疝癖《ぺき》塊痛、[198]心に随て降下《こうげ》する事、水の下《しも》につくが如く、歴々として声あり。遍身を周流し、双脚を温潤し、足心に至て即ち止《や》む。

行者再び応《ま》さに此観を成《な》すべし。彼《か》の浸々《しんしん》として潤下する所の[199]余流積《つ》もり湛《たた》へて、暖め蘸《ひた》す事、恰《あたか》も世の良医の種々妙香の薬物を集め、是を煮《しゃ》（流布本に煎）湯《とう》して浴盤の中に盛《も》り湛《たた》へて、我が臍輪已下《さいりんいか》を漬《つ》け蘸《ひた》すが如し。

此観をなすとき、[200]唯心《ゆいしん》所現の故《ゆ》ゑに、鼻根《びこん》乍《たちま》ち希有《けう》の香気を聞き、身根俄かに妙好の輭《なん》触《そく》を受く。身心調適《じょうじゃく》なる事、二三十歳の時には遙かに勝れり。此時に当りて[201]積聚《しゃくじゅ》を消融し、腸胃を調和し、覚へず肌膚光沢《きふこうたく》を生ず。若其勤《もしそれつと》めて怠らずんば、何れの病《やまい》か治《ち》せざらむ。何れの徳かつまざらむ。[202]何れの仙か成《じょう》ぜざる。何れの道《どう》か成ぜざる。其功験の遅速は、行人《ぎょうにん》の進修《しゅ》の精麁《せいそ》に依るらくのみ。

[203]走《そう》、始め[204]丱歳《かんさい》の時、多病にして公の患《うれ》ひに十倍しき。衆医総《そう》に顧みざるに到る。[205]百端を窮むといへども、救ふべきの術なし。此《ここ》において上下の神祇《じんぎ》に祈《いのっ》て、[206]天仙の[207]冥助《みょうじょ》を請ひ願ふ。何の幸ひぞや、計《はか》らずも此の輭酥の妙術を伝受する事を。歓喜《かんぎ》に堪へず[208]綿々《めんめん》として精修《しゅ》す。未だ期月ならざるに、衆《しゅ》病大半消除す。爾来《じらい》身心軽安なる事を覚ゆるのみ。[209]癡々兀々《ちちごつごつ》、月の大小を記せず、[210]年の潤余を知らず。世念次第に軽微にして、人欲の旧習もいつしか忘れたる

が如し。馬年今歳《こんさい》何十歳なる事もまた知らず。中頃端由《なかごろたんゆ》有りて(211)若《じゃく》州の山中に潜遁する者大《おお》凡《よそ》三十歳、世人都《すべ》て知る事なし。其中間を顧るに、恰も(212)黄梁半熟《こうりょうはんじゅく》一夢の如し。

今、此山中無人の所に向《むかっ》て、此(213)枯槁《ここう》の一具骨を放《はなっ》て、太布《たいふ》の単衣《たんね》纔《わず》かに二三片《にさんぺん》を掛け、厳冬の寒威、綿《わた》を折《くじ》くの夜といへども、(214)枯腸を凍損するにいたらず。(215)山粒すでに断《た》へて穀気《こくき》を受けざる事、動《やや》もすれば数《す》月に及ぶといへども、終《つい》に凍餒《とうだい》の覚へも無き事は、皆此観の力ならずや。我今既に公に告《つぐ》るに、(216)一生用ひ尽さざる底《てい》の秘訣を以てす。此外更に何をか云《いわ》んやと云《いっ》て、目を収めて黙坐す。予も亦涙を含んで礼辞《らいじ》す。

(192)得て聞いつべしや　聞く事が出来ますか。伺うことができますか。
(193)四大調和せず　身体を構成する地水火風の四要素が調和せず乱れる。身体に故障が生じる。
(194)想を成す　していない事を宛《あだ》かもしているように想いなす事。酥を用いる観法。
(195)輭蘇　輭は軟の正字。「蘇」は酥に通じて用いられた。異本には「酥」とある。
(196)浸々　じわじわと次第に進む様子。
(197)「沾」はうるおす。「将ち去る」は、前にも出たが、語勢を強める助辞。
(198)心気の降下に従って。
(199)「余流」とは、再び観想を新たにする場合、先に潤下せる輭酥の余流があって、今また潤下する如く観ぜらるるよりいう言葉。

⑳三界唯心、一切唯心造なる故に、心に香気を観ずれば心外に香気の顕現するを覚え、心に輭酥を観ずれば心外に輭蘇の顕現するを覚えるということ。酥には香気があるので、観酥をすれば香気をかぐような感じを持つ。聞香は香をかぐこと。「鼻根」は鼻、「身根」は皮膚。肌。
(201)積聚　五積六聚。五臓六腑のとどこおり。内臓の病。前出。
(202)仙に天仙・地仙・人仙ありというが、どの仙にもなれるし、諸道にも通じ得る。
(203)走　下走。本来は下僕の意。ここは自己の謙称。異本には「我」に作る。
(204)丱歳　「丱」は前髪を二つにわけて巻き、かんざしを通した子供の髪の結い方。あげまき。つのがみ。総角。転じて、幼時。
(205)百端　種々の手段方法。百方。
(206)天仙　此の場合、神祇の意。
(207)冥助　冥加《みょうが》。知らず知らずの中に神仏の加護を蒙ること。目に見えぬ神仏の助け。
(208)綿々　心をこめ綿密に精進修行。
(209)「癡々」は無知の貌。馬鹿のよう。「兀々」は努力する様子。
(210)潤余　閏年《じゅんねん》（うるうどし）か否かを知らず。陰暦では季節と暦が食いちがわないようにするため、時々余分の月（潤月）を設け一年を十三ケ月とする。これを閏年という。本文では、和語の「うるう」に基づき、潤うて余りある意で「潤余」とした。
(211)端由　然るべき理由。「若州」は若狭国《わかさのくに》（福井県）。陸川堆雲居士は白川の乗願院の過去帳に、北白川の山居四十五年とあれば、若州三十年は信じ難いとされている。

㉑㉒黄粱半熟　青年盧生《ろせい》なる者、唐の開元十九年、趙《ちょう》の都邯鄲《かんたん》の宿で、道士呂翁《りょおう》から、栄華が意の如くなるという不思議の枕を借りて寝、立身出世して燕国公《えんこくこう》に封ぜられ富貴を極めた夢を見たが、さめてみると、旅の主人が炊いていた枕頭の黄粱《こうりょう》（オオアワ）の粥《かゆ》がまだ煮えぬ間のことであったという中唐の沈既済《しんきさい》作『枕中記』の記事。黄粱一炊の夢。邯鄲の夢。盧生の夢等として知られている。『邯鄲』という能も世阿弥《ぜあみ》によって作られた。

㉑㉓　形容枯槁。やせ衰えた貌。「一具骨」を、熊谷氏や虚白道人は、骨格を具えた肉体の意に解されているが、具骨という熟語は見かけないから、異本に「一臭骨」とあるのに拠るべきかと思う（臭骨という熟語もみかけないが）。何れにせよ自己の肉体に対する謙称。「放て」は放置しての意。

㉑㉔枯腸　ひからびたはらわた。此の場合は、自分のからだの謙称の意にとればよいが、本来は文章の才のない事を意味する語。

㉑㉕山粒　熊谷氏は炒《い》り米とし、虚白道人と陸川居士は山田《やまだ》の米の意であろうとされているが、単に「穀物の貯え」と解してもよい。

㉑㉖　『無門関』第三則に、倶胝《ぐてい》和尚が遷化《せんげ》せんとする時、衆《しゅ》に対して「吾れ天竜一指頭の禅を得て一生受用《じゅゆう》不尽」と言ったのに基づいて、「一生用ひ尽さざる底の秘訣」と言ったのであろう、と陸川氏は言う。

私（白隠）が言う。酥《そ》を用いる方法をお聞かせいただけませんでしょうか。

白幽先生曰く、「修行者が坐禅を実践している時、四大不調、身心ともに疲労したことを感じたなら、心を奮い立たせて、このように想像したらよい。

たとえば色彩や香気が清らかで、鴨の卵のような大きさの輭蘇《なんそ》（軟酥）を頭の上にひょいと置いたと仮定する。そのにおいと味《あじわ》いは何とも言いようもない位すばらしいものだが、それが頭全体を潤し、次第にじわじわと辺りを潤しながら下《くだ》って来て両肩両臂《ひじ》に及び、両乳、胸と腹の間、肺、肝、腸、胃、背骨、腰骨、と次第に潤しそそぐ。この時、胸中にたまった五臓六腑の気のとどこおり、疝気《せんき》やその他局部的の痛みが、心気の降下に従って降下すること、水が下に流れるようであり、はっきりその音が聞こえる。蘇は全身を廻り流れ、両脚を温かく潤し、足の土踏まずに至ってとどまる。

修行者はそこで再び次の如く観ずべきである。じわじわと潤しながら流れ下る蘇の余流・支流が、積もり湛え、暖めひたすことは、あたかも世の良医が種々の妙《たえ》なる香りのする薬を集め、是を湯で煎じてふろおけの中に湛え、自分の臍より下をつけひたすようなものだ。

此の観をなす時、華厳経《けごん》にいう通り一切唯心造であるから、鼻はたちまち妙香を聞き、皮膚に妙《たえ》なる軟酥が触れる心地がする。身心快適なることは二、三十歳の時より遙かに勝っている。此の時に当って、五臓六腑の気の滞りをなくし、胃腸を調和し、おのずから肌に光沢を生じる。もし此の観法を勤めはげむなら、いかなる病でも治らないことなく、いかなる徳も積むことができる。どんな仙人にもなれないことはないし、どんな道でも成就できないことはない。その効果の遅速は、修行者の精進修行が綿密か否かに依るのみである。

私（白幽）は幼時多病であなたの病気の十倍も悩んだ。医者はすべて見はなすに至った。種々の手段をつくしても救いの手だてがなかった。ここに於いて天地の神々に祈り、神々の御加護を請い願った。ところが何たるしあわせか、はからずも此の輭酥《なんそ》の妙術を受けることになった。歓喜に堪えず心を籠めて精進修行した。一月もたたないのに多くの病の大半は治ってしまった。それ以来身心が軽《かる》がるとした感じになるばかりであった。まるで馬鹿のようになってがんばり、大の月か小の月かも分らず、年が閏年《うるうどし》かどうかも知らず、世事に心を用いること次第に軽微になり、俗世間の古い風習もいつしか忘れたようになってしまった。自分の歳が今年何十になるということも知らない。中年の頃、然るべきわけあって若狭《わかさの》国《くに》（福井県）の山に隠れることおよそ三十年、世間の人すべてこのことを知る者はない。その間のことを顧みると、まるで黄粱半熟の夢の話のような儚《はか》ないものである。

今、この山中無人の処に住み、此のやせ衰えた身体に粗布のひとえを二、三枚着て、真冬の寒気が綿を通す夜といえどもからだを凍えさせることもなく、山田の米もなくなり、穀物の栄養をとらないこと数ヶ月に及んでも、凍えたり飢えたりすることがないのは、皆この観の力ではないか。私は今もうあなたに一生用いつくせない秘訣を語りおえた。此の外更に何を言うことがありましょうか」と言って、目を閉じて黙って坐られた。

自分もまた目に涙をためて、礼を述べて辞去した。

（六）

除々として洞口《とうこう》を下《くだ》れば、木末《こずえ》纔かに残陽を掛く。時に屐声《げきせい》の丁々《とうとう》[217]として山谷《さんこく》に答ふるあり。且つ驚き且つ怪《あやし》んで畏《お》づ畏づ回顧すれば、遙かに幽が巌窟を離れて自《みずか》ら送り来るを見る。即ち曰く、人迹不到《じんせきふとう》の山路、西《さい》東分《わか》ち難し。恐《おそ》らくは帰客[218]を悩《なやま》せん。老夫しばらく帰程《きてい》を導《みちびか》んと云《いっ》て、大駒屐《だいくげき》を着け、瘦鳩杖《そうきゅうじょう》[219]をひき、巉巌《ざんがん》を踏み、嶮岨《けんそ》を陟《のぼ》る事、飄々[220]として担途《たんと》を行くが如く、談笑して先駆《せんく》す。山路《さんろ》遙に里許《りばかり》を下《くだり》て、彼渓水《かのけいすい》の所に到《いたっ》て、即ち曰く、此の流水に随ひ下《くだ》らば、必ず白川《しらかわ》の邑《むら》に到らむと云《いっ》て、惨然《さんぜん》[221]として別る。且《しば》らく柴立《さいりつ》[222]して幽が回歩を目送するに、其老歩の勇壮なる事、飄然《ひょうぜん》として世を遁《のが》れて羽化《うか》[223]して登仙《とうせん》する人の如し。且つ羨《うらや》み且つ敬す。自《みずか》ら恨《うら》む、世を終るまで此等《これら》の人に随逐する事能ワざる事を。

除々として帰り来《きたっ》て、時々《じじ》に彼《か》の内観を潜修《せんしゅ》するに、纔《わず》かに三年に充《み》たざるに、従前の衆病、薬餌《やくじ》を用ひず、鍼灸《しんきゅう》を仮《か》らず、任運《にんぬん》[224]に除遣《じょけん》す。特《ひと》り病を治するのみにあらず、従前の、手脚を挟《さしはさ》む事得ず歯牙《しが》を下す事得ざる底《てい》[225]の難信難透、難解《げ》難入底《てい》の一着《(著)》子《す》[226]、根《こん》に透《とお》り底《てい》に徹して、透得過《とうとくか》[227]して大歓喜《だいかんぎ》を得る者、大凡《おおよそ》六七回。其の余《よ》の小悟、怡悦踏舞《いえつとうぶ》を忘るる者数をしらず。(228)妙喜の謂《いわ》ゆる大悟《だいご》十八度《たび》、小悟数《かず》を知らずと、初《はじめ》て知る、寔《まこと》に我《われ》を欺かざる事を。古《いにしえ》(229)へ二三緉《りょう》の襪《べつ》を着くといへ共《ども》、足心《そくしん》常に氷雪《ひょうせつ》の底《そこ》に浸《ひた》すが如くなる者、今既に(230)三冬《さんとう》厳寒の日と云《い》へども、襪《べつ》せず、炉《ろ》せず。馬歯《ばし》既に古稀《こき》を越へたりと云《い》へども、指すべき半点の小病もまた無き事は、彼《か》の神術《しんじゅつ》の(231)余勲《よくん》ならんか。

云ふ事なかれ、(232)鵠林《こくりん》半死の残喘《ざんぜん》、(233)多少《たしょう》無義荒唐《こうとう》の妄談を記取して、以て(234)佗《た》の上流を誑惑《おうわく》すと。(235)是宿《これつ》とに霊骨《れいこつ》有《あっ》て、(236)一槌《いっつい》に既に成《じょう》ずる底《てい》の俊流の為めに設くるにあらず。癡鈍予《ちどんよ》が如く、労病予《よ》に類《るい》する底《てい》、(237)看読して子細《しさい》に観察せば、必ず少《すこ》しき補《おぎな》ひならんか。(238)只《ただ》恐る、別人《にん》の手を拍《はく》して大笑せん事を。何が故ぞ。(239)馬枯萁《こき》を咬《か》んで、午枕《ごちん》に喧《かま》びすし。

惟時《これとき》宝暦丁丑孟正《ていちゅうもうしょう》二十五蓂《めい》

(217)丁々　斧で木を伐《き》る音。又は碁《ご》を打つ音の意が本来であるが、此の場合は駒下駄がカッカッと岩に当る音。

(218)帰客　帰る人。白隠を指す。異本に「帰路」とある。「悩《なやま》せん」は「悩さん」とあるべき処である。当時の読み癖。

(219)鳩は食する時むせばぬ鳥であるとして、これにあやからせる為め、鳩の形を頭につけた杖を七十以上の老人に授けた事が『後漢書《ごかんじょ》』礼儀志に見える。（現在は宮中で八十以上の老臣に賜わる宮中杖）。鳩は久（ながいき）に通ずるとする説もある。「痩」は細い意。

⑳「瓢々」、身軽に歩む様子。「坦途」は平らな道。
㉑惨然　前出の惨乎と同じ。心いたむ様子。悲しそうに。
㉒柴立　力なげに立つ。異本に「停止」に作る。
㉓羽化登仙　北宋の蘇東坡の『前赤壁賦《ぜんせきへきのふ》』に「飄々乎トシテ。如シ二遺レ《ノガ》レテ世ヲ独立シ。羽化シテ而登仙スルガ一」とあるに依る。羽が生えて天に登り仙人となる。
㉔「任運」は無造作《さ》・自然の意。自《おのずか》らに。「除遣」は「のぞきはらう」「なくなる」。
㉕「難信」は其の旨深きが故に信知し難きこと。「難透」は其の深き本旨に透徹し難きこと。「難解難入」は『法華経』方便品《ぼん》に「諸仏智慧。甚深無量。其智慧門。難解難入」とあるに基づくか。
㉖一著子　話頭・公案。一著は元来、囲碁の一手という意。禅の師家が修行者を覚らせるために適切な一言一句を与える事にたとえる。単に「一著《じゃく》」とも言う。子《す》は助字。
㉗透得過　「透得」と同じ。根底に透徹して悟る。
㉘南宋の大慧宗杲《だいえそうごう》（一〇八九―一一六三）。圜悟克勤《えんごこくごん》（『碧巌集』の編著者）の法嗣《はっす》。諡《し》号を普覚という。孝宗皇帝親しく妙喜庵の三字を書し讃を製して賜いし故に「妙喜」と称す。径山《きんざん》に住するや衆常に一千を越えた。『大慧書』『大慧武庫』等大いに世に行われた。
㉙二三足《ぞく》のたび。緉はひとそろいのはきもの。韤《べっ》は、たび。
㉚三冬　冬の三箇月。初冬（孟冬。陰暦十月）、仲冬（同十一月）、季冬（同十二月）。
㉛余勲　残した功績。
㉜「鵠林《こくりん》」は前出。白隠の自称。「半死の余喘」は、死にかかって余喘《よぜん》（絶えだえの息。虫の息）

を保っていること。

(233)「多少」は多大。少に意味なし。「無義」は道理なき事。「荒唐」はとりとめのなき事。でたらめ。無義に同じ。

(234)上流　学徳優れた人々。上流階級ではない。「誑惑」は、うそを言ってまどわす。

(235)「夙に」、幼時から。生れつき。「霊骨」は優れた素質。

(236)一槌便成《いっついべんじょう》と言って、師の一言のもとに直ちに悟ってしまうような俊敏の人々。

(237)看読　よく読むこと。

(238)此の場合の「恐《おそ》る」は「恐らくは」の意らしい。「大笑せん」を「大いに嘲笑せん」の意にとれば、「恐る」を普通の意にとってもよいが、熊谷氏と虚白道人の説に従って、「別人」を「知音」「知己」の意に解し、「大笑」を嘲笑の意にせず、喝采の意にとる方が、最後の文句とのつづき具合もよい。

(239)萁《き》は豆がら。宋の詩人黄山谷《こうさんこく》の「六月十七日昼寐」と題する七言絶句の転句で「夢成シテ二風雨ヲ一浪翻ルレ江ニ」の結句につらなる。騒がしい時に、馬が豆殻《がら》を咬んでも誰も殆んど其の音を感じないが、午枕・昼寝の時、あたりが静かな時には其の音が午睡《ごすい》の人の耳に喧《かまび》すしいであろう。そのように、我がつまらぬ内観の説も、時によっては知音の耳に留まる事もあろう。内観の説が凝鈍者流に少補あるは勿論、おそらく知音の士は大益あるを知って手をうって喝采してくれるであろう。既に序文の終りにも、「禅病を治し労疲を救ふのみはにあらず、禅門向上の事《じ》に到って、年来疑団あらむ人々は、大ひに手を拍して大笑する底《てい》の大歓喜あらん。何が故ぞ。月高うして城影尽《つ》く」とある。虚白道人曰く「序文の結末と共に、一結、実に千斤にて而かも意味頗る深長、禅家の文の妙、是に至って極れりと謂ふべし」と。

自分はゆっくり洞口から下山の途についたが、もはや夕方で、木々の梢《こずえ》がわずかに夕日に輝いていた。時に、岩に下駄が当る音が山谷にこだました。驚き且つ怪しんでおそるおそる辺りを見まわすと、遙かに白幽先生が巌窟を出て自《みずか》ら送ってこられるのが見える。白幽先生近付いて曰く、「人も来ないこの山路では西も東も分らない。おそらくあなたはこまるであろう。この老人がしばらく帰りみちの御案内をしよう」と言って、大形の駒下駄をはき、細い杖をつき、高い岩を踏み、険しい山道をのぼる様子は、身軽に平らな道を行くようで、談笑しながら先に立って歩いて行く。山路を遙かに六・七町ばかり下って、あの渓流の処に到ると、そこで言われた。「此の流れに随って下ると必ず白川の村に出るだろう」と。そう言って悲しげに別れた。しばらく力無く立って、白幽先生の帰って行かれる姿をジッと見送ると、老人ながらその歩きつきの勇壮なること、超然として世を遁れ、羽が生えて仙人となり天に登る人のようであった。羨しく思うと共に尊敬の念を抱いた。自分は長く一生涯このような優れた人に随従して学び得ないことを恨めしく思った。

さてゆっくりと寺に帰って来て、絶えずかの内観を、常に心を潜めて実践したのであるが、わずか三年にもならないのに、従来のいろいろな病気が、薬も飲まず、鍼灸を用いることもなく、自然になくなってしまった。単に病気を治したばかりでなく、従来手も足も出ず歯も立たないような難信難透、難解《げ》難入の公案（禅の問題）も根底に徹して悟り、大きな喜びを得たこと六、七回、それ以外、小悟して喜びの余り手の舞い足の踏む処を忘れたこと数知れずであった。大慧《だいえ》禅師が大悟十八度《たび》、小悟数を知らずと言っておられることが真実であることが初めて分った。昔は二三足《ぞく》の足袋《たび》をはいても、足の裏がいつも氷雪の底にひたしているように冷《つめ》たかったが、今は最早冬三ヵ月、厳寒の日といえども、足袋もはかなければ炉にもあたらないようになった。自分の年は既に七十を越えはしても、これぞという少しの病気もないことは、内観法という神仙の術の余徳であろうか。

以上は、半分死にかかって虫の息を保っているに過ぎない白隠が、大いに無意義、でためなとりとめのない話を書き綴って、かの学徳も体力も優れた人々を惑わすものだ、などと言っては困る。もともと生れつき優れた素質があり、一言のもとに悟るような、才知のすぐれた人々のために説いているのではない。癡鈍なること此の私のようであり、病気で此の私のように疲れている人々が、本書をよく読んでよく考えてくれたならば、必ず少しは益する所があろう。おそれく知音《ちいん》・知己の人々だけは手をうって喝采してくれるであろう。なぜかというに、宋の詩人黄山谷《こうさんこく》の詩の文句にもあるではないか。「馬枯萁《こき》を咬《か》んで午枕《ごちん》に喧《かまび》すし」——馬がひからびた豆がらをバリバリ咬んで午睡の人の耳にやかましく響いてくる。大した音でもないから平生は雑音に消されてしまうのに、辺りが静まるとやかましく響くのだ。我が内観の説も時と場合により知己を得ることもあろうか。

時に宝暦丁丑《ていちゅう》（ひのとうし。一七五七年）一月二十五日

『夜船閑話』解説

『夜船閑話《やせんかんな》』は『遠羅天釜《おらてがま》』と並んで白隠禅師の仮名《かな》法語の中最も有名で、現在に至るまで多くの人々に読まれているものである。その内容は寛保元年禅師五十七歳の時刊行の『寒山詩闡提記聞』巻一に既に現われたが十数年後に単行本になったのである。『夜船閑話』には一巻本と、「巻第一」と「巻第二」より成る二巻本とがある。一巻本と、二巻本の「巻第一」は同一の内容で、世に聞こえた『夜船閑話』はこれに外ならない。二巻本の「巻第二」は「小島城之大守松平房州殿下近侍の需《もと》めに応ぜし草稿」と題されており、禅仏教の精神に基づいて、驕奢を慎しみ、仁政を行うべき事を懇ろに説いたもので、「巻第一」と内容的に全く関係が無い。一巻本や二巻本「巻第一」の『夜船閑話』は、白隠自らの闘病の体験記録である。この方は禅師七十三歳の宝暦七年（一七五七）に脱稿し、また「巻第二」はそれより二年前の宝暦五年（一七五五）に脱稿している。異質の物がどうして一冊にされたのか、その理由はわからない。おそらく出版上の便宜的事情に依ることと思われる。

『夜船閑話』は青年時代の白隠が、禅病に苦しんだ末、遂に京都白河の仙人白幽《はくゆう》を訪れ、内観法や輭蘇《なんそ》の法を教えられ、それを実践して治癒するに至った物語である。修行に熱中した二十歳半ばの白隠は、一応悟りは開いたものの頭がのぼせ耳鳴りがし、おどおどして幻覚を生じ、足は冷え両眼常に涙を帯びるに至った。肺結核説もあるが、おそらく胸膜炎を伴なったひどい神経症、ノイローゼであったらしい。大悟した筈の白隠が何故ノイローゼになったのかと不審を抱く人もいるが、年齢などを考え合せれば、あまり問題にすることもないであろう。その時、自ら漢方医の説や天台の止観等に基づいて、内観法や輭蘇《なんそ》の法を実践して治病の効を奏したのであるが、興味深く広く世間に訴えるために、当時かなり有名であった白幽から親しく授けられたものの如く物語風にして書いたのである。白隠は創作家としての才能にも恵まれていた。

書名は、夜船《よぶね》の乗り合い衆のむだ話という意であるが、「夜船《やせん》」は、或いは「白川夜船《しらかわよぶね》」の語に掛けたものかも知れない。人に京の白川の事を問われた、知ったかぶりの男が、白川を川の事と思い、夜船《よぶね》で通ったから知らぬと答えたという話がある。もしその含みがあるとすれば、白川の仙人白幽子には会った事はないが、会ったことにして書いた咄《はなし》という意味が、『夜船閑話』という書名にあるわけであろう。

『白隠年譜』によれば、白隠の白幽訪問は宝永七年（一七一〇）二十六歳の時であり、「年譜草稿」によれば正徳五年（一七一五）三十一歳の時である。然るに白幽は宝永六年六十四歳の時、山から落ち、病を得て歿した。明らかに辻褄《つじつま》が合わない。

そもそも『夜船閑話』には、白幽の年齢を「三四甲子《かっし》を閲《け》みし」と書いてある。甲は十干《かん》、子は十二支、六十年で一甲子がめぐるから、三、四甲子でほぼ二百年前後になる。それやこれやで、江戸時代にも白幽の実在を疑う者があった。『夜船閑話』の出版に遅れる事三十三年、寛政二年（一七九〇）に出た伴蒿蹊《ばんこうけい》の名著『近世畸人伝』第五巻に、「白幽子」の見出しで、白隠との出会いが簡潔の筆致で叙せられているが、その終りに「私云、白幽子の始末此外に聞《きく》所なし。机上の書籍、儒、釈、道を兼《かね》たるは傳大士《ふだいし》に似て、しかも維摩《ゆいま》の黙《もく》に遊ぶ。英雄人を欺くにて、若其《もし》意を著《あらわ》さんために、かりに此人をまう（設）け、白川の幽人（隠者）をもて名とせるもまた知《しる》べからねども、年月などさだかに記されたれば、ここに録す。示す所の法は実に人に益あるべし。故に要をとりても猶繁《なおしげ》きをいとはず。禅師為人《いにん》の志《こころざし》を嗣《つ》ぐのみ。」と記している。

然るにその後三年を経、寛政五年（一七九三）に出た『続近世畸人伝』の附録の部に再び「白幽子」の項を設け、「此人、前編の予が評に、其人実《まこと》にありや、白隠禅師其説を述《の》べんがために仮に此人をまうけられしも知《しる》べからず、と疑《うたがい》しが、後に相州（相模国《さがみのくに》）金沢の僧若霖《じゃくりん》の詩集宜遊草《ぎゆうそう》を、書肆竹苞楼《ちくほうろう》示さる。其中に訪フノ二白幽子ヲ一詩二首あり」と、其の漢詩二首を記し、更に「後又、白幽子自筆の作文を或人《あるひと》の蔵せるを借出《かりだし》て見せられしかば、其ままにうつして左に掲ぐ。其高趣もまたみるべし。」と言って、白幽子の「謹志箴《きんししん》」の拓《たく》を掲げている。そして真如堂（京都市左京区）の北なる墓の表に「松風窟白幽子之墓」、横に「白川山居隠士」、背に「宝永六（己丑）初秋二十五日」と刻された文字を記し、「かかれば（かくあれば。こういうわけだから）某人の実有《ある》（実在した）は論なし。竹苞主人が此翁につきて重畳《ちょうじょう》（幾重にも）功あるもをかし（愉快である）。しかるに猶いぶかしきは、白隠和尚の訪れしは庚寅《かのえとら》正月なること前編に挙《あぐ》るがごとし。墓碑は前年己丑《つちのとうし》也。若《もし》生存の日に建《たて》しかともいふべけれど、二十五日とあるは其歿日なるべきことわりなり。畢竟、隠士の名をかりて、丈山の師也、寿二百歳にも過たらんなど、仙のごとく取《とり》なして（あつかって）、其示説を神《しん》（神秘）にせらるといはんか。云々」と記している（『東洋文庫』202参照）。白幽子は正保三年（一六四六）生れ、石川丈山は天正十一年（一五八三）生れであるから、白幽を丈山の師というのは理に合わない。丈山は家康の臣で大坂夏の陣で功をたてたが、晩年比叡山西麓に詩仙堂を建て隠棲した。漢詩人で隷書に巧みであった。

辱知・故陸川堆雲老居士の『評釈　夜船閑話』によれば、滝沢馬琴は、その随筆『玄同放言』で、白幽を丈山に使われた僕とする『雪斎記事』なる古写本の説を記しているというし（虚白道人『夜船閑話氷釈』附録に同様の記事あり）、南画の大家富岡鉄斎（一八三六―一九二四）が北白川の山に建てた「白幽子巌居之趾」の碑の文には、白幽を以て丈山の弟子石川克の弟としているという（但し出所不明）。尚、北白川乗願院の過去帳には、白幽を「石川丈山末弟近習」としてあり、これが最も信ずべき説であろうと陸川氏はされている。（右白幽の生年も乗願院過去帳による推定）。

ちなみに、陸川氏の著書の巻頭写真に、『永代節用無尽蔵』の「白幽白隠対面図」が掲げられて居るが、それは極めて素朴な版画である。富岡鉄斎は晩年の大正九年に「白隠訪白幽子図」を描いたが、名作で、昭和四十六年十二月、上野博物館に於ける日本文人画展に出陳された。それは同展の欧米巡回前の国内展示であった。鉄斎は隠れた先賢の顕彰に努めた人であった。「わしは画家ではない。儒者じゃ」と言っていたと聞くが、誠にただの画家ではない。数代前の祖先富岡以直は、石門《せきもん》心学の学祖石田梅巌の高弟で、心学は富岡家の家学であった。

蒿蹊の『続近世畸人伝』に白幽の「謹志箴」の拓が掲げられている事は前に述べたが、その書体は正に丈山流の八分隷《はっぷんれい》で、丈山との関係を思わしめるに足る。然るに陸川氏の著書に、それと並べ掲げられている関西大学所蔵の肉筆「謹志箴」は、行書風のまじる楷書である。白幽についての唯一の貴重な単行書は、前花園大学教授伊藤和男氏の『白幽子』（昭和三十五年）であるが、白幽の書に就いても綿密な考証をされている。ともあれ、白幽得意の書は、丈山流の隷書というべきであろう。（『大日本人名辞書』は『鑑定便覧』を引用し、白幽を書家とし、筆法超凡としている。）

白幽の思想に就いては、前に引いた『近世畸人伝』に於いて、「机上の書籍、儒・釈・道を兼ねたるは傅大士《ふだいし》に似て、しかも維摩《ゆいま》の黙に遊ぶ」と記されている。それは『夜船閑話』に、白幽の「机上只《ただ》中庸と老子と金剛般若《はんにゃ》（経）とを置く」とあるにもとづくこと言うまでもない。傅大士は傅翕《ふきゅう》のことで、自ら当来《とうらい》解脱《げだつ》善慧《ぜんね》大士と称した（大士は菩薩《ぼさつ》の意）。中国南北朝時代の人。梁の武帝に敬重された居士で、輪蔵（回転する経架に一切経を収め、一回転すれば一切経読誦の功徳ありとする。）の創始者として知られており、それ故輪蔵には普建・普成の二子を両脇に従えた彼の像が安置されるならわしである。その姿は道冠《どうかん》（道士のかぶる冠）・儒履《じゅり》（儒者のはく履《くつ》）・搭袈裟《たっけさ》（けさを掛ける。或いは釈袈裟ともいう。）で、三教一致思想を表わす。但しそれは仏《ぶつ》を中心とした三教一致思想と見るべきである。然るに、白幽のそれは、道《どう》を中心とした三教一致思想とも称すべきであろう。陸川老居士の『白隠和尚詳伝』に白幽の真筆という「倹」（川喜多氏蔵）と「真」（松蔭寺蔵）の写真が掲げられているが、老居士指摘の通り、倹は『老子』の「三宝」、即ち「一に曰く慈、二に曰く倹、三に曰く敢て天下の先と為《な》らず」の第二である。「倹」は、つつましくおごらざる謙抑の徳である。また「真」は老荘の教の奥義を示す語で、「真人《しんじん》」とは道の奥義を悟った人のことである。白幽の思想の根元は老荘であり、道教であると言うべきであろう。

そもそも宗教としての道教は、後漢末の張道陵によって、老荘思想に陰陽五行説や神仙思想がとり入れられ、儒仏二教も加えられて成立したもので、多神教的民間信仰である。その根底には不老長寿に対する強い願望があるため、健康法もとり入れられた。古医書『素問』に依る導《どう》（道）引《いん》・吐納《とのう》と称する一種の深呼吸法の如きがそれである。但し白幽にその方面の知識がどれ程あったか、今となっては知る由も無い。ともかく、前述の如く、白隠和尚に或る程度の道教的・医学的造詣があり、それが白幽の名を借りて『夜船閑話』に表現されたと見るべきであろう。

『近世畸人伝』白幽子の条は、『夜船閑話』の本文に出ている阿《あ》含《ごん》経の用酥《ようそ》の法、即ち「輭蘇《なんそ》の法」を掲げている（阿含経における出典箇所は不明）。輭は軟の本字。蘇は酥に同じ。酥は牛や羊の乳を煮つめて濃くした物で、バターの如き食品である。軟酥の法とは、まず色美しく香りのよい鴨《かも》の卵位の大いさの酥を頭上に置くと想像する。それが次第に体温で溶け液状になって垂れ始め、頭全体をうるおし、次第に両肩両臂、両乳胸膈、肺肝腸胃、脊骨臀骨をうるおして静かに注ぎ下《くだ》る。それと共にいままで体内にたまっていた、しこり・かたまり・痛みのような物が、水の流れるように流れ去ってしまう。そして酥の流れは両脚を温かく潤し、足の裏に至って止《とど》まるのである。修行者は度重ねてそういう思いをなしたらよい。タラタラ温かく潤し下る流れは積もり湛《たた》えて、薬湯で腰湯を使っているような気持を起こさせる。鼻は希有《けう》の香をかぎ、身は妙《たえ》なる感触を覚え、身心調和快適、「若し勤めて怠らずんば、何れの病か治せざらん」と白隠は言う。『近世畸人伝』の著者も、特に「軟酥の法」に興味を抱いて、この法を紹介したのであろうが、確かに一種の暗示療法として優れていると言えよう。

軟酥の法と並ぶ「内観の法」の実践法は、『夜船閑話』の本文でなく、序文に出ている。これが天台智者大師の『摩訶止観』第八巻、「病患の境を観ずる法」に基づくことは、本文によっても察せられるが、要領次の如くである。それは、臥床につき眼を合せる前に、先ず長く両足を展べて強く蹈《ふ》みそろえてから、一身の元気精気を気海丹田（臍下一寸程の処。元気の集まる海の如き処の意で、漢方医の用語。下腹部）、腰脚足心（足の裏の中心。土ふまず）に充たしめて、次の三句を念ずる行《ぎょう》である。

一、我が此の気海丹田、腰脚足心、総《そう》に是れ我が本来の面目《めんもく》、面目何の鼻孔《びくう》かある。
二、我が此の気海丹田、総に是れ我が唯心の浄土、浄土何の荘厳《しょうごん》かある。
三、我が此の気海丹田、総に是れ我が己身《こしん》の弥陀《みだ》、弥陀何の法をか説く。

（右の数字は本文には無い。便宜上仮りにつけてみたまでである。尚、異本には「二」に「我が此の気海丹田、総に是れ我が本分の家郷、家郷何の消息かある。」の一文が加えられている。本来の故郷からどんなたよりがあるかということ。）

「何の鼻孔かある」とは、どういう顔かたちか、ということ。本来の面目は元より無形無相である。また他力門と異なり、禅では「唯心の浄土・己身の弥陀」を説く。その唯心の浄土の荘厳は『阿弥陀経』などにえがかれている極楽の光景とはちがう筈、サァどういう唯心の浄土の荘厳であるか、というのであるが、これまた本来の面目と異るものではない。

以上の三ヶ条はどれか一つを欠いてもいけないというようなものでなく、何れも畢竟同じところをねらっているのだから、極端に言えば、一ヶ条だけでもいいわけである。そして単に「南無阿弥陀仏」と心で唱え続けてもよいであろうし、禅の「無字の公案」で押し通すのもよいであろう。現に『遠羅天釜』の内観の条で、白隠は「趙《じょう》州の無字」を加えているのである。心火逆上し、のぼせあがるのは身心のためによくない。頭寒足熱《ずかんそくねつ》が必要である。それで身体の下半分、気海丹田・腰脚足心を、殊更「己身の弥陀」などと言って尊重したわけである。坐禅の場合と同じく、内観の場合も、身体の緊張を解き、ただ下腹部に自然に力が充ちるように工夫すべきである。内観法の三句は、あれこれ考えるために唱えるのではない。雑念を去り精神を純粋にし統一するためである。それ故むしろ呼吸を無声音で心の中で数え唱える「数息観《すそっかん》」を行ずるのが、「内観」の場合でも最もふさわしいともいえよう。

数息観については本書に二ヶ処触れられている。白隠さんが白幽子に会いに出かけた時「且《しば》らく巌根に倚て数息する者数百」とあり、又「蘇内翰が曰く」の条に「腹の空なる時に当って、即ち静《じょう》室に入り、端坐黙然《ねん》して出入の息を数えよ。一息よりかぞへて十に到り、十より数へて百に到り、百より数へ将《も》ち去《さり》て千に到りて、此の身兀然《ごつねん》として、此の心寂然《じゃくねん》たること虚空《こくう》と等し」とある。数息観は仏教以前からインドに行われている精神鍛錬法で、仏教にとり入れられ『大安般守意経』（『大正新脩大蔵経』第十五巻）となって伝えられた。（「阿那」は出息。「般那」「波那」は入息）それは現在も禅道場で初心者に与えられる調心法である。ただ現在は呼吸を数えて一より十に到り、また一に返る数え方が多く行われているようである。（吸気より呼気、息を吐く時に力を注ぐことが肝要である。「ひとー」と吸って「つー」と吐き「ふたー」と吸って「つー」と吐くのが要領である）。数息観は健康法ではないが、健康法に適っていることというまでもない。内観の折の呼吸は坐禅の時と等しく、敢えて深呼吸にこだわらず、自然にゆっくり、せいぜい深くしたらよい。要するに、内観の法は、坐禅に対する臥禅と称すべきものである。「行も亦た禅、坐も亦た禅」と『証道歌』にいう。経行《きんひん》（坐禅と次の坐禅の間に十分程度、一同列をなして歩くこと）が行禅とすれば、臥禅もなかるべからずであり、内観が正にそれに当るといえよう。（元来、「内観」は内省・反省の意で、仏教では自己の本体をよくみつめることであり、臥禅の意でないことを承知すべきである。内観は「臥」に限られてはいない。）

この『夜船閑話』の練丹養生法は、従来多くの人々に実践され、利益を与えて来た。良寛和尚も其の消息文によれば『夜船閑話』を見ていた。山田七彦宛ての書簡に「白幽子伝御つとめ被遊候哉、野衲は彼の法を修し候故か、当冬は寒気も凌ぎやすく覚候」とあり、添えた詩の中に「令気常盈内、外邪何漫受、我読白幽伝、聊得養生趣」とある。（東郷豊治氏編『良寛全集』下巻三六九頁）比較的近くは、藤田霊斎氏の「息心調和法」にも本書は影響を与えている。殊に近年、辱知荒井荒雄氏は本書を基に工夫を加え「仰臥禅」を提唱実践されているが、内観法の現代化として大いに注目さるべきである。

なお本書に引用されている中国古代医学の思想は、現代の我々には難解である。その部分を省いて読んでも、実践上にはさしつかえがない。その上、古代医学の思想には現代に通用しない点も存する。それ故、古代医学用語にはこだわらないほうがよいと思う。（医学的背景を文献的に知りたい方々は陸川老居士の著書を見られたし。尚、医家高山峻氏の本書の註も見られたし。）

『遠羅天釜《おらてがま》』を The Embossed Tea Kettle と題して英訳したショウ氏（R. D. M. SHAW, D.D.）は、『夜船閑話』を The Yasen Kanna. A Chat on a Boat in the Evening と題して、同時に英訳した。さてその出来栄えを見ると、本文に、白幽の事を「聞く、故《もと》の丈山の師範にして」と言うのを、It is rumoured that he was a teacher of Ishikawa Jozan（1583-1672）of the Takeyama school. と訳しているのは妙である。タケヤマは丈山を訓読したらしいが、タケヤマ派とはどういう事か。それに似た誤りは、巻末の SHINKOKU NO MEZAME—THE AWAKENING FROM DAY-DREAMING にも見られる。シンコクは寝惚《ねぼけ》を誤読したもの、又メザメもメザマシでなければならない。参考書目中の『仏教各宗綱要』の発行所 Kaiba Shoin も貝葉《ばいよう》書院の誤りである。再び本文に戻り聊か調べて見ると、「陰陽交和して人物生《な》る」を When these two are in harmony men of character are produced. としている。人物は「人と物」で、「すぐれた人」の意ではない。「野《や》に菜色多く、国餓莩《がひょう》多し」をAt such times, though the country may look green, amongst the people there will be nothing but starvation and death. としているが、「野に菜色多く」は多くの人々が飢えて、青菜のように顔色が青いことをいうのであり、英訳は滑稽な誤訳である。煩を厭って欠点の指摘はこのくらいにして置こう。訳者が困難な翻訳に志した勇気と努力に対しては、もとより敬意を表したい。

『夜船閑話』の終りの部分に曰く「時々《じじ》に（常に）彼《か》の内観を潜修するに、纔《わず》かに三年に充《み》たざるに従前の衆《しゅ》病薬餌《やくじ》を用ひず、鍼灸《しんきゅう》を仮《か》らず、任運《にんぬん》（自然）に除遣す。特《ひと》り病を治するのみにあらず、従前手脚《しゅきゃく》を挾《はさ》む事得ず、歯牙《しが》を下《くだ》す事得ざる底《てい》の（手がつけられない歯が立たないような）難信、難透《とう》、難解《げ》、難入底の一著子《じゃくす》（公案）根《こん》に透り底《てい》に徹して、透得過して大歓喜《かんぎ》を得る者、大凡《おおよそ》六七回、其の余《よ》の小悟、怡《い》悦踏舞《とうぶ》を忘るる者数をしらず」と。内観の法は単なる健康法に終るべきものではない。それは禅家本来の目標、本来の面目・本分の家郷に人を導くものであり、白隠さんは内観を併用してそれを果たし得たのである。内観の法は禅修行のいわば補助手段である。それは禅家として極めて当然の事であり、門外の人が内観を修するに当っても心すべきことである。

内観の功果たるや、このように大であるからとて、白隠和尚は『遠羅天釜《おらてがま》』に於いて、参禅学道と内観を併せ修する事を学人《にん》に向って説いている。曰く「兵法にも又云はずや、且つ戦ひ且つ耕す。

是れ万全の良策なりと。参学も又爾《しか》り。工夫《くふう》（公案・坐禅による煩悩雑念と戦う修行）は且つ戦ふの真修、内観は且つ耕す（田畑をたがやすように身体に手入れして強くする）の至要、鳥の双翼の如く、車の両輪の如し」と。

医家高山峻《たかし》氏は、現代の西洋医学がとかく人間を機械視し、心理を無視する弊あるを痛感された結果、本書の趣旨に深く共鳴し、その註解を試みられたのであるが、氏には沢庵和尚の『医説』が医学書なら、本書は治療書に当る、と言って推重しておられる。誠に本書は白隠和尚の数ある著述の中で異彩を放つ不朽の書と言うべきであろう。自伝『壁生草《いつまでぐさ》』の終りに白隠自ら「閑話内観の功力《くりき》に依って、難治の重症、十死一生、必死の病難を治せり」と言い、鵠林に来って親しく礼謝する者、数を記（憶）せず、と書いている。明和三年（一七六六）白隠八十二歳、『夜船閑話』刊行後九年、遷化《げ》の二年前の執筆である。

『夜船閑話』の註釈書としては故陸川堆雲老居士の『評釈　夜船閑話』（昭和37年。山喜房仏書林）を第一に推さざるを得ない。本文の口語訳風の「評釈」の外、「事考」欄で更に詳細な註を施し、章を改めて意訳口語夜船閑話を載せ、更に転じて医学参照文献の概要及び白幽子の研究等に及ぶ。正に空前の書である。老居士は信州岡谷の機業家でのち味噌醸造に転ぜられた人であるが、釈宗活・棲梧宝嶽両老師の印可を得た大居士で且つ古版禅書の蒐集家としても聞こえている。『夜船閑話』

の評釈の外『白隠和尚詳伝』『真禅論』等数種の著がある。ところで陸川老居士が其の註釈に当り、最も負う所大なりしは、虚白道人釈『禅的複式呼吸　夜船閑話氷釈』（明治44年東京弘学館。昭和3年大阪文友堂版は『白隠夜船閑話氷釈』と改題）であった。此の書は勝峯大徹・足立栗園共著の『禅と長寿法』（明治44年光融館）に収められた天保十二年の古写本『夜船閑話講義』に基づき、増補改訂をした物で、誠に力作であり、附録の「夜船閑話と白幽仙人」亦た内容の充実せる一文である。名著と称すべきである。それにしても虚白道人とはいかなる人であろうか。

今も時折古書肆に出る野村瑞城氏『白隠と夜船閑話』（大正15年。京都日本心霊学会）は、養生法を主にしており、註釈を主にした物ではない。著者は医家である。陸川老居士が参照の便を得られなかった熊谷逸仙『訳註夜船閑話』（明治45年。東京宝文館）に幸いに接し得たが、註は簡単である。

茲に提供する私の註釈は、特に新機軸を誇る物ではない。ただ従来の多少の誤りを正すと共に、出来るだけ綿密丁寧に註して初学者のためを図った。もとより虚白道人と陸川老居士の学恩極めて大で、深く感謝の意を表する。

比較的近頃出た医家高山峻氏『白隠禅師　夜船閑話』（大法輪閣。昭和18年初版。同50年改訂版）と東大東洋文化研究所教授鎌田茂雄氏『日本の禅語録十九白隠』（昭和52年講談社）、日本仰臥禅協会理事長荒井荒雄氏『夜船閑話――白隠禅による健康法』（大蔵《だいぞう》新書11。昭和54年）も参酌させていただいた。百歳を越す清水寺貫首大西良慶師の『夜船閑話講和』（大法輪閣。昭和57年）は有難い法話である。

白隠和尚の自筆刻本が『夜船閑話』にもある。勇健な白隠の筆蹟に接し得られるのみならず、以て典拠とすべきである。大日本文庫本『白隠禅師集』（昭和13年。大日本文庫刊行会）は自筆刻本に準拠した刊本であるから、本書の本文はこれに拠った。但し、文中の段落や、（一）、（二）等の章節は、読解の便宜上、新たに付けたもので、原文にはない。

特に今回の出版に当り格別の御法愛を賜わり、白隠と白幽子の関係に就き高見を示され、又『夜船閑話』『寒山詩闡提記聞』等の古版を貸与された原町の鵠林会会長町田瑞峯先生に対し深く謝意を表する。先生の白隠伝研究は微細を極め、従来その成果は『禅文化』誌等に発表され世間の注目を集めた。その完成を祈るや切である。

延命十句観音経霊験記

延命十句観音経《えんめいじっくかんのんぎょう》

観世音《かんぜーおん》　南無仏《なーむーぶつ》　与仏有因《よーぶつうーいん》　与仏有縁《よーぶつうーえん》

仏法僧縁《ぶっぽうそうえん》　常楽我浄《じょうらくがーじょう》　朝念観世音《ちょうねんかんぜーおん》

暮念観世音《ぼーねんかんぜーおん》　念念従心起《ねんねんじゅうしんきー》　念念不離心《ねんねんふーりーしん》

はじめに

江戸期臨済禅最大の巨匠白隠禅師の『延命十句観音経霊験記《えんめいじっくかんのんぎょうれいげんき》』は、仮名法語の双璧『遠羅天釜《おらてがま》』『夜船閑話《やせんかんな》』に次いでひろくよまれたもので、いわば白隠仮名法語《かなほうご》の三部作と言ってよい。

極度に短い十句の観音経は覚え易くよみ易い。それを懸命に何べんも誦することによって病気が治り災難を免かれる等、様々の霊験（奇蹟）が現われるとして、和漢に亘る多くの不思議な物語を引いて人々に観音信仰を勧めているのであるが、オカルト・ブームとも言われている現在、その方面の読者達の興味を惹くものがあるかも知れない。とにかく、面白く読める怪奇談が沢山集められている。

しかし最後に、それらの霊験も「有為《うい》夢幻空華《げ》の談論取るに足らず」と一蹴して本来の禅道仏法の修行を勧めているのは、禅家として当然のことながら、さすがは白隠と手を打たざるを得ない。畢竟この書は、白隠が第二、第三に降り民衆の水準に一応身を置いて、観音信仰の現世利益《ぜりやく》的霊験を説き、興味をそそり、仏道に縁を結ばせようとしたところにそのねらいがあると言えよう。その点、白隠の数ある著作の中でも特に異彩を放つものと言えよう。

本書成るについて、いつもながら沼津市原町の白隠伝研究の第一人者町田瑞峯先生には、貴重な参考文献を貸与して下さるなど、数々の御法愛を賜わった。ここに特記して深大の謝意を表します。不二禅堂主辻雙明老師の御高著『観音経の教説とその「信行」』からは金文を引用させて頂いて、光彩を添うること多大であった。現在の禅家では辻老師ほど観音信仰に深く徹しておられる方は無いのではなかろうか。厚く御礼を申し上げます。

最後に私事に亘り恐縮であるが、荊妻の病気のため箱根の入り口入生田《いりゅうだ》の長寿園に二月はじめ入居、四月下旬に荊妻死去という身辺の問題に煩わされて執筆停頓を来し、春秋社に御迷惑をかけ済まないことであった。同社編集部の鈴木龍太郎氏には前回に続き今回も色々面倒を見ていただいた。お詫びと共に御礼を申し上げます。本書を荊妻の霊前に手向けるめぐりあわせになったことに、深い感慨をもよおしている次第である。

丁卯八月中旬

於小田原長寿園　伊豆山　格堂

原文・語釈
現代語訳

延命十句観音経霊験記

八重葎　巻之二

附、延命十句経霊験記

（一）九州の大名某に与えた書簡

九州何某《なにがし》侯の殿下近侍の左右に贈りし法語

先頃は殿下の①均命《きんめい》に任《ま》かせ、不慮に推参致候所、諸君の御取持《おんとりもち》に依りて、過分至極の御馳走、老後の怡悦之に過ぎず被存《ぞんぜられ》候。殊更当時無双の珍敷《めずらしき》御庭、緩々《ゆるゆる》熟覧、老松古柏、影《かげ》澄潭《ちょうたん》に映じて常に千秋の翠光を浸し、怪巌奇石、虎豹列《つらな》り睡りて永く百歩の威を逞《たくまし》うす。林②樾《えつ》の奇観、堂宇の美、寔《まこと》に以て目を驚かしたる事どもに候。老僧壮年の頃より諸国を遍歴し、所々の名藍大刹豪家富人の居所をも遊覧致候へども、寔《まこと》に比類も無き壮観、殊更数代以来曾て衰滅無く繁栄せさせ玉ふと（玉ふよしィ）、如何様《いかさま》是は其先き如何なる積善累徳の人の御後胤にて渡らせ玉ふやらんと感じ入る御事に候。此上猶々陰徳行を精修《しょうしゅ》せさひ玉ひ、③蘭孫蕙子《らんそんけいし》千万世を経て、衰滅是無き様の至要第一なるぞと、御覚悟可有之《これあるべく》候。

大凡《おおよそ》列国の諸侯の御徳行には、尋常《よのつね》節倹を守らせ玉ひ、万民を憐愍《れんみん》し、賦税《ふぜい》を軽くし、国家を安撫し玉ふより外、是有るべからず候。夏殷周《かいんしゅう》の三代より、収斂刻剝《しゅうれんこくはく》の王侯の国家を亡ぼし其身を失ひ玉ひたるは、数も限りも無き事共《ども》に候。④安きに居て危きを忘れざるは君子の人なりと申す本文も侍《はべ》るからに、日頃の博学文才は透《すき》と打捨て置かせ玉ひ、⑤一文《もん》不知の朴《ぼく》実頭《じっとう》の尼入道の心にならせ玉ひ、朝夕《せき》に神仏を信仰せさせ玉ひ、武運長久御子孫繁栄をも御祈り可被成《なさるべく》候。古へより智鑑高明文武兼ね備はらせ玉ふ名大将、八幡太郎義家、坂の上の田村丸（麻呂イ）、鎌倉の⑥右幕下《うばっか》頼朝、⑦北条の泰時、熊谷《くまがい》の⑧庄司次郎直実《なおざね》、⑨主馬《しゅめ》の判官《ほうがん》盛久、⑩悪七兵衛《びょうえ》景清《かげきよ》、⑪楠兵衛《ひょうえ》正成《まさしげ》、其外名有る諸大将、⑫時頼、時宗、父子の間、何れも諸仏諸神を尊信せさせ玉ふ。其外古来無智昏愚の暗君、短才劣知の愚将は、富貴《ふっき》に誇り、武備を恃《たの》みて、天理を恐れず、仏神を信ぜず、民を貪り、国家を苦しめ、武運一世に尽き果て、竟《つい》に終りを全《まっと》うする事を得ず。漢土にては殷《いん》の紂《ちゅう》王、⑬夏《か》の桀《けつ》王・幽王・厲《れい》王、秦の始皇、我朝にては平相国《へいしょうこく》入道清盛、⑭宇治の悪左大臣信頼《のぶより》、勝頼、此等の人々は、妄りに自ら尊大にして梵釈諸天ある事を知らず、全く仁慈忠恕の心なし。天運尽きずしていつをか期せんや、天神地祇是を罪せずしていつをか待たんや。寔《まこと》に恐るべく慎しむべきは天理なり。古《いにしえ》に云く、⑮戦々兢々として深き淵に臨むが如く、薄き氷を踏むが如しとは、君子安きに居て危きを忘れざるの心なり。

此故《このゆえ》に昨日御望みも無之《これなく》、御仰《おおせ》も出《いだ》されず候処に、⑯金毘羅秋葉《こんぴらあきは》の宝号二幅書立て進覧致候。子細《しさい》は、一昨日推参候刻《きざみ》、殿閣の経営、園林の奇観、寔に以て当時無双の御富貴、重《ちょう》畳至極の御事に見受け奉り候。此上猶々御武運も長久に、御寿命も長く、御子孫も繁栄せさせ玉へかしと、乍陰《かげながら》祈り申計《もうすばか》りの寸志より存じ立ちたる事に候。総じて書画掛物等の類は、縦ひ恵⑰操（崇）が蘆鴈、趙昌が花、韓漢（幹）が馬、戴嵩《たいすう》が牛、数百軸掛け並べたりとも、唯暫時凡眼を悦ばしむるのみにして、利益少し。若《も》し夫れ金毘羅秋葉の尊号の如きは、表具致させ上段の床の間に掛け置き、時々に一絲《し》の香を挟《はさ》んで合掌低頭せさせ玉ふ時は、火難盗難⑱七難即滅、七福即生《しょう》、武運を助け養ひ、御寿命も長遠《おん》に、御家《ごか》中は申《もうす》に及ばず、天下泰平御当家御代《みよ》長久の祈禱のためには、是に過ぎたる大善行は有之間敷《これあるまじく》覚え侍《はべ》り。迚《とて》もの御事にと存じ、延命十句観音経《えんめいじっくかんのんぎょう》と申《もうす》を、二十枚相添へ進覧を乞ひ侍り。

此経の霊験《れいけん》、老僧が身の上に取りては筆も言葉も及ばざる有難き事々数多度《あまたたび》有之《これあり》、別して金毘羅秋葉両社の神慮に相叶《あいかな》ひ候様に覚え候。此経は忝じけなくも寛文癸卯《きぼう》の頃かとよ、人皇《にんのう》百十三代霊元院法皇様院宣《いんぜん》有りて、比叡山霊⑲空律師に命じ、如何にも功徳深からんず経を撰び出《いだ》し、上覧に備へ候へと御勅諚《じょう》有りしかば、霊空承り、深く大蔵に入りて精しく尋ね探りて、此経を撰び、書して以て進献す。即ち今の延命十句経是なり。

①均命　欽命の誤。欽は天子に関することにつける敬語。欽定・欽差など。
②樾　大木が上からおおいかぶさった所。
③蘭蕙　蕙は中国南方産の蘭の一種。共に香草。賢人・君子にたとえる。
④『周易』巻十八繫辞下に「君子ハ安クシテ而不レ忘レ危ヲ。存シテ而不レ忘レレ亡ヲ。治リテ而不レ忘レ乱ヲ。是ヲ以テ身安クシテ而国家可シレ保ッ也」とある。
⑤一文不知　法然上人『一枚起請文』に、「たとひ一代（釈迦一代）の法を能々《よくよく》学すとも、一文不知の愚どん（鈍）の身になして、尼入道（女性の仏教信者）の無知のともがらに同《おなじう》して、智者のふるまひをせずして、唯一向《いっこう》に念仏すべし」とある。
⑥右幕下　右近衛大将《うこんえのたいしょう》の敬称。特に頼朝を指す。建久元年（一一九〇）頼朝、後白河法皇に謁し権大納言右近衛大将に任ぜられた。康平四年（一〇六一）源頼義が石清水《いわしみず》八幡を鎌倉由比郷鶴岡に勧請したのを、彼は治承四年（一一八〇）今の地に移し旧名を継いだ。また常に『法華経』を読誦し観音を礼拝した（鷲尾順敬氏『鎌倉幕府と禅』二六頁）。
⑦　泰時は明慧上人に帰依した。
⑧庄司　庄園領主に仕え、その管理をした職。直実は法然の弟子となり蓮生《しょう》房と称した。
⑨主馬判官　主馬は春宮《とうぐう》の乗馬の事をつかさどる役所主馬署の長。判官（ホウガンとも）は検非違使（警察兼裁判官）。主馬判官はこの両者を兼ねたもの。盛久は平家譜代の士。捕えられて鎌倉に送られ斬られようとしたが観音信仰の力で助かった話は元雅作謡曲「盛久」により伝えられた。

尚、義家・田村丸も共に観音信仰により、前者は冥府より蘇り（白隠全集巻五『さし藻草』巻一の終り『勧発菩提心偈付タリ御垣守』、また春秋社版『遠羅天釜』七四頁拙註参照）、後者は東夷を平らげた（謡曲「田村」参照）。

⑩ 本書に観音の力により景清が牢破りしたことが出ているが、歌舞伎十八番の一幕物「景清」は元文四年（一七三九）に二代目団十郎の景清で市村座で初演された。勇力を象徴した牢破りが眼目となっている。「景清」が春狂言に必ず上演されるようになったのは人々が景清を素朴に神の顕現と考えたからであった（金沢康隆氏『歌舞伎名作事典』七四頁）。しかし景清に観音信仰の事実があったかどうか詳かでない。

⑪ 正成は来朝の宗僧明極《みんき》楚俊に参禅したというが、『明極和尚行状』（広厳寺蔵）は史家により偽作とされているからこのことは信じられない（土橋真吉氏『楠公の精神』）。

⑫ 時頼は宗僧蘭渓道隆・兀庵《ごったん》普寧に師事し兀庵によって開悟した。時宗は蘭渓・大休に学び殊に円覚寺開山無学祖元に感化を受けた。

⑬ 夏は古代中国の伝説的王朝。桀王の時殷の湯王に滅ぼされた。殷の紂王と並べ、桀紂は暴君の代表とされる。なお、幽王・厲王は殷の次の周の天子。本文「周の」の二字がぬけている。

⑭ 宇治の左大臣・悪左府と言われるのは信頼ではなく藤原頼長。学才あるも野心家で朝廷における失地回復を図り保元の乱を起し失敗した。信頼は後白河上皇のもとで対立した通憲《みちのり》（信西《ぜい》）を除こうとして平治の乱を起したが遂に失敗。悪右衛門と言われた。

⑮ 『詩経』小雅小旻《びん》に、「戦戦兢兢。如クレ臨ムガ二深淵ニ一。如シレ覆ムガ二薄冰ヲ一」とある。人は常にその身を

慎むべき教訓。

⑯金毘羅秋葉　白隠はしきりに「金毘羅大権現」「秋葉大権現」を揮毫して人に与えた。前者は鰐《がく》（わに）を意味する梵語クンビーラの音写。薬師十二神将の一としては宮毘羅《くびら》大将。讃岐の琴平宮は航海安全の神として知られる。後者は静岡県周智郡春野町（現浜松市天竜区）の行基開創の秋葉寺《しゅうようじ》（あきはでら。法相宗、のち曹洞宗）に現われた「三尺坊威徳大権現」で、信濃の人某、七歳で出家し遂に越後古志《こし》郡蔵王《ざおう》堂十二坊の一、三尺坊の主となったが、修行の末神通力を得大同四年に同寺に跡を垂れたという。防火の神として知られている（神仏混淆）。維新の廃仏により秋葉寺が廃されたため、明治六年、静岡県袋井の曹洞宗可睡斎《かすいさい》に移され、社殿が建立されて同寺の守護神とされた。白隠には「三尺坊大権現」の揮毫もある。

⑰恵操　恵崇の誤、宋人。「趙昌」宋人。「韓漢」韓幹の誤、唐人。「戴嵩」唐人。何れも画家（台北国立故宮博物院『故宮宝笈名画（一）』等参照）。

⑱七難　『観音経』に説かれている火難・水難・風難・刀杖難・悪鬼難・枷鎖《かさ》難・怨《おん》賊難。「七難即滅七福即生」は『仁王《にんのう》経』の有名な句。

⑲霊空律師　霊空律師光謙。天台律の安楽院第二世。禅の公案に類するものを学徒に与え、これに着語せしめて伝法せんとした中古以来の玄旨帰命壇の幣を『闢邪編』一巻を作って斥けた。元文四年八十八歳で寂。

八重葎《やえむぐら》　巻之二

延命十句《えんめいじっく》（観音《かんのん》）経《ぎょう》霊験記

九州の大名某に与えた書簡

先頃は殿下の仰せのまにまに、思いもよらぬことでしたが、お邸に参上いたしましたところ、皆様のお世話さまに相なり、私の分に過ぎた大変な御馳走にあずかりました。老後の悦びこれに過ぎたことはないと存ぜられました。殊に、現在他にたぐいなき珍しいお庭をゆるゆるよく拝見仕りましたが、老松古柏の常磐木の影が清らかな池に映り永遠の翠の光をたたえており、池のほとりには珍しい巌石が虎や豹《ひょう》が睡っているように並び、永遠にどっしりとした力を示しております。樹林の珍しい眺め、建築の美、誠に目を驚かすことどもです。老僧私は壮年の頃から諸国をめぐり歩き、所々の名高い大きな寺々や富豪の家々を見はいたしましたが、貴邸は誠に比類も無い壮観であります。殊に数代以来曾て衰えることなく繁栄されているそうでありますが、きっと善を積み徳を累《かさ》ねた御先祖がおられ、その御子孫であらせられるのであろうと感じ入ることであります。この上いよいよ人に知れないようにこっそり人につくす陰徳の行いをつとめて実践され、君子の子孫が千年万年を経ても衰えることが無いようになさることこそ一番大切であると御覚悟なさいませ。

およそ国々の諸大名の御徳行としては、平生節倹をお守りになり、万民を憐《あわ》れみ税を軽くし、人々が安心して生活できるように国を治める外にはございません。中国夏殷《かいん》周の三代より、苛酷な税のとりたてをした王侯が国を亡ぼしその身を失ったことは数知れないのであります。「現在が安らかでもいつ危いことが起るかも知れないという注意を忘れないのは君子にふさわしい人である」という『易経』繫辞伝の本文もありますからには、平生の博学文才は残らず捨ておかれ、一字も知らない質朴な尼さんのような心になられ、朝夕に神仏を信仰され、武運長久子孫繁栄をお祈りなさいませ。昔から智慧明らかで文武兼ね備えられた名大将、八幡太郎義家、坂の上の田村麻呂、鎌倉の右近衛《うこんえ》大将頼朝、北条泰時、熊谷《くまがい》次郎直《なお》実《ざね》、主馬《しゅめ》の判官盛久《ほうがんもりひさ》、悪七兵衛《あくしちびょうえ》景清、楠正成《まさしげ》、その外名のある諸大将、時頼、時宗《むね》父子といった人々いずれも諸仏諸神を尊信されました。その外の古来よりの無知暗愚の暗君、短才劣知の愚将は、富貴に誇り、武備を恃《たの》んで、天の道理を恐れず、仏神を信ぜず、民の財を貪り、国家を苦しめ、武運はおのれ一世で尽き果て遂に終りを全うすることを得ません。中国では殷《いん》の紂《ちゅう》王、夏《か》の桀《けつ》王・幽王・厲《れい》王、秦の始皇《しこう》、日本では平相《へいしょう》国入道清盛、宇治の悪左府（左大臣）藤原頼長《よりなが》、武田勝頼、これらの人々はやたらに自分をえらそうに思って神々あることを知らず、全くいつくしみおもいやりの心がありません。どうして天運・天命が尽《つ》きないでありましょうか。天の神・地の神がこれを罪しないでしょうか。誠に恐るべく慎しむべきは天の道理です。昔の人が「戦戦兢《きょう》々として深淵《しんえん》に臨むが如く、薄氷を蹈《ふ》むが如し」（『詩経』小雅小旻）と言っておりますのは、「君子安きに居て危きを忘れず」という心であります。

それですから昨日お望みがあったのでも無く、仰せがあったのでも無いのに、金毘羅山《こんぴらさん》大権現、秋葉山《あきはさん》大権現の神号を二幅書き上げて差し上げた次第であります。どういうわけかと申しますと、一昨日参上いたした時に、御殿の造り、庭園の眺め、誠に今の世に並び無き御富貴の有様、至極お目出度いこととお見受け申し上げたのでございますが、この上一層御武運長久、御寿命も長く、御子孫も繁栄なされたしと、かげながらお祈り申す寸志から思い立ったことであります。およそ書画掛物等は、たとい恵崇の蘆雁《ろがん》、趙昌《ちょうしょう》の花、韓幹の馬、戴《たい》嵩《すう》の牛といった名のある画家の軸を数百掛け並べたところで、暫く凡人の眼を悦ばせるだけで、利益は少ないのです。ところがそれとは変り、金毘羅秋葉の神号の如きは、表具させて上段の床の間に掛けて置き、常に僅かの香を捧げて合掌礼拝なさいますと、火難盗難等の七難即滅七福即生《しょう》、武運を助け、御寿命も長く、御家中は申すに及ばず、天下泰平御当家御《み》代《よ》長久の祈禱のためには、これ以上の大善行はあるまじく存じます。いっそのことと思いまして、『延命十句観音経《えんめいじっくかんのんぎょう》』と申しますものを二十枚添えまして御覧に入れます。

この経の霊験《れいけん》、不思議な感応につきましては、私の身の上にとりまして筆も言葉も及ばない有り難いことどもが数多くございます。特に金毘羅《こんぴら》秋葉《あきは》両社の神の思し召しに叶《かな》うように感ぜられます。この経はかたじけなくも寛文癸卯《きぼう》（みずのとう。寛文三年。一六六三年）の頃かと申しますが、百十三代の天皇霊元院法皇様から比叡山《ひえいざん》の霊空律師に対して、まことに功《く》徳《どく》御利益《やく》の大きいと思われる経をえらび出して見せてもらいたいという御勅命がございました。霊空謹んでお受けいたし、大蔵経を綿密に尋ね探ってこの経をえらび出し、書いて差し上げました。即ち今の『延命十句経』でございます。

（二）三条の町家某が妻の難病に北野天神十句経を授けられしこと

其頃三条通り町家の何某《なにがし》が妻、難治の重症に罹り、百薬験なし。何某甚だ之れを悲しみ愁ひて、毎夜北野の神前に丑の時[1]詣《もうで》して救《すくい》を請ふ。七日満じける夜、神前に誦経などして法楽を擎《さ》さげ、漸く神前を辞するに、外《げ》面猶暗し。水茶屋[2]一所、煎茶の火ほのかに見ゆ。立寄り見れば、老僧一人腰掛けに在り。其何某の来るを見て問うて曰く、吾子《ごし》は胡為《なんそれ》の人ぞや。近頃毎夜神前に詣す、知らず何の求むる所あるや。何某《なにがし》つぶさに其の妻の病難ある事を語る。

老僧且《しば》らく指を折り手八卦《はっけ》する真似《まね》して、顙《ひたい》を攅《あつ》めて嘆じて云く、已《や》んぬる哉、実に是れ必死の重病なり。縦《たと》ひ③扁倉《へんそう》が輩《やから》秘術を尽すと云ふとも、鍼灸薬の三ツを以ては中々救ひ得る能はじ。茲に一件の一大事義あり、今汝に授与せん。謹んで記受し帰りて、一家尽く病人を取囲みて此経を読誦せば、今明《こんみょう》の間病必ず全快せんと。何某《なにがし》即ち歓喜作礼《さらい》して頂受す。読む事二三十返にして終《つい》に諳誦するに到りて、礼拝して辞し去る。即ち今の延命経なり。何某家に到れば、合家《ごうか》六七輩、病人を並び囲んで高声に誦経す。熟《つら》つら聞けば、向《さ》きに伝授し来る所の延命十句経なり。乃《すなわ》ち怪み問て曰く、其経は何国如何《いずくいか》なる所より伝授し来り、何人《なんぴと》か来り教へけるやらん、不思議さよと尋ねたりければ、去れば候ふ、此《この》暁いとも気高《けだか》き老僧一人、何処《いずく》とも無く出現せさせ玉ひ、慇懃《いんぎん》に御仰《おんおおせ》有りしは、此病人は縦《たと》ひ天下の名医を集め、肝胆を砕き秘術を尽くしたりとも、木葉草根を以ては中々快気を得る事能はじ。縦《たと》ひ如何なる験者《けんじゃ》を頼みて大法秘法を行じたりとも、中々凡下《ぼんげ》の力を以ては必死を助け救ひ得る事能はじ。我に玄々微《み》妙最上至極《しごく》の金文《もん》有り。家内打寄り、此《この》病人を取りかこんで、代る代る信心《じん》を凝《こ》らし、此秘文を唱へたらましかば、今明《こんみょう》の間に希代の霊験は見るべきぞとて、二三十返同音に教へ玉ひて、今迄此処におはしたりとて、人々尋ね廻りけるが、跡形も無く成り玉ひぬ。何某曰く、御年の頃は如何程なりけるや、御顔の面《おも》は如何に。袈裟衣《ころも》の色まで逐一尋ねけるに、紛《まぎ》れもなき北野にて拝したりける御老僧に少しも違はざりければ、皆々歓喜し手を合せ、有難や貴ふとやな、是は北野の御《おん》神の我々に信心深く御経読誦《じゅ》させしめんとて、御《おん》身を両所に分かたせ玉ひ、御経伝授し玉ふなり。イザ読まんとて、悦び勇んで読誦しけるが、其暮方《がた》より食事も進み、次第に全快したる由。寔《まこと》に又無き霊験ならずや。御経にも、④陀羅尼にも、⑤名号にも、⑥加持にも、⑦呪咀《じゅそ》にも、まじないにも、比類も無き貴き貴き金文ならずや。

然るに此御経、世の人多く怪む者多し。大凡《おおよそ》⑧五時八教の間には、華厳部か、阿含部《あごんぶ》か、方等《どう》・般若《はんにゃ》・法華部か、五千四十八巻の中、何づれを尋ねさがして、終《つ》ひに正しき出所なし。如何様《いかさま》是は必ず偽経ならんと、眉を皺《しわ》むる人ある由。何者にもせよ、甚だ無知の穿鑿なり。汝知らずや、此経は漢土にては⑨観世大士法師の形を現じ玉ひ、孫敬徳と云ひし者に口づから授け玉ひ、我朝にては北野の御神正しく⑩沙門の形を現じ面《ま》のあたり授け給ふ。豈疑の有るべきや。熟《つら》つら考ふるに、彼の北野の御神も、内秘は即ち菩薩行《ぎょう》、本地十一面観世大士の御化身なる由。⑪蟠桃稿と云へる双紙の面《おもて》に分明《ふんみょう》なり。偽にもせよ、真にもせよ、斯《かく》ばかり霊験ましまして、世上を利益し玉ふからは、近松文《もん》（門）左《ざ》が作にもせよ、⑫至（志）道軒が説にもせよ、随分信仰申し、昼夜に読誦し、此御経の利益に依りて、在家は家業繁栄し、火難盗難水難等を遁れ、万事目出度き浮世を渡らば、上もなき吉兆ならずや。出家は次第に信心堅固、大道の淵源に徹し、常に勤めて大法施《ほっせ》を行じ、大菩提を成就せん事。皆此経の功徳ならずや。武士は昼夜に忠勤を励まし、武術を精錬する間も、片時も更に間断無く、勤めて窃かに此経文を秘誦《じゅ》し、武運を養ひ、穎《えい》気を増し、君を堯舜の君にし、民を堯舜の民にし、子孫は次第に繁栄し、王位を守護し、万民を安撫し、御当家御代《みよ》長久万々歳を祈らば、之に過ぎたる大忠節は是有るべからず。譬へば彼の⑬人参《にんじん》・黄祇《おうぎ》・忍冬《にんどう》・莎参《さじん》等の如き大妙薬を、出所高（正し）からず、来由明らかならずと云ひて、之を棄擲して可ならんや。只彼の功能の、難治の重症を治し、人の病苦を救ふを以て貴《たっ》としとすらくのみ。如何なる愚夫か、彼の出所を尋ね来由を問ふに暇《いとま》あらんや。

① 丑の時参《まいり》ともいう。昔、午前二時頃、女が恨みに思う人を模したわら人形を神木に打ちつけ、七日満願の日にはその人が死ぬと信ぜられたこと。本文の場合は単に深夜の神もうで。

② 水茶屋　江戸時代に路ばたで湯茶を出して人を休ませた店のこと。料理茶屋等に対して言う。

③ 扁倉　扁鵲《へんじゃく》は中国戦国時代の名医。姓は秦、名は越人。印度古代の名医で釈尊に帰依した耆婆《ぎば》（Jīvaka）と並べ称された。扁鵲は本来、古代の伝説的帝王、黄帝の時の名医とされているが、そのような名医であるというので秦越人が扁鵲と呼ばれた。その師は長桑君である。師より弟子が有名なので弟子の名を上にして「扁桑」と言ったのであろう（本文「倉」は桑と改むべきである）。

④ 陀羅尼　梵語（dhāraṇī）。総持・能持或いは能遮と訳す。能く善法を持して失わず、悪法を遮る力ありと信じられる文句。長い梵文を翻訳せずに読誦《じゅ》する。一字一句に無量の意義を蔵し、これを誦すれば前記の功徳ありとされる。短文のものを「真言」という。又、陀羅尼を呪《しゅ(じゅ)》とも訳す。

呪（咒）は中国で神にのりとをあげて祈ること。特に相手が不吉不幸な目にあうように祈る意に用いられる語であるが、仏教では病魔等を追い払う文句として用いられた。禅門でよく読誦される陀羅尼は一に「消災妙吉祥《きちじょう》陀羅尼」（略称、「消災呪《しゅ》」）。二に「大悲心陀羅尼」（『千手千眼《げん》観世音菩薩広大円満礙《げ》大悲心陀羅尼経』の略称。或いは「大悲円満無礙神呪」「大悲神呪」「大悲呪」の略称がある）。それに次いで三に「仏頂尊勝陀羅尼《ぶっちんそんしんだらに》」（略称、「尊勝陀羅尼」）があり、四に特別の法要の折に読誦される長文の「大仏頂万行首楞厳《りょうごん》陀羅尼（「大仏頂万行首楞厳神呪」）」（略称、「楞厳呪《しゅ》」）がある。

⑤名号　仏・菩薩の名。尊号・嘉号。名号を聞き、或いは唱えることに大きな霊力があるとされ、譬えば阿弥陀仏や観世音菩薩の名を唱えることなどが行なわれるに至った。

⑥加持　仏が衆生を加被・加護し、任持・保持する意と、衆生が仏の加護・保持を願って祈禱する意と二面に解せられる。本文の場合は後者である。「加持者《ハ》。表《ス》三如来《ノ》大悲《ト》与《ヲ》二衆生《ノ》信心一《ト》。仏日之影現《ズルヲ》二衆生《ノ》心水《ニ》一曰《ウ》レ加《ト》。行者《ノ》心水能《ク》感《ズルヲ》二仏日《ヲ》一曰《ウ》レ持《ト》。」という空海の『即身成仏義』の文は明快に前者の意を表わしている。

⑦呪咀　「呪」は本来「祝」と同じで、神前で祈りの文句を唱える事であったが、のちに祝は幸いを祈る場合に用いられ、呪は憎む相手の不幸を祈る場合に用いられるようになった。のろうこと。「咀」は咀嚼の咀で、何度も噛む意である。この場合「詛」の誤りとすべきである。「呪詛」は相手をのろう。のろうまじない。「詛呪」ともいう。

⑧五時八教　天台智者大師が定めた五時八教の教判（教相判釈《じゃく》。全仏教を天台の立場から見た価値批

判）の五時教。初めに釈尊は深遠な華厳部を説かれたが、大衆に通じないので卑近な阿含部を説き、順次高尚な方等部（方等は方正平等。大乗の意。小乗を弾呵する『維摩経』等）・般若部の経典を説き、最後に法華・涅槃部を説かれたとする。今や歴史的には承認されないが、価値批判として意味がある（八教は教化方法の別に依る「化《け》儀の四教」と教えの内容に依る「化法の四教」の八教。詳細省略）。

⑨観世大士　「大士」は菩薩（bodhisattva）の漢訳の一。偉大な人の意。

⑩沙門　梵語シュラマナ（śramaṇa）の音訳。印度で出家者の総称。剃髪し諸悪をなさず衆善につとめ悟りのため努力する人。出家。僧。

⑪蟠桃稿　不詳。大阪の町人学者片山蟠桃（一七四六―一八二一）の名が思い浮ぶが、白隠の霊験記が出たのが宝暦九年（一七五九）、蟠桃が生れたのは延享三年（一七四六）で、且つその著『夢の代《しろ》』自叙の起筆は享和二年（一八〇二）であるから、本文の件とは関係が無い。

⑫至道軒　志道軒（一六八三―一七六五）の誤りであろう。志道軒は京都生れの講釈師深井栄山のこと。江戸に下り浅草寺境内で軍書講談を演じて人に知られた。

⑬人参云々　「人参」、朝鮮人参の略。高麗人参。根を乾燥し（白参）、或いは一旦蒸して乾燥した物（紅参）が強壮薬として古来尊重されて来た。「黄蓍《こうし》」、黄耆《こうき》（『三才図会』）のこと。やはらぐさ。根を薬用とする。「蓍《し》」はめどはぎ。めどき。その茎は籬や箒を作るのに用い、古くはうらないに用いた。後世は竹を用い筮竹となった。「葱冬」、忍冬《どう》の誤。「葱」は音「ソウ」。ねぎ。忍冬の干した葉・花・茎は漢方薬。すいかずら。「莎仁《しゃじん》」沙参《しゃじん》か。沙参はツリガネニンジンの漢名。乾

した根は去痰薬。「莎《シャ(サ)》」はハマスゲ。乾燥した塊根は「香附子《こうぶし》」と称し通経等に用いる。莎草。

その頃、京都三条通り町家何某《なにがし》の妻が、難治の重症に罹《かか》り百薬も効験がありません。何某、はなはだこれを悲しみ愁え、毎夜北野の天神に深夜に丑の時詣《もうで》をして救いを祈願しました。七日の期限が満ちた夜、経を読誦《じゅ》したりして御供養をし、やっと神前を退きましたが、外はまだ暗うございます。水茶屋が一軒あって、茶を煎《せん》じている火がほのかに見えます。立ち寄って見ますと、老僧が一人腰掛けにおりました。僧はその何某が来るのを見て尋ねました。「あなたはどなたですか。近頃毎夜神前に詣《もう》でておられますが、何をお願いしているのですか」と。何某は、詳しくその妻が病気で難儀していることを語りました。老僧はしばらく指を折り手で八卦《はっけ》うらないをするまねをしてから、心配して眉を寄せ嘆いて申しました。「どうにもなりませんね。これは死を免かれない重病です。たとい扁鵲《へんじゃく》・大倉《だいそう》の如き名医達が秘術をつくしたとて、鍼灸《はりきゅう》薬の三つを用いたのではなかなか救い得ないでしょう。ところがここに一つの大切なことがあります。今あなたにお授けします。謹んでこの経を覚えて帰り、一家皆病人をとり囲んでこの経を読誦するなら、今日明日の間に病は必ず全快するでしょう」と。何某は喜び、拝をして受けとり、読むこと二、三十返《ぺん》でとうとう暗誦できるようになってから礼拝して辞し去りました。これが『延命経』なのです。何某が家に帰りますと、家中の六、七人が病人をとりまいて高声に誦経《じゅ》しておりました。つくづく聞きますと、先刻伝受された『延命経』です。そこで怪しんで、「その経はどこから伝受して来たのか、誰が来て教えたのか、不思議だなあ」と尋ねますと、「それはこういうことです。あけがたに大変上品な老僧一人どこからともなく現われ、ねんごろに仰せになりましたのは、この病人はたとい天下の名医を集め苦労の限りをつくし秘術を傾けても、草根木皮の薬ではなかなかよくはなりますまい。たとい如何なる加持祈禱の行者を頼んで大法秘法を行じてもなかなか凡下《げ》の力では死病を救うことはできますまい。私に奥深い何とも言えない最上至極《しごく》の金言があります。家中が集まりこの病人をとりかこんで、信心を凝《こ》らしてこの経文を唱えましたなら、今明日《こん》の間に世にも希《ま》れな不思議な御利益があるでしょうと、二、三十返皆と一緒に唱え教えられてから、跡かたもなく姿を消されました。今までここにおいでになったのにと人々が尋ね廻っても分りません。何某が、おとしの頃はいか程でお顔はどのよう、袈裟衣の色まで一々尋ねますと、間違いなく北野で拝しました御老僧に少しも違いませんでしたので、皆々喜び手を合せ、有難い貴いことだ、これは北野の御神《おん》がわれわれに信心深く御経を読誦《じゅ》させようとして御身《おん》を両所に分けられ、御経を伝授されるのだ。さあよもうと悦び勇んで読誦しましたが、その暮方《がた》より病人は食事も進み次第に全快したそうです。誠に又とない霊験ではありませんか。いかなる御経にも、陀羅尼《だらに》にも、名号《みょう》にも、加持《かじ》祈禱にも、呪咀《じゅそ》（神仏に祈願して怨む相手をのろう）にも、まじないにも類《たぐ》いが無い貴い経文《もん》ではありませんか。

ところがこの御経を怪しむ世人が多いのです。およそ天台の五時八教《はっきょう》の中で、華厳《けごん》部か、阿含《あごん》部か、方等《どう》・般若・法華部か、五千四十八巻の一切経の中、どこをさがしてもついに正しい出所がありません。なる程これはきっと偽経であろうと眉をひそめる人があるそうです。それは誰にせよ、甚だ無知の調べだてです。御存じないですか。この経は中国では観世音菩薩が法師の形を現《げん》じられて孫敬徳という者に口授され、我が国では北野の神が僧の形を現じて目の前で授けられました。どうして疑いがありましょうか。つくづく考えますと、北野の御神も御正体は菩薩で、十一面観音が人々を救うため神の姿となられた由、蟠桃稿という書物で明らかです。真偽はともあれ、これ程の霊験がおありで世間を利益されるからには、近松門左衛門の作であれ志道軒（江戸の講談師）の説であれ、大いに信仰し、昼夜読誦し、この御経の利益に依って在家は家業繁栄し、火難水難等を免かれ、万事目出度い人生を送るなら、この上も無い喜ばしいことではありませんか。出家は次第に信心堅固、大道の根源に徹し、常に勤めて法を人に説き、大覚を完成すること、皆この経の功徳《くどく》ではありませんか。武士は昼夜忠勤につとめ、武術を訓練する間にも、片時も絶え間なくこの経文をひそかに唱え、武運を養い英気を加え、君は堯舜の如き名君となり、民は堯舜の民の如き良民となり、子孫は次第に繁栄し、王位を守護し、万民の生活を安定させ、御当家御代《みよ》長久万々歳を祈るならば、これにまさる大忠節はありません。譬えばあの人参《にんじん》・黄祇《おうぎ》・忍冬《にんとう》・莎参《さじん》等の大妙薬を、出どころが高くなく、来歴が明らかでないといってこれを棄てていいでしょうか。ただその功能が難治の重症を治し、人の病苦を救うにあるのを貴しとするばかりです。その出所を尋ね来歴を問う馬鹿者のような暇がわれわれにありましょうか。

（三）中国東魏孫敬徳、この経により死を免かれしこと

①仏祖統紀第九に曰く、東魏定州の孫敬徳、尋常《よのつね》観世大士を帰依す。賊の為めに計られて罪に坐せらる。刑に臨んで切《しきり》に此経を思念す。刀三つに折るれども、傷けられず。三たび刀を換ふれば、三刀共に折る。有司高勧②（歓）に以聞《いぶん》し、終《つい》に死を免かる。敬徳家に帰れば、事《つか》ふる所の大士の像は、項《くび》に三刀の痕ありけるとぞ。

③通載第九に曰く、昔し高勧（歓）相州に在りて郡主たり。一人有り、姓は孫名は敬徳、宝蔵を主《つかさ》どる官たり。法を犯して囚禁せられ、獄中に在り、明日誅せられんとする夜、至心に終夜④普門品《ぼん》を誦《じゅ》す。僧あり夢中に告げて云く、儞此経を誦すとも死を免るる能はじ。願はくは⑤高王観音経を誦する事一千遍せよ。当《ま》さに刑戮を免るべしと。敬徳が曰く、今獄中に在り、

高王経を求むる事を得難し。僧の曰く我且らく儞に口づから授与せんとて、二三返口授《くじゅ》すると思へば夢覚めぬ。覚め来れば記持して一字をも忘れず、至心に誦念して九百遍を得たり。時節到りぬれば、既に屠所に引出して誅殺せんとす。敬徳恐怖して使人に問うて云く、屠所は何づれの所ぞ、遠近如何。使人の曰く、何が故ぞ之を問ふや。敬徳が曰く、今夜夢中に一僧人あり、延命十句経を授与して曰く、願くは一千遍を誦せば必ず死を免かる事を得んと。今尚一百遍を欠く、使人心して緩く行けと。途中急に念じて並らび行く。漸く一千遍に満つ。土壇に上り誅を受くるに至りて、身全く損ぜず、其刀折れて三段と成る。王、敬徳を召され問ひ玉はく、汝何の幻術か有ると。敬徳が曰く、実に幻術なし。獄中に於いて、死を恐れて昼夜に謹んで普門品を念誦す。夢中に一僧あり、教えて高王十句経を持誦せしむる事一千遍、難を免るる事斯くの如し。王の曰く、我に勝れること聖と何んぞ異ならん。諸（法）官を召して言て云く、更に死すべき者あらば、各々念誦する事一千返せしむべしと。例に随て誅すべき者を択んで引出して是れを斬るに、其人々皆尽々く敬徳が如く必死を遁《のが》る。此に於いて、王国中に勅して、人民悉々く誦する事一千遍せしむ。是より国中安泰にして、刀兵の災なく、疾厄なく、火難盗難疫癘《れい》なく、稼穡次第に豊饒にして、其国人民上下寿算皆々百歳にして、共に堯年を楽しみ舜日を送りけるよし。寔に目出度物語ならずや。斯る貴き霊験正しき御経文の如きは、天下泰平、万民豊楽、御当家御代《みよ》長久の御祈禱の為には、之に過ぎたる大善行は之ある可《べか》らず、見請けたれば、高歓（歓）国王の宣下《げ》せられし如く、御家中并に江戸中は申すに及ばず、京も田舎も関東関西、津軽合浦《⑥がっぽ》の果までも、老幼男女諸共に読誦の数に限りは無けれど、先は大略一万遍程宛の御触《おふ》れ有りて読誦させまく欲しき事よ。

①仏祖統紀　南宋の志磐著。五十四巻。印度・中国の高僧伝。天台教学の系統を明らかにしたもの（大正蔵四九）。

②高歓　高歓の誤り。南北朝東魏に次いで北斉を建てた高洋の父。

③通載　『仏祖歴代通載』。元《げん》の梅屋念常著。二十二巻。編年体仏教史（大正蔵四九）。

④普門品　『妙法蓮華経観世音菩薩普門品』第二五の略称。『法華経』第二五章。「品」は章・篇の意。いわゆる『観音経』のこと。『普門』は「普門示現」。無量の門を開き種々の身を示現して対機説法し人々を導く意。

⑤高王観音経　十句観音経のもとになった短い経で、書き出しに「観世音菩薩。南無仏。南無法。南無僧。仏国有縁。仏法相因。常楽我浄。有縁仏法。南無摩訶般若波羅蜜。是大神呪。南無摩訶般若波羅蜜。是大明呪。南無摩訶般若波羅蜜。是無上呪。南無摩訶般若波羅蜜。是無等等呪」とある（大正蔵八五）。白隠の本文には説明不足がある。

⑥合浦　中国広東省の地名。白隠『遠羅天釜』続集「客の難に答う」に「針を霧海に視《しめ》し珠を合浦に還す」の語がある（春秋社版拙註本三五三頁参照）。日本の北端から南端まで、いや中国の南端までも、ということ。

『仏祖統紀』第九に出ておりますが、東魏定州の孫敬徳は、平生観音菩薩に帰依《え》しておりましたが、賊のために計られて、かかわりあいで罪になりました。刑に臨んで切にこの経を念じました。すると刀が三つに折れて傷けられません。刑の執行人が三度刀を換えましたが、三刀共に折れました。役人の高歓の耳にこのことを入れてついに死を免かれました。敬徳が家に帰りますと、おまつりしてあった観音像の首に三刀の痕《あと》があったと言います。

『仏祖歴代通載』第九に次の如くあります。昔、高歓は相州にいて郡主でした。その時、姓は孫名は敬徳という者、宝蔵を主宰する官吏でしたが、法を犯し囚人として獄中に在りました。明日誅せられようとする前夜、至心に終夜観音経を誦《じゅ》しました。ところが僧が夢の中で、「汝この経を誦しても死を免かれません。願わくは『高王観音経』を一千遍誦しなさい。刑を免かれるでしょう」と言いました。敬徳が、「今獄中ですから、『高王経』を求めることはできません」と言いますと、僧は、「私がとりあえずあなたに口づからお授けしましょう」と言って二、三遍口授するかと思えば夢は醒めました。すると一字も忘れず覚えていきます。至心に唱えて九百遍に達しましたが、時が来ましたから刑場に引き出され殺されようとしました。敬徳は恐れて、使者に刑場はどこか、どの位の距離があるか、と聞きました。使者がどうしてそんなことを聞くのかと言いますので、敬徳答えて曰く、「今夜夢に一僧が現われ『延命十句経』を授けて、一千遍誦せば必ず死を免かれましょうと言いました。まだ百遍足りません。どうか気をつけてゆっくり行って下さい」と。そこで急いで経を念じながら並んで行きましたが、漸く一千遍に達しました。土壇《どだん》に上《のぼ》りいよいよ誅を受ける時になりましたが、刀が折れて三つになり身は全く損傷を受けません。王が敬徳を召され問われました。「お前はどういう幻術を使ったのか」と。敬徳曰く、「幻術ではありません。夢の中に僧が現われて『高王十句経』を一千遍唱えよと教えてくれたのでこのように難を免かれたのでございます」と。王様は、「私より勝《まさ》っている。聖人と異ならない」と言って、裁判官を呼んで仰せられました。「その外に刑死すべき者あらばめいめい『十句経』を唱えること一千返《べん》させよ」と。それから法令通り誅すべき者を選んで引き出してこれを斬ろうとしますと、尽く敬徳のように死をまぬかれました。ここにおいて王は国中に勅して人民尽く『十句経』を誦すること一千遍せしめました。それからは国中安泰で戦争の災いなく、病気なく、火難、盗難、悪性流行病なく、農業が次第に栄え、その国の人民は上下共に寿命皆百歳で太平の日々を送ったそうであります。誠にめでたい物語ではありませんか。このように貴い霊験のある御経文ですから、天下泰平万民豊楽、御当家御代《みよ》長久の御祈禱としてこれを読誦するより以上の大善行はないと見受けますので、高歓国王が仰せられたように、お国もとの御家中と江戸のお邸中は申すまでもなく、京も田舎も関東関西、北は津軽《つがる》南は合浦《がっぽ》の果てまでも、老若男女《にゃくなんにょ》諸《もろ》共に、読誦の数に限りはないものの、まずはおよそ一万遍程というお触れで唱えさせたいものです。

（四）中国晋の王玄謨、この経により死を免かれしこと

仏祖統紀《ぶっそとうき》三十七、法運通塞志《ほううんつうそくし》第三に云く、①晋の元興二十七年、王玄謨《げんぼ》北征して律を失す。王将蕭斌《しょうひん》是を殺さんとす。玄謨将に誅せられんとする前の夜、夢に人あり告げて曰く、爾此度の災厄、必死遁れ難し、此《こ》こに深遠《じんのん》秘蔵の金文あり、称して延命十句経といふ。如《も》し此経を誦して一千遍を充《み》て得ば、乍《たちま》ち必死を免るる事を得んと。即ち口づけら授けて曰く、観《かん》世音《ぜおん》、南無仏《なむぶつ》、与仏有因《よぶつういん》、与仏有縁《よぶつうえん》、等と。夢覚め来るに、四十二字《じ》の金文一字も亡失せず。②丹悃《たんこん》を抽《ぬき》んで暁に徹して是を誦す。其夜沈慶子《ちんけいし》なる者、夢中に観世大士影の如くに枕元に出現せさせ玉ひ、夙《つと》に起きて種々蕭斌に対し苦諫して、玄謨が十死を救へ、然らば即ち君臣共に上も無き徳行たるべし。左《さ》も無く乱りに誅戮《りく》せば、君臣共に計らざる大災厄にかかるべきぞと、有り有りと御告げありしかば、沈慶子大《おおい》に驚き、蕭斌に対し具《つぶ》さに此事を語る。蕭斌も亦た驚き手を拍して云く、予も亦た今夜貴とき夢中の御告を蒙りけるとて、異議に及ばず、玄謨が死刑を免宥《ゆう》しき。貴ぶべし、是尽々く此《この》経文の霊験なる事を。是より此経を延

命十句経と名くと。

①晋の元興二十七年　宋の元嘉二十七年の誤り（『大正蔵』三六）。

②丹悃云々　「丹悃」は赤誠の意。材木などの赤いまんなかのところを「赤心」というが、「赤心」を誠心の意に用いる。人間の中心的な大切な心のことである。丹は赤に通ずる。「丹赤」は「あかい」意と「真心」の意がある。「丹誠」「丹心」同意である。「悃《こん》」は「まこと」と訓じ、いちずな、きまじめな心を意味する。「抽《ぬき》んず」は国語学的には「ヌキヅ」の転とも「ヌキイヅ」の転とも言われ、本来は選び出す意の他動詞であったが、のちに「すぐれる」「ひいでる」という意の自動詞になった。「丹悃を抽んず」は「丹誠をつくす」意。

『仏祖統紀』三七、『法運通塞《そく》志』第三に出ておりますが、晋の元興（宋の元嘉の誤り）二十七年に、王玄謨が北方に戦いに出かけた時、規律に背いたため大将の蕭斌《しょうひん》が彼を殺そうとしました。玄謨が誅せられようとする前の夜のこと、夢に人が現われて告げて言いますには、「汝この度の災厄では死を遁れられないが、幸い私の所に意味深長の尊い文章がある。『延命十句経』という。もしこの経を唱えて一千遍に達すれば死を免かれよう」と。そこで口づから、観世音、南無仏、与仏有因《う》、与仏有縁等と授けました。夢が覚めますと、四十二字の尊い文字一字も忘れません。一所懸命に徹夜でこれを誦しました。その夜沈慶子なる者の夢の中に、観音様が影のようにぼんやり枕元に出現されました。そして、「早く起きて蕭斌をいろいろねんごろに諫め玄謨の死を救いなさい。そうすれば君臣共にこの上もない徳行となるでしょう。さもなくてみだりに殺せば、君臣共に思いもかけない大災難にかかるでしょう」とはっきりお告げがありましたから、沈慶子は大いに驚き、蕭斌に対して詳しくこのことを語りました。蕭斌もまた驚き、手を打って、「自分もまた今夜貴い夢の中のお告げを蒙りました」と言って、異議なく玄謨の死刑を許しました。これことごとくこの経文の霊験であります。貴ぶべきことです。このことからこの経を『延命十句経』と名づけたと言います。

（五）播州の少女お綾、この経により盲人の妄執を免かれしこと

老僧七八ヶ年間、播州の請に応じて明石《あかし》に到る。夫《それ》より次第に請せられて、備前備中《びっちゅう》に到る。其中間、さる城下に於いて法施《ほっせ》を行じける時、其所《そこ》に円《えん》の都《いち》と云へる座頭《ざとう》あり。不思議に琴の妙所を得て、諸人皆愛敬《きょう》す。同じ家中にさる人の息女に、お綾《あや》とて年の頃十五六歳になるが、容儀も他に越え、人柄も好けれど、悲む所は、幼年より両眼既に盲したりければ、八九歳より円の都《いち》を師として琴を習はしむ。天性器用にして、十三四歳の時より音曲並びなく、琴は十二組裏表尽々く手に入りたり。終《つい》に其妙所に至る。人々賞嘆して円の都よ

りは遙に勝されりといふ。斯《か》かる中《うち》にもうたてきは人界《にんがい》の習ひなりけり。貴ときも賤しきも、宮も藁屋《わらや》も、盲人も智者も、恩愛《ない》恋着の情は遁《のが》れあらば社《こそ》。憐れむべし、円の都、花の色香は見えねども、又或時は音を聞き、愛執の心いやましに、貪《とん》著の思ひ浅からぬ、恋の山路《やまじ》の露ふかみ、分け初めしより袖しぼる、みなの川の深き淵瀬や伊勢の海、千尋《ちひろ》の底の（に）苦しみの積もりて病と成り、今はこそよと見へけるが、涙ながらに語りけるは、世に恨ましきは彼《かの》人なるぞや。我こそは彼人ゆゑに、惜しき命は捨つるぞよ。師弟の恩も有るものを、余りにつらき此恨を、①錦木の千束《ちづか》の文《ふみ》して此の苦しさを告げんとすれど、我は書く事を得ず、彼は読む事を得ず、尽きせぬ今の我思ひを、いつの世にかは忘るべき。何にもせよ、我がなき後は、琴の音を出させじ物をと、打泣き打泣き事切れたりけり。不思議や其翌日より、お綾《あや》は人に催されて琴引寄せ、爪を纔かに指にさし挟《はさ》めば、乍《たちま》ちに五体すくみ身心ともに痺《しび》れわたり、琴の音《ね》少しも出し得ず、其苦るしさ限りなし。日を重さね月を歴れども終に全快せず。医師を招き、験者《げんざ》に見すれど、百薬終に寸功なし。②巫祝《いちみこ》などに見すれば、尽々く言ふ、盲人の死霊のなすわざなりと。次第に弱わりもて行きける程に、久しからずして終には必ず事切れなんとす。剰《あまつさ》へ近き頃は首切れちやうとか云へる腫物の、珠数抔《じゅずなど》掛けたる如く、首の前後を囲み並らび出来て、其苦痛言葉にも又た詛《の》ぶべからず。寔に十死一生の体《てい》たらくなり。或者の曰く、此度請に応じて当地何某の寺にて説法せさせ玉ふは、当時無双の大徳なるよし、何とぞ此和尚に申て救《すくい》を請はんは如何にと。此《こ》こに於て可然者《しかるべきもの》ども一両輩来りて、彼《か》の始末を語り、和尚大慈大悲願はくは助け救ひ玉へと云ふ。予即ち例の延命十句経を授く。それよりお綾が親属及び日頃睦まじかりける琴の指南を受けたりける大勢の児《じ》女子ども、並らび連り、病人を囲み坐して、昼夜に是を読誦しけるに、不思議や、纔かに一両日を経て、或夜円の都夢中に来りてお綾に告げて曰く、有難や嬉しや、此程人々打寄り、いとも貴とき金文を、昼夜に怠らず唱へ玉ひし功徳に因り、我が生前より積み重ねたる無量無辺の重罪業、皆尽々く滅尽して、我は今日此処を立ち退《の》き、忝けなや上天して、上も無き大善果を受け、永く菩提に赴むくなり。布有《けう》なる哉。纔かに四十二字の金文、誰か計らん、斯《か》かる不思議の霊験有らんとは。人々も猶々励げみ進んで此御経を昼夜に読誦し玉ひてよ。現世は即ち七難即滅、来世は必ず無量劫《こう》来生死《しょうじ》の重罪滅尽して、次第に無上菩提を成就し玉ふべきぞかし。今は是迄なるぞやとて、掻き消す如く失せたりと見えしが、不思議やお綾が上《か》ミ（上の）件《くだん》の腫物も、病悩も、拭ぐひ取りたる如く平癒しければ、お綾は乍《たちま》ち夢の覚めたる心地《ここち》にて、嬉しさの余り琴引き寄せ弾じ見けるに、音声《じょう》も曲調もむかしに少しも替らざりければ、親疎を論ぜず、近遠を分たず、歓喜踊躍《ゆやく》して蹈舞を忘る。お綾は翌日大勢の琴の弟子ども二三十人を引具し、手毎に品々の拝具を懐中し、老僧が前に列し、拝して礼謝を演べ、幽魂来りて種々物語りせし事を告げ、且つ此経の霊験不思議の威徳ある事を讃嘆し、且つ泣き且つ悦ぶ。是実に寛延第三庚午の春の事なりき。

①錦木の千束の文　昔の奥州の風習。男が女に逢おうとする時、女の家の門に錦木を立て、応ずる心あれば女はそれを取り入れたし、取り入れなければ男が更に加えて立てたが、千束《ちづか》を限りとしたという。

②巫祝　神に仕え祭事・神事を司る者。みこ。かんなぎ。みこは祈りで病気を治したので巫医の称がある。巫は元来女みこ。本文に「いちみこ」と仮名が振ってあるのは、「田舎者のみこ」の意。全集本には「巫祝あり、まさなどに見すれば、尽く言ふ」とある。「まさなどに」は「正無《まさな》事《ごと》に」か。戯れごとに。相手の教養が低いので余り信用せず、冗談半分に。

老僧私、七、八年前播磨《はりま》（兵庫県）の人の招待に応じて明石《あかし》に行きました。それから次々に招待されて備前備中《びっちゅう》（岡山県）に行きました。その中間のある城下町で説法しました時ですが、そこに円《えん》の都《いち》という座頭がいて、不思議に琴に大変巧みで諸人に敬愛されていました。ある藩士の娘でお綾《あや》といい、年の頃十五、六、容姿すぐれ人柄もよいのでしたが、悲しい哉《かな》幼年より両眼とも見えません。それで親が、八、九歳の時から円の都《いち》を師として琴を習わせました。生まれつき器用で、十三、四歳の時には音曲上手人に越え、琴の十二組裏表ことごとく手に入れました。ついに妙を得て、師の円の都《いち》より遙かに勝ると人々に賞嘆されました。ところでこういう恵まれた中でありましても、あいにくなことが起るのが人間のならいです。貴賤を問わず、盲人でも智者でも恋愛の情をのがれ得ません。円の都《いち》にはお綾の美しい顔は見えませんが、お綾の声を聞き愛執の心を募らせて恋の山路《やまじ》に分け入り、筑波山《つくば》から流れ出る男女《みな》の川《がわ》の深い淵の如く、伊勢の海の千尋《ちひろ》（尋《じん》は古代中国で八尺。日本で六尺。ひろ）の底に積もる如き苦しみが病となり、今は限りと見えました時、涙ながらに次のように語りました。「世にもうらめしいのはあの人です。あの人故に私は惜しい命を捨てるのです。師弟の恩もありますのに、余りにもつらいこの苦しみを、たくさんの恋文に書いて告げようとしても、私は書くことができません。あの人は読むことができません。尽きせぬ今の我が思いをいつの世にか忘れるでしょうか。何にもせよ、わが亡き後は琴の音《ね》を出させますまい」と泣く泣く亡くなりました。不思議なことに、その翌日より、お綾は人に催促されて琴を手もとに引き寄せ、琴爪を指に挟むや否や、五体たちまちすくみ身心共に痺《しび》れ琴の音《ね》を少しも出すことができません。その苦しさ限りがありません。日を重ね月を歴ても全快しません。医師を招き修験者《しゅげんじゃ》に見せても少しの功もありません。神がかりで生霊《いきりょう》・死霊の心を言う市子《いちこ》（口寄せ）などに見せますと、皆盲人の死霊のなすわざであると言います。次第に弱っていき、久しからずして死のうとしています。その上最近は「首切れ疔《ちょう》」とかいう腫物が、数珠《じゅず》などを掛けたように首の前後を囲んで出来て、その苦痛は言葉に出せません。誠に十死一生《しょう》のありさまです。ある者が申しますには、「この度、招きに応じて当地のなにがし寺で説法されているのは現代無比の高僧の由、何とぞこの和尚に申し上げて救っていただいたらどうです」と。そこでしかるべき者一両人来て事の始末を語り、和尚大慈大悲を以てお助け下さいと申します。そこで私は例の『延命十句経』を授けました。それから、お綾の親族及び日頃睦まじく琴の指南を受けていた多勢の女の子達が並んで病人を囲み坐り、昼夜これを読誦《じゅ》しましたところ、不思議やわずか一両日経た頃、ある夜円の都が夢に現われお綾に告げて曰く、「有難や嬉しや。この程人々打ち寄り、いとも貴きお経を昼夜怠らず唱えられた功《く》徳《どく》により、私が生前から積み重ねた無量の重い罪業《ごう》ことごとく滅んで、今日私はここを立ちのき、ありがたや天に上《のぼ》りこの上も無い大善果を受け、永く菩提《ぼだい》（さとり）の世界に赴きます。類《たぐい》稀なことです。わずか四十二字の金文《もん》に、このような不思議の霊験があろうとは誰が思ったでしょう。人々はなお一層はげんで、この御経を昼夜読誦《じゅ》して下さい。現世では七難即滅、来世では必ず無量の昔からの生死輪廻《しょうじりんね》の重罪滅尽して次第に無上菩提を成就《じょうじゅ》されるでしょう。今はこれまでです」と言って掻《か》き消すように失《う》せたと見えましたが、不思議やお綾の上記の腫物も病悩もぬぐい取ったように平癒しましたから、お綾は夢が急に覚めた心《ここ》地《ち》で、嬉しさの余り琴を引き寄せ弾じて見ますと、声も曲調も昔に少しも変りません。親疎を論ぜず遠近の別無く、我を忘れて踊り上って喜びました。お綾は翌日多勢の琴の弟子ども、

二、三十人を連れて来ましたが、手ごとにお具《そな》えの品々を持ち、老僧の前に並び、拝をして礼を述べ、忘塊が現われ種々の物語りをしたことを告げ、且つこの経の霊験不思議の威徳あることを讃嘆し、泣いて喜びました。これ実に寛延三年庚午《かのえうま》（一七五〇年）の春のことでした。

（六）癲狂の武士、この経の霊験により平癒すること

其前後同じき三備州の内、さる城下何某氏の武士、未だ三十歳に足らざるが、不慮に癲狂して声高く力強うして、動《やや》もすれば太刀をくつろげて人に刃向ふ。親属打寄り評議して穴蔵の底の牢舎をしつらひ、押籠め置く。近隣皆尽々く畏《お》ぢ戦《おのの》く。さる者、近頃お綾が事を聞き及びて、一両輩窃かに来りて救《すくい》を請ふ。老僧①褻《け》にも晴《はれ》にも例の十句経を授け、且つ教へて云く、願はくは此経、父母は云ふに不及《およばず》、看病の者共まで能く読覚えて、牢屋のあたりにて不断よむべし。夜中は家内残らず牢屋を取り囲んで、各々高声に是を読むべし。日を経て病人も諸共に声を揃へて読む事あらば、間も無く必ず全快すべきぞと、教へ遣はしけるに、間も無く病人の使なりとて、舎弟何某なりける者に文箱《ふばこ》持たせ遣はしけるに、其書中に云く、

未奉得尊慮候《いまだそんりょをえたてまつらず》へども、一書啓上仕候《つかまつりそうろう》。先以て此度は遠路の所御来駕被為遊《あそばせられ》、

国中大小の喜悦大方《おおかた》ならず候。就夫《それについて》拙者義、二三年来難治の重症を引請け、十死同前（然）の仕合せ、父は申に及ばず、親類どもまで昼夜落涙仕居《つかまつりおり》候処に、老和尚様御慈悲に依て、大切の御経御授け被為下《くださせられ》、家内打寄り、昼夜読誦仕居候所に、七日に相当り申候昨日より、病悩透《すき》と全快仕《つかまつり》、夜前五ツ時より出牢仕、家内其外親類どもまでの喜悦限りも無之《これなき》仕合《しあわせ》に候。早速罷《まか》り上《あが》り御礼旁《かたがた》申上度存候へども、公辺未だ相済不申《もうさず》候故、為名代《みょうだいとして》舎弟何某《なにがし》指上《さしあげ》申候。御悦び可被下《くださるべく》、何様《なにさま》一両日中に罷《まかり》登り、緩《ゆる》ゆると奉得尊慮可申上《そんりょをえたてまつりもうしあぐべく》候。恐々謹言

九月十三日　　　　何氏　何某《なにがし》より

老和尚様　侍下

右の文章も、筆画《ひっかく》も、毛頭《もうとう》間違ひも無之《これなく》、全快平癒と相見えたりければ、老僧如何計《いかばか》り悦びあへりて、其文を国元へ持し帰りて、皆々にも見せたりければ、人々手を合はせて、願はくは此文を表具せさせ掛け置き、諸人にも見せなば、究竟《くきょう》の法施《ほっせ》にも可罷成事《まかりなるべきこと》に侍りと云へる仁《ひと》も是ありき。彼人《かのひと》は今に到りて随分無事にて、年頭の書状抔《など》は怠慢なく往来あり。寔に貴《たっ》とぶべし。鍼灸薬の三ツの力にて平癒し難き難治の大病を、纔かに四十二字の秘経の徳にて、既に七日が中に乍ち平癒せし事、寔に世間深遠稀有《じんのんけう》の大法財と云《いわ》んか。

①褻にも晴にも　ふだんもはれの時も。いつでも。褻は音セツでケガレル・ナレシタシム意。我国でケとよみ日常・平生の意に使う。

その前後のこと、同じ備前・備中《びっちゅう》・備後《びんご》の三備州の内の、ある城下何某《なにがし》氏の武士で、まだ三十歳にもならないのが、不意に狂いました。その人声高く力が強く、ややもすれば刀を抜いて人に向かって行きますので、親族打ち寄り相談して、穴蔵の底に牢を作り、押し籠めておきました。隣り近所の人々、皆畏れおののいていました。その時、お綾のことを聞き及んだ一両人が、こっそり私の所に来て救いを求めました。私はいつも同じで、例の『十句経』を授け、且つ、「願わくはこの経を、父母はいうに及ばず看病の者たちまで能くよみ覚えて、牢屋の辺りで絶えずよみなさい。夜は家内残らず牢屋をとり囲んで各々高声でこれをよみなさい。日を経てから病人も一緒に声を揃えてよむなら、間も無く必ず全快するでしょう」と教えてあげましたが、間もなく病人の使いとして舎弟何某《なにがし》という者に文箱《ふばこ》を持たせ手紙をくれました。その内容は次の通りです。

まだお目にかかっておりませんが、この手紙をさし上げます。まずこの度は遠い当地においで下され、国中多くの人々の喜びは並々ではありません。さて私こと、二、三年来難治の重病となり、殆ど死ぬばかりの運命で、父は元より親類どもまで昼夜落涙しておりましたところ、老和尚様の御慈悲により大切な御経をお授けいただき、家内打ち寄り昼夜読誦《じゅ》しておりましたところ、七日に当ります昨日より病気がすっかり全快いたし、昨夜午後八時より出牢いたし、家中その外親類どもまでの喜び限りもありません。早速参上し、いろいろ御礼申し上げたくは存じますが、役所むきのことがまだ済んでおりませんので名代《みょう》として舎弟を差し遣わしました。お喜び下さいませ。いずれ一両日中に参上いたし、ゆるゆるとお目にかかりたいと存じます。　恐々謹言

九月十三日　　　　　　　　　　　　　　何氏何某より

老和尚様　侍史下

右の文章にも筆画《ひっかく》にも少しも間違い無く、全快平癒のことが分りましたから、私も実に喜ばしく、その手紙を国もとに持ち帰り皆に見せますと、人々手を合わせて見、中にはこの手紙を表具させて掛けて置き諸人に見せれば、この上もない法施《ほっせ》になりますと言う人もありました。彼《か》の武士は今に至るまで甚だ無事息災で、年頭の書状などは怠りなくくれます。誠に貴ぶべきことです。鍼灸薬の三つの力でなおしにくい難治の大病を、わずか四十二字のお経の力で七日の中に全快させたことは、誠に世にも稀な深遠な大法財と申しましょうか。

（七）この経の霊験により、里介難を免かれしこと

中頃元文の初の頃、去る城下に大橋の東に当りて大身《だいしん》の家中の屋敷あり。某屋敷の茶の間なる女中の内に、小屋野《おやの》と云へる娘の、十五六歳なるが、容色他に越え人柄もなさけも並び無きもの有りけり。主人も又無き者に思ひ、尋常鍾愛《よのつねしょうあい》浅からざりしに、いつしか供廻《まわり》はりなる若者の里介《りすけ》と云へるに馴れ初《そ》め、妹女郎や朋輩のさがなき口にかけられて、あへなくも主人の耳に漏れ入りけるより、主人は大《おおい》に憎み瞋りて、里介を白洲《しらす》の間《ま》に引き据ゑさせ、大《だい》の眼《め》を開いて、はたと睨《に》らみ、己れ武士の家に在り乍ら、言語道断の働き、今は是までなるぞ覚悟せよと、身づくろひし、大太刀《おおたち》を寛《くつ》ろげ、後《うしろ》へ廻りて既にかうよと見えける所に、七旬《じゅん》に近き老母の此事を聞きつけ、はせ来りて大音上げ、先づ待て、儞は狂するか癲するか、今日は月の十七日、神君《しんくん》の御命日《ごめいにち》にあらずや、当時天下の武士たらんず者《も》の、此日に当りて斯かる大事を行じたらんには、改易か追放か、必ず安穏に身を立つる事能はじ。今日計りはふみこらへて、明日《あす》の事にもせよや。左《さ》なくば儞七生《しょう》までの勘当《かんどう》なるぞとて、涙を流して責められければ、彼《か》の武士頭を掻《か》いて云く、此上は是非こそ無けれ、明日迄は宥《ゆ》るしおくべきぞとて、湯殿なる所へ追入れ、水風呂のこ①が引きかぶせ、家来に云ひつけ、上②段下段

の間の畳五十畳程積み重ね、少々宛の食事は水抜きの穴よりなげ与へよ、五十畳の畳に指でも付けたる者あらば、明朝必ず同罪に申付くべきぞと、高らかに喚《おめ》き叫んで、遠からぬあたりに走り出でたり。

老母は窃《ひそか》に小屋野《おやの》を召連れ、湯殿へ忍び入り玉ひ、水抜《みずぬき》の穴よりさしのぞきて、爾が命は今宵《こよひ》限りなるぞかし。今は早十死、せん方も無けれ。去りながら、此上にも万一命助かりなば此上は無きぞとて、件《くだん》の延命十句経を口づから授け玉ひ、小屋野も読みてよとて、三人一所に読まれけるが、里介もいつしか能くよみ覚えて、声を揃えて同じく読む。其時に老母は念頃《ねんごろ》に里介に教へ玉はく、忝けなくも此経は昔し悪七兵衛《びょうえ》景清が牢屋を破りて出でけるも、此御経の威徳なり。其頃主馬《しゅめ》の判官盛久《ほうがんもりひさ》も、既に擒《とりこ》となりて鎌倉に在りし時、誅戮《ちゅうりく》せらるべき前の夜、よもすがら③此経を読誦す。翌日誅せらるるに当りて、太刀取の打かけたる太刀は鐔本《つばもと》より折る。彼の高王が如く二刀迄取代へたりしに、皆尽く折れたりければ、死罪を宥されて命を助かりたり。去程《さるほど》に、謡にも盛久は夢の覚めたる心地《ここち》にてと、今の世迄もうたふぞかし。願くは今日より出る息入る息を、一生の間尽々く此経となし侍るべしと、大誓願を立て、随分信心に読みつづけたらば、必ず不思議の霊験有りて、命は助かるべきぞとて、小屋野諸共立帰へらる。是より里介は、丹誠を凝らし終夜読誦しけるに、不思議や最早丑満つ過ぎにも成るならんと思いひける時、湯殿の中に人音しければ、水抜《みずぬき》の穴よりさしのぞき見けるに、六尺ゆたかの大山伏、面色赤みばしりて目の中《うち》人に勝《す》ぐれたるが、是も同じく差しのぞきて、早や押付《おっつ》け夜は明くるぞ、油断したらんには、命は有るまじきぞ。此の水抜の穴より手をさし出せ、引出し助け得さすべきぞと、待ちかけたり。里介は如何にも手をさし出《いだ》さんさし出《いだ》さんと、百端を究めてもがけども、纔《わずか》に一寸四方計りの穴なれば手のさし出すべき様ぞなき。山伏怒ツて右の手をうんと云てぐとさし入《い》れ、里介が細首つかんでエイと云ひさま引出せば、里介が首も五体も微塵に砕けて絶え入りたり。死に切りたる事も、はや二タ時も有るらんと思ひける時、夢の如くに腰より下《しも》、脇つぼのあたり迄、殊の外に冷やかなりければ、里介気つき息をつき眼を開らけば、コハ如何に我身は全体真《まっ》四角に成り、一尺四方計《ばか》りの長き箱の中に在りて、さながら店屋のところてんの未だ付出《つきいだ》さぬ時の如し。遙《はるか》の向ふを見渡せば、豆腐ならば半丁程の四角なる穴見えたり。能々考へ見けるに、怪しやな彼《か》の主人の屋敷の台所なる、雑事の水を建《こぼ》すなる水道の箱の中に在り。覚えず手を合せて彼の経をよみよみ這いもて行きければ、計らずも彼の屋敷の後《うしろ》の堀端なる水道の口へ出でたり。首さし出《いだ》して窃かに見れば、左りの方には大橋あり、橋の上には不思議やな、彼の湯殿の中にて水抜の穴よりさし覗きたりける大山伏あり、往来の人のあとに付いて、④祭文《さいもん》よみながら道中の御祈念と銭もらひ居たるが、少し人切《ひとぎ》れの透間《すきま》に彼《か》の水道の口に人影あるを見付け、ツト馳《は》せ来り、里介に向《むかっ》て、汝は如何なる子細あれば、斯《か》く怪しき所には有るぞ。里介泣く泣く手を合せ、上《か》ミ件《くだん》のあらましを語る。山伏聞くより弓手《ゆんで》を指し展《の》べ、里介が細首つかんで会釈もなく引出し、肌着を脱ぎて上に羽おらせ、⑤頭巾《ずきん》かぶらせ、⑥輪袈裟《わげさ》をかけ、腰に法螺貝、手に錫杖《しゃくじょう》、紛《まぎ》れも無き小山伏《こやまぶし》に作り立て、大勢の人を押分け、山伏の親方の家に伴《つ》れ行き、上《か》ミ件《くだん》を具《つぶ》さに語り、十日《か》も二十日《か》も忍ばせ置きけるが、食はずも着ずも居られざりける世《よ》の中《なか》なれば忍び忍びに勧進《じん》せさせ、口養ふ程の事はそろそろとさすべき者をと、祭文教へてかかりければ、里介頭《かしら》を地に着け、斯計《かばか》り上も無き大恩を蒙りながら、努々《ゆめゆめ》尊命を背き奉るべきにも侍らねど、過ぎて（し）大難儀の時大誓願を立て、一生命《みょう》来、出《いづ》る息入る息を御経にせんと誓ひたれば、祭文の代りに十句経をよみては如何が侍るべきや。夫《それ》も一入《ひとしお》面白かるべきぞと。思ひよらざる頭を剃らせ、其名を智源《ちげん》と改め、山伏の行《ぎょう》装なして、辻勧進《つじかんじん》とぞ出かけたる。

斯《か》くて五日も七日も過ぎけるが、或日震ひ戦《おの》のき片息に成りてはせかへり、櫃唐扉《ひつからうと》の影にひれふして陰《かく》れ居たり。是《こ》は如何なる子細か有ると尋ねければ、去ればにて侍り、御仰《おんおお》せに随ひ、小路小路を忍び忍びに勧進しもてあるきけるに、恐ろしや、計らずも元の主人に見付けられ、太刀《たち》の鍔元《つばもと》をくつろげ、居合《いあ》ひ腰《ごし》になりてねめ⑦寄り玉ふを見出すや否や、遁《に》げ帰り侍りにけれども、斯くとては、中々此あたりに彷徨《さまよ》ふ事は叶《かな》ひ侍らじ。願はくは、しばしの御暇申請《おんいとまもうしう》け、何国《いずく》にても隠れ忍び、時節を窺ひ立帰り、身を粉《こ》にしても御奉公申し、御恩を報じ申すべしと、むせびかへりて泣き居たり。是《これ》ぞ寔に彼《か》の御経の威徳力にやおはすらん。

其時奥州の修験《しゅげん》のつかさ何々の⑧阿闍梨《あじゃり》法印とかや、社領二三百石も取り玉ふが、向《さ》きに上京せさせ玉ひ、只今奥州へ帰り玉ふが、固《もと》より深き因縁もや有りけむ、大勢《おおぜい》の供人《ともびと》を引具し、彼の親方の法印の家に尋ね入らせ玉ひければ、是れ勿外《もっけ》の 幸《さいわい》と、彼《か》の親方は寒温の礼了るや否や、智源が此度の始末を具《つぶ》さに語り、彼等が如きは身の置所なき者に侍れば、御国へ召連れ帰らせ玉ひ、命を助け得させ玉はば、上《うへ》も無き御徳行にも成り侍るべしと、念頃《ごろ》に物語りしければ、阿闍梨《あじゃり》も甚だ悦ばせ玉ひ、四五日以来道中にて、近侍の者ども相煩らひ、物事不自由なる折柄、願の趣心得たりとて、随身の侍者として、召連れ下り玉ひけり。

去程《さるほど》に智源は、道中昼夜間断なく、彼《か》の経読誦しける程に、阿闍梨《あじゃり》も又た無き者に思《おぼ》して、国にても近習《きんじゅ》にさし置き、一入憐愍《ひとしおれんみん》せられけるに、法印一人の息女あり。美目《みめ》かたち麗はしく、人柄衆に勝ぐれたるが、器量自慢の人嫌らひ、十七八に至るまで、養子に定《さだま》る人もなかりし所に、智源が容儀人に勝ぐれ、万事発明なる生れを見て、何時しか深き思と成り、物も言はず笑ふ事もなく、食事も進み兼ぬるを見て、母なる人之を憐み、父の法印に是を語る。

法印も大《おおい》に悦び玉ひ、我も左《さ》コソとは思ひつれど、姫が心の計りがたきに、今迄は斯《か》くとも云はざりしと、三人評議一決し、智源を養子と定めければ、九死を遁るるのみにあらず、思ひ懸け無き知行《ちぎょう》とりと成る事、尽々《ことごと》く是れ此経の威徳なるべし。其後間も無く官位のため京都へ入洛《じゅらく》せられけるが、幸に通行の道筋なれば、向《さ》きの修験の親方の家に立寄り、種々玉帛を贈り、打寄り悦びあへりける由。二十年前去る大徳の老和尚の江戸帰りの物語に、彼の主人の屋敷の町も、所も、仮名《けみょう》実名残りなく、彼の山伏の親方の住家も、慥《たしか》に聞きつれど、少し遠慮の心ありて、精しくは書き記るさず。唯荒増《あらま》し計り書き留めたり。

①こが　桶。東北地方で言う。
②「上段の間《ま》」は書院造の一段高い貴賓用の部屋。「下段の間」はそれより一段低く臣下の伺候する間。
③此経　十句経に非ず。『法華経』普門品《ぼん》、観音経。
④祭文　神前で奏する祭文でなく山伏が錫杖を振り法螺貝を吹きながら神仏の霊験を説き、のちには心中など世俗の出来事を面白く歌って銭を乞うに至った歌祭文《うたざいもん》。
⑤頭巾　山伏がかぶる黒色布製の小さいずきん。
⑥輪袈裟　幅約二寸の輪状の袈裟。首にかけ胸に垂らす。
⑦ねめ寄り　睨《ね》む。にらむ。「ねめ寄り」は「にらみ寄り」。
⑧阿闍梨法印　「法印」は最高の僧位より転じて単に僧や山伏を指す。この場合は山伏。阿闍梨は密教の師範たる高僧の意から単なる僧位を意味するに至る。アジャリの位の山伏。

元文《げんぶん》（桜町天皇の世。一七三六―一七四一）の初めの頃、ある城下の大橋の東の方に、高位高禄の藩士の屋敷がありました。その屋敷の茶の間《ま》にいた女中のなかに、小屋野《おやの》という十五、六歳の娘がおりましたが、みめかたち他に越え、人柄も思いやりも並ぶ者がありませんでした。主人も又無き者と思い平生深く愛しておりましたが、いつしか供廻り《ともまわり》（従者）の若者里《り》介《すけ》という者と恋仲になり、後輩の女達や朋輩《ばい》の悪評を受け、それが運悪く主人の耳に入りました。主人大いに怒り憎み、里介を白洲《しらす》（白砂のしいてある庭先）に引き出し、大きな眼を開いて睨《にら》みつけ、「汝は武士の家にいながら、もっての外の行ない、今はこれまでぞ、覚悟せよ」と言って身じたくをし、大太刀《おおたち》を引き抜き里介のうしろに廻り、すんでのことに里介の首を打ちおとそうとした時、七十に近い老母がこのことを聞いて駆けつけ、大声あげて、「待ちなさい。汝は気が狂ったか。今日は十七日、神君《しんくん》の御命日（家康は元和二年四月十七日歿）ではないか。今、武士たる者がこの日にこんなとんでもないことをすれば改易《かいえき》（他所に左遷）か追放かです。決して安穏ではいられません。今日ばかりはこらえて、明日《あす》にでもしたらよい。そうしなければ七生《しょう》までの勘当《かんどう》ですよ」と涙を流して責めました。武士は頭を掻《か》いて、「仕方がない。明日までゆるしてやる」と言って、里介を湯殿に追い入れ風呂桶をかぶせ、家来に言いつけ、上段の間下段《げ》の間の畳五十畳程を積み重ね、「食事は少し宛水抜きの穴から投げ与えよ、五十畳《じょう》の畳に指でもつけた者は明朝必ず同罪に申しつけるぞ」と、高らかに叫んで、遠からぬ所に走り出ました。

　老母はひそかに小屋野を召し連れ湯殿に忍び入られ、水抜きの穴から内をのぞき、「お前の命は今夜限りです。もう死ぬ外はありません。しかし、万一にも命が助かれば、この上も無いことです」と言って、例の『延命十句経』を口づから授けられ、小屋野もよみなさいと て、三人一緒に読んだのですが、里介もいつしか能く覚えてしまいました。その時老母は親切に里介に教えて言われました。「ありがたいことです。昔悪七兵衛《びょうえ》景清が牢を破って出たのもこの経の威徳です。その頃主馬《しゅめ》の法官盛久《ほうがんもりひさ》もとりこになって鎌倉にいた時のこと、刑死する前夜、夜どおしこの経を読誦しました。翌日誅せられる時、斬り手が斬りつけた太刀《たち》が鍔元《つばもと》から折れました。あの高王のように、二刀までとりかえても皆折れましたので、死罪が許され命が助かりました。そういうわけで、謡曲にも〝盛久は夢の覚めたる心地《ここち》にて〟と今の世までもうたわれているのです。何とぞ今日から出息入息を、一生の間この経と心得ましょうと大誓願を立て、熱心に信心を以てよみ続けたなら必ず不思議の霊験があって命が助かるでしょうよ」と言って小屋野と一緒に帰られました。それから里介はまごころをこめて終夜読誦しましたが、不思議や、もはや午前二時過ぎにもなるかと思う頃、湯殿の中に人音がしましたので、水抜きの穴からのぞいて見ますと、六尺余りの長身の大山伏、顔の色は赤みばしり、眼光人に勝れたのがいて、これも同じくさしのぞき、「間もなく夜があけるぞ。油断すると命が無くなるぞ、この水抜きの穴から手をさし出せ。引き出して助けてやるぞ」と言って待ち受けています。里介はなんとか手をさし出そうさし出そうといろいろ工夫してもがきますが、わずか一寸（約三・〇三センチメートル）四方ばかりの穴ですから手をさし出すすべはありません。山伏は怒って、「うん」と言って右の手をすばやくさし入れ、里介の細首をつかんで、「エイ」と言いながら引き出しますと、里介の首も手足も全身微塵《みじん》に砕けて死んでしまいました。死に切ってもう四時間にもなろうと思われました時、夢心地に腰下から脇の下のくぼんだ辺《あた》りまでが大変冷やかなことに気づいて、里介は息を吐き大きく呼吸し眼を開いて見ますと、これはどうしたことでしょう、わが身は全体真《ま》四角になって一尺（一寸の十倍）四方ばかりの長い箱の中にあって、まるで店屋のところてんが、まだところてん突きで細くするためつき出す前の時のようです。遙か向こうを見渡たしますと、豆腐なら半丁程の四角な穴が見えます。よくよく考えて見ますと、不思議なことですが、主人の屋敷の台所の、いろいろの水を流し出す水道《みずみち》の箱の中にいるのです。思わず手を合わせてあの『十句経』をよみながら這って行きますと、自然に屋敷のうしろの堀端《ばた》の水道の口に出ました。首をさし出してひそかに見ますと、左の方には大橋があり、端の上には不思議なことに、あの湯殿の中で水抜きの穴から覗いていた大山伏がおり、往来の人のあとに付いて祭文《さいもん》（歌祭《ざい》文）をよみながら、「道中の御祈念《ごきねん》」と言って銭を貰っていましたが、少し人の往来が切れたあい間に水道の口に人影のあるのを見つけてさっと駆けつけ、里介に向かい、「お前はどうしてこんな妙な所におるのだ」と尋ねました。里介は泣きながら手を合わせ、以上の出来事のあらましを語りました。山伏はそれを聞いて左手をさし延べ、里介のやせ首をつかんでイキナリ引き出し、自分の肌着をぬいで上に羽おらせ、頭巾《ときん》をかぶらせ輪袈裟《わげさ》をかけてやり、腰に法螺貝《ほらがい》をつるし手に錫 杖《しゃくじょう》を持たせ、本当の小山伏《こ》に作り立て、大勢の人を押し分け山伏の親方の家につれて行きました。そして親方に以上のことを詳しく語り、十日も二十日も忍ばせて置きましたが、食わず着ずというわけにもゆきませんから、こっそり勧進《かんじん》（仏の教えを人に勧め金品の布施を得る）をさせ、どうやら生活ができるくらいのことはそろそろさせなくてはと、祭文を教え始めますと、里介は頭を地に着け、「このようにこの上も無い大恩を蒙っておりますので、決して仰せに背くべきではありませんが、先頃大難を受けました時、大誓願を立て、生涯出る息入る息をお経にしようと誓いましたから、祭文の代りに『十句経』をよみましてはどうでございましょう」と申しますと、「それも一段と面白かろう」ということで、思いがけず里介の頭を剃《そ》ってその名を智源と改めてやり、山伏のいでたちをさせ辻勧進に出すことになりました。

かくて五日も七日も過ぎましたが、ある日智源は震いおののき息たえだえになって駆け帰り、唐櫃《からひつ》のかげにひれ伏して隠れていました。「どうしたのだ」と尋ねますと、「さようでございます。仰せに従い小路を辿りこっそり勧進して歩いておりましたところ、思いがけず元の主人に見つけられ、刀の鍔元《つばもと》をくつろげ（刀を抜かんばかりにして）、居合い腰になって（坐して片膝立て、腰を浮かし）、睨み寄るのを見出すや否や逃げ帰りましたが、このようなことではとてもこの辺りをうろうろすることはできません。どうかしばらくおいとまをいただき、どこかに隠れ人目を避け、時節を見てたち帰り、身を粉《こ》にしても御奉公いたし御恩がえし申し上げます」と、激しく泣いておりました。これぞ誠にかの御経の威徳力でありましょう。

その時、奥州の山伏修行の修験《しゅげん》道の主宰者で何々の阿闍梨《あじゃり》法印とか言い、社領二三百石《こく》も取っているお方が先頃上京され、多勢のお供を連れ、今や奥州に帰られることになりましたが、深い因縁でもあったのでしょうか、かの親方の法印の家に尋ねて来られました。これは思いがけない幸いと、かの親方は寒暖の礼が終るや否や智源のこの度の事件の始終を詳しく語り、「彼の如きは身の置き所が無い者ですから、お国に召し連れて帰られ命を助けてやって下さらば、この上も無い御徳行になることでしょう」と、ねんごろに語られましたところ、阿闍梨も大変喜ばれ、「四、五日以来、近侍の者ども病気をし物事不自由な折から、願いの趣旨承知しました」と、随身の侍者として智源を召し連れて奥州に下られました。

ところで智源は道中間断なく『十句経』を読誦しておりましたので、阿闍梨も並びなき者に思われ、国でも近習《じゅ》（侍者）にして、ひときわなさけをかけました。さて法印に一人の息女があり、容貌風采麗わしく、人柄勝れておりましたが、顔だちのよいのを誇り、人嫌いで、十七、八になるまで養子に定まる人もありませんでした。ところが智源の容貌人に勝れ、万事にかしこいのを見ていつしか深い思いとなり、物も言わず笑うこともなく食事も進み兼ねるのを見て、母なる人これを憐れみ、父の法印にこのことを語りました。法印大いに悦ばれ、自分もそうとは思ったが、姫の心が充分分らなかったので今までは黙っていたと言われ、親子三人で相談がきまり智源を養子に定めました。九死に一生を得たばかりでなく、思いがけない知行《ちぎょう》とり（俸禄土地持ち）となること、皆この経の威徳でしょう。その後間もなく親方は法印の官位を受けるため京都に行かれましたが、幸い通行の道筋でもありますので、以前の修験山伏の親方の家に立ち寄り、いろいろ貴重な贈り物をし、互いに悦びあったそうであります。これは二十年前にある徳の高い老和尚の江戸帰りの物語りで、かの主人の屋敷の町の名も所も、仮名も実名も残りなく、かの山伏の親方の住居もたしかに聞きましたが、少し遠慮の心もあり精しくは記しません。ただあらましだけ書き留めました。

（八）駿河手越のお蝶、この経により蘇生し委しく地獄を語ること

老僧宝暦[1]第五丁亥《ていがい》の杪春《しょうしゅん》、駿西《しゅんさい》藁科郡《わらしなごおり》手越村《てごしむら》高林精舎《こうりんしょうじゃ》に於《おい》て、大応録[2]を提唱して法《ほっ》

施《せ》に充《あ》つ。聞く、藁科郡は国師生縁《しょうえん》の霊地なる由、故に③緇素《しそ》勧めて大応録を勧発《ぽっ》する者歟《か》。手越《てごし》と駿府《すんぷ》との境に薄島《すすきじま》といへる所あり。其里の何某の娘にお蝶といふ者あり。今年《ことし》十四歳、容色《しょく》人に勝《す》ぐれ、気質も亦た遙《はるか》に他に越えたり。父母も又無き者に思ひて、寵賞浅からざりしに、寔《まこと》に老少不定《じょう》の境、去年の三月上巳《し》の翌日より不図《ふと》煩らひ出し、医療百万を究むといへども更に寸効なく、終《つい》に十数日を経て空しくなりぬ。其母悲嘆の余り、身はだを放さずかき抱きて伏し沈み、悲泣して云く、此子を埋まば我をも共に埋めよ、此子を焼かば我をも共に焼けよと云ひて、抱住して放たざるもの二夜三日、一夜懐中に在りて身体次第に暖かに、仄《ほの》かに十句経を誦するの声す。母は夢とも弁《わきま》へず、驚き怪しみ問て云はく、汝は実に蘇生せりや。其経は我等が宗旨にては④七尺八尺削り捨つる所なり。何んぞ南無妙法蓮華経と唱へざると、ゆすり起せば、頭《かしら》を掉《ふ》りて聞入れず、唯ひたすらに十句経を読み、次第に音《おん》声《じょう》も高く句読《くとう》も明らかなり。人々相制して題目を勧むれば、女子手を合せて泣く泣く答へて曰く、人々よ、我には宥《ゆる》して此経を読ませて給《た》べ。我は此御経の功力《くりき》に依りて、漸く蘇生し来りたる者をとて、湯を与ふれば飲み了りて直によみ、食を進むれば食し了りて其儘《そのまま》よむ。

　夜に入りて母ひそかに其故を問ふ。女子云く、恐ろしや、悲しやな、我は過ぎし夜死して冥土へ赴きけるに、めざすも知らぬ闇《くら》きやみぢ、⑤死出《しで》の山とかや云へるさしも嶮《け》はしき山路を、とぼとぼとたどり行きけるは、恐ろしとや云《い》ふべき。苦しとや歎くべき。貌《かお》形は見へねども、⑥倶生神《くしょうじん》とて善部童・悪部童と云へる者両人、後先《あとさき》に付きまとひて、並らび行くよと思ひけるが、たつきも知らぬ広き野原に出《い》でぬ。此所《ここ》は月日の光は無くて、唯一枚の暗黒深坑《じんきょう》、音も無く、香《か》もなく、唯所々に於て何百人とも無くひひと泣き叫ぶ声は、聞くに肝《かん》冷へ胆《たん》砕くる許りなり。遙に向ふを見渡せば、方百里あなたに、さも恐ろしき猛《みょう》火の、数も限りも無くどどと炎《も》え上がるあり。此所は叫喚・大叫喚とて、八大地獄の最初の大悪所なるが、彼《か》の燃え上がる焰は、無間《げん》地獄の大猛《みょう》火の余焰なるよし。彼所《かしこ》において何百人とも無くひひと泣き叫ぶ声は、数も限《かぎり》もなき罪人どもの烈火の底に在りてをめきさけぶ声なり。余りに恐ろしさに、我家の宗旨なれば、題目数百返も唱へたれども、何んの効《かい》も無し。詮方《せんかた》なさに親達の叱り受くるべけれども、畏《お》づ畏《お》づ念仏の百返余りも唱へたるが、是又何んの験《しるし》しもなかりき。今は途方に暮れつつ泣き居たりける所に、不思議や何国《いずこ》何方《いずかた》より来るとも無く、十歳許りの小法師の、影法師の如くなるが、小声に成りて、忍び忍びに十句経をよみ袖すり合うて通りければ、妾《わらわ》も曾て父母にかくして読み覚えたる経なりければ、不図《ふと》心づき忍び忍びに読みけるに、貴《と》うとやな、未だ十返にも充たざるに、心気乍《たちま》ち正しく、心身ともに廓《ほが》らかにして、外《げ》面次第に明らかなる事、雲霧を披《ひ》らいて杲日《こうじつ》を見るが如し。此《こ》こに於て大に力を得て、丹誠を凝《こ》らして之を読むに、⑦四大漸く軽《きょう》安にして四面明らかなる事白昼の如し。見渡せば、恐ろしき犬ども大《おお》サ馬牛などの如くなるが、左《さ》ばかり広き野原に透間《すきま》もなく伏《ふ》し居たるを、数も限も無き罪人どもの、あやめも分《わ》かぬ闇路なれば、犬共《ども》の伏し居たるも見分くる事を得ず、罪人はそが上《うえ》にのぼりかかれば、犬共《ども》大に瞋《いか》りはね起き、足とも肩とも云はさばコソ、当るを幸に咬《かみ》付き食ひ伏せしける程に、罪人どもの声を限りに泣き叫ぶは、叫喚衆合《しゅごう》の苦しみも、是には争《い》かで勝るべき。然《しかる》に妾《わらわ》は彼《かの》御経の功徳にや、両眼次第に明らかなれば、更々斯《かか》る恐れなし。

又一所を見渡せば、方百里も有るべき曠野が原に、猛《みょう》火四面に燃え上がれば、毒風縦横熱沙を吹きかけ、透間《すきま》なき其中に、罪人ども夥《おびただ》しく群らがり居て、声を限りに泣き叫ぶは、天も崩るる計《ばか》りなり。能く見れば、其中には⑧刹利《せつり》・婆羅門《ばらもん》・毘沙《びしゃ》・須陀《しゅだ》・旃陀羅《せんだら》・尊貴《そんき》高位・⑨屠貼《とちょう》負販・男女《なんにょ》・老幼隔て無く、中に就いても痛はしきは、イトモ貴うとき智者・高僧・僧正よ、阿闍梨《あじゃり》よ、能家《のうけ》よ、長老よ、大善智識よ、大和尚よなど称せられ玉ひて、数万人の人々に仰ぎ貴ばれ、伏し拝がまれ、紫衣黄衣《しえこうえ》を纏《まと》ひ、網代《あじろ》の輿《こし》に乗り、朱蓋《しゅがい》をさしかけさせし、イトやごと無き人々の、如何なる罪のおはしけるにや、戒行拙《かいぎょうつたな》くおはするにぞ、数も限もなき比丘《びく》・比丘尼《びくに》、在家の男女《なんにょ》諸共に、獄卒の杖に打たれ、猛火の煙に咽《むせ》び玉ふは、見るも中々痛はしかりきと語り了りて、顔打ふせ思案顔して伏し居けるが、母は怪しみ何故なるぞと問ひければ、サレバとよ母上、さしも賤しきしづのめの我等が言葉に出《いだ》すも恐れあり、必ず人にな語り玉ひそと、耳元に口さしよせ、思ひも寄らぬ事こそ有《あ》れ、時によりては我々も遙か遠目に伏し拝がみ申たりける、彼寺の大上人《だいしょうにん》、何某寺《なにがしじ》の大和尚、其所《そこ》の御隠居老師、そこそこの庵主の老僧、何《い》づれも在家に打交《うちまじ》りて大苦患《くげん》を受け玉ふは、見るも悲しく痛はしかりき。

斯《か》くて妾《わらわ》は焼⑩熱・叫喚・黒縄《こくじょう》・紅蓮《ぐれん》等のさしも烈げしき大難所を、何んの恐れも障りもなく次第々々に過ぎ行きけるに、此所⑪函谷《かんこく》関とや云ふべき、九虎の関とや称すべき。サモ広大なる城門に着きぬ。門前には初元鬼・為法鬼・洒《しゃ》水鬼など云へる、さも恐ろしき獄卒ども、多くの罪人どもを高手小手にいましめ、引立て引立て出で入ること、引きも切らず。見上ぐれば、⑫閻羅大城といへる金字の額の、珠玉を鏤《ちりばめ》たるを高々と打ったり。畏《お》づ畏《お》づ門内を見渡せば、尊貴高位、貧窮下賤《びんぐうげせん》を分たず、老幼男女、僕従奴《ぬ》婢を択ばず、各々一所に追込られて、口々に泣き口説《くど》くを聞けば、悲しやな、苦しやな、如何《いか》が成り行く身の果ぞや。昔し閻⑬浮に在りし時、斯く恐ろしき所ありと露知らざりしくやしさよ。夢になりとも知るならば、如《い》何様《かよう》なる万善万行、精練苦修《しょうれんくしゅ》、読誦《どくじゅ》にもせよ、書写にもせよ、持⑭斎・持戒・心地戒、骨を砕き身を粉《こ》にしても助かるべき道しあらば、及ばんだけは修《しゅ》すべかりし者を。あさましや、偶々《たまたま》受け難き人身《にんしん》を受けし者を、一生命来善根《みょうらいぜんごん》は芥子計《けしばかり》も修《しゅ》せず、悪業《ごう》は須弥山《しゅみせん》よりも高く積上げ、悪部童が罪簿の面《おも》てに逐一残らず書き記るされ、閻王《えんのう》の前に引き出され業《ごう》鏡に照らされ、罪秤《ざいひょう》に掛けられて、如何なる地獄に堕すべきも大王の勅と、待つ間《ま》の恐ろしさは、何んに譬《たと》へん方も無し。思ひきや、計らずも斯《か》かる所に来らんとは。返へす返へすも憎くまれんずべく恨めしきは、世上に数も限も無き智者なるは、学者なるはと称せられて、物知りだてする者どもの、我々が如き後先《あとさき》も知らぬ者どもに、動《や》々もすれば物語りして、物共よ世には片腹いたき事こそ有れ、彼《か》の天堂地獄などいへるは、根も無き虚言《そらごと》なるぞよ、世上の尼や法師原《ばら》が物もらはん、口養はんとて、云ひ出したる大妄語なるめれ。其現証には、開闢《かいびゃく》より以来《このかた》人死して後《のち》地獄苦しとて立帰りたる人こそなけれ。閻浮床《えんぶゆか》しとて捨て文《ぶみ》一ッ越したる者も無し。夫れ人は、二気の良能にして出生したる者なれば、死すれば即ち塊《こん》は冥漠《めいばく》に帰し、魄《はく》は泉《せん》に帰す。何に物か残りて六趣に輪廻《りんね》し、三塗《ず》の苦を受けん。夫れ人たらんず者の心掛けには、入ては孝あり、出ては忠ありて、君臣・父子・夫婦・昆弟の道を乱らず、常に仁恕《じんじょ》の心ありて、老死して休せば、君子の人たらまくのみ。何の仏の求むべきあり、何んの浄土の願ふべきか有らんと、折々教へ勧めにたりければ、扨々《さてさて》発明なる事を教化《け》し玉ふ人なるはと、手を合せ聴受し、夫《それ》より大に安堵の思ひに過来り、世上の人々の六十六部よ、順礼よ、秩父《ちちぶ》よ、坂東《ばんどう》よ、西国《さいごく》・四国なるはなど、難行し苦行しありくを見て、アレ見よや、理《ことわり》知らぬ者共の尼法師原《ばら》にだまし賺《すか》されて、詮なき艱難腹すぢやと、指ざし笑ひ呟《つぶや》きしは、勿体《もったい》なや、恐ろしや、小智は菩提の妨げとは、今我々が身に知られたり。手前の邪見は自業自得、人をも邪見に引き入るるは、天魔とやいふべき、波旬《はじゅん》とや云ふべき、恨は尽きじと、泣いては口説《くど》き、口説いては泣き、天にあこがれ、地に伏して、歎き焦《こが》るる有様は、目も当てられぬ風情《ふぜい》なり。

妾《わらわ》は、身にも他人にも、頼む者は十句経、畏《お》づ畏《お》づ読誦《どくじゅ》し居たる所へ、冥官一人ツト来りて、妾が手を取り引立て行き、大王の御前に引据《す》え大音上げ、南閻浮提大日本駿西薄嶋《なんえんぶだいだいにっぽんしゅんさいすすきじま》のお蝶、召取りて参り候ふと、謹んで言上すれば、大王は玉冠《かんむり》、袞竜《こんりゅう》の錦の御衣《ぎょえ》、七宝の玉座高く、御身の長《た》け一丈八尺、面《おもて》は宛然熟棗《そう》の如く、車輪の如き御眼を開らかせ玉ひ、ナニナニ薄島《すすきじま》のお蝶とは儞《なんじ》が事よなとて、倶生神《くしょうじん》を召され、罪簿をくらせ、一生作業《さごう》の善悪を点検せさせ玉ふ所に、不思議や、向《さ》きに影法師の如くにして袖すり合うて通りたりける小法《こぼう》師の、忽然《こつねん》として現はれ出で、乍《たちま》ち観世大士と化《け》現し、大王に対し、此女子が事は不思議の宿因有りて、只管《ひたすら》に十句経を持念す、其功徳《くどく》無量なり、殊更寿量も未だ尽きず、何卒閻浮《えんぶ》へ召連れ帰りて、一切無智の衆生《しゅじょう》に十句経の功徳を知らしめ、所々地獄の苦患《げん》の有様を語らしめ、三塗の悪所ある事を知らしめ、衆生をして次第に善行を精修《しょうしゅ》せしめんと思ふは如何《いか》にと、御《おん》仰せ有りしかば、大王掌《て》を合せ、大士慈愍《じみん》の金言何とて違背し奉るべき、兎《と》にも角《かく》にも御心《みこころ》に任せ奉るべしと聞えければ、大士打笑ませ玉ひ、妾を召連れ立出で玉へば、皆々御跡《おあと》を見送り、低頭合掌せられけるは、貴とくも亦た殊勝なり。妾は静かに大士の後《しり》へに随ひ申し、四方を遥に見渡せば、右も左も尽々《ことごと》く八大地獄、叫喚・焼熱・大焼熱・黒縄・紅蓮の大悪所、皆目前に昭々たり。焦熱・無間の大猛《みょう》火、雲井遙に焼上《やきのぼ》れば、銀漢も亦た焦《こ》がれ落ちんとす。火片は車軸の雨の如く、毒風縦横熱沙を吹きかけ、四面皆尽々く猛火なれば、遁《に》げ走るべき方《かた》もなく、四方八面皆尽々く罪人どもの苦み叫ぶ声のみなり。其中には、上もなき高位高官いとやごとなき人々の、綾羅の袂《たもと》、紫金の裳《もすそ》、玉の冠《かんむり》、黄金《こがね》の履《くつ》、さしも気《け》高《だか》き人々の、貧賤下郎の輩に打交り、猛火の底に泣き苦しませ玉ふは、見るも中々痛はし。又一所を見れば、方量もなき大空谷あり。其中間真《ま》ッ暗《くら》にして真の黒闇なり。是黒縄地獄とかや云へる大悪所なるよし。其中に苦しみ居たるは出家沙門・比丘・比丘尼の類、及び優婆塞《うばそく》・優婆夷《うばい》の族《やから》なり。中にも一《ひ》ト際《きわ》怪しきは、得もいはれぬ最《も》とも貴とき智者高僧どもと見えさせ玉ふが、黒き縄もて高手小手に縛りからめられ、黒暗谷の内に倒《さか》しまにつるされて、泣き苦しませ玉ふを、獄卒どもの立ち掛りて、口々に呵責《かしゃく》して云く、儞等が邪見に依りて、斯かる所に逐《おい》込められて、永劫《ようごう》の苦患《げん》を受くるは、自業自得果是非なき事なれども、限りも無き在家無知の者どもに、筋なき邪法を説き教えて、罪なき者どもを斯かる悪処に引き墜《おと》す事、尽々く是儞等が所為ならずやと、口々に呵責《かしゃく》の音声《おんじょう》、聞くも中々恐ろしし。

妾は見捨て通るに忍びず。之は如何なる罪障にて、斯かる苦患《げん》を受け玉ふやらんと問ひ中せば、彼《か》の小法師の菩薩の御仰せに、彼等が如きは不憫《ふびん》やな、偶《たま》々受け難き人《にん》身を受け、逢ひ難き仏法に逢ひ、剰《あまつ》さへ剃髪染《ぜん》衣《ね》の身となる事、前生《しょう》多少の善因縁の致す所なる者を、澆季《ぎょうき》末代の悲しさは、三百年来正法は土《ど》を払ツて泯滅し、邪法は潮の湧くが如く、錯を以て錯につぎ来りて、邪師は蟻の蠢《うご》めくが如く、蜂の起るに似たり。尋常《よのつね》其徒に教諭して云く、儞《なんじ》が輩《やから》強《し》ひて仏を求め法を求むる事なかれ。唯十二時中無念無心にし去れ、無念無心なれば直《じき》に是其身其儘の仏ぞかし。此故に臨済《りんざい》は云はずや、⑮無事是貴人《これきにん》、唯造作《ただぞうさ》する事なかれと。又云はく、看経《かんきん》看教は皆是造地獄の業《ごう》、一代蔵経は尽々く是れ不浄を拭《ぬぐ》ふ古紙なり。唯尋常《よのつね》馳求《ちぐ》の心《しん》を歇得《けっとく》せよ、求心歇《ぐしんや》む所即是仏と。此等の示衆《じしゅ》を聞くに就けても、尋常《よのつね》唯居る程貴とき事は無きぞとよ。さるからに古歌にも、

唯《ただ》有りの人を見るこそ仏なれ、仏も本《もと》は唯有りの人

世の中は食うてはこして寝て起きて、扨其後《さてそののち》は死ぬる計《ばか》りぞ

善もいや悪もいやいやいやいやもいや、唯茶を呑みてねたり起きたり

あら楽《らく》や虚空《こくう》を家と住みなして、須弥《すみ》を枕に独寝《ひとりね》の春

此等《これら》の趣を能く参究せよ。是は是宗門向上の一大事義、相構へて一切善悪の事において手出しする事なかれ。坐禅観法是れ手出し、礼拝《らいはい》恭敬《くぎょう》是れ手出し、書写解《げ》説是れ手出し、参禅工夫是れ手出し、唯日々空々《にちにちくうくう》として月日を送れ。此故に古歌にも、

山賤《やまがつ》の白木《しらき》の合子《ごうす》其儘に、うるしつけねば剝《は》げ色もなし

人の事善しとも云うて何にかせん、さはれば濁る渓河《たにかわ》の水

見ざる聞かざる云わざる猿の三つよりも、かまはざるこそまさる猿なれ
是彼《か》の古徳の所謂《いわゆる》耳聞いて聾の如く、口説いて唖の如しなど、彼の嬰《よう》児行《にぎょう》⑯の大略なりと、種々形を厳《おご》そかにし、目元を作り仏貌《ほとけがお》して、唐《から》の大和《やまと》の引合せて、昼夜に胡説《うせつ》乱道す。此《こ》こに於いて、彼《か》の資産に拙なく家業に懶《もの》うく、妻子を養ふ事得ず、頭を剃り寺に入り口を糊《こ》する底《てい》の破瞎禿《かっとく》、大《おお》いに家運を開いて、頭を掉《ふ》りて踊躍《ゆやく》し尾を動かして歓喜す。尽々く言ふ、我が輩何の幸ぞや、けふの今日初めて大徹大悟、大安楽大解脱《げだつ》、褻《け》にも晴《はれ》にも無我無記、無念無心の外、仏の求むべき無く、道の修《しゅ》すべき無しと云ッて、飽まで食ひ、暖かに着て、徒《いたずら》に日々堆々《たいたい》として列《つらな》り睡りて、心上は大地黒《こく》漫々、是を古より黒暗の深坑《じんきょう》と名づけ、死瞎獺地《しかつだっち》といふ。棺木裏《かんぼくり》に瞳眼《どうげん》し、鬼家の活計を為すとは、此等の輩《やから》を云へり。悲むべし、此《こ》こに於て宗門向上の真風土《ど》を払ッて滅尽し、祖庭孤危の玄関鎖根《こん》に透りて頽落す。是れ尽々く世間無知昏愚の悪智識の邪説の声のみを信受し、死に至る迄死守して、頭も亦た動す事を得ず、恰《あた》かも黒縄《こくじょう》を以て通身縛殺せられたるが如し。心上は一生一枚の黒暗坑、宜《うべ》なる哉、死後には必ず黒縄地獄の中に堕して、黒き縄を以て大黒暗の中に吊るされ、三祇《ぎ》百劫《こう》の苦患《げん》を受くる事や。何が故ぞ、彼れ一生の受用《ゆう》、悟るにもあらず、迷ひにもあらず、善にも悪にもあらず、胸中は常に八識無明の含蔵識を抱住して、口には常に無念無心といふ。外《げ》面は是彼の声聞小果（の）部類に似たりといへども、内証は抜舌泥梨《ないり》の口業《くごう》多し。形は声《しょう》

聞《もん》、口には常に断無の大悪法を説いて、限りも無き在家の男女《なんにょ》を教壊《え》し、尽く断見外《げ》道、無知邪見の部族とす。其罪五逆の重罪に同じ。此故に二三百年来抜舌泥梨《ばつぜつないり》と黒縄獄《こくじょうごく》とは、別して罪人の多き事、叫喚・紅蓮《ぐれん》・焦熱・阿鼻《あび》の獄中より遙に勝されり。断無立枯《たちがれ》の邪説発興するに随ひて、黒縄・泥梨の悪所次第に多からん。寔《まこと》に悲しむべく、寔に憐むべし。儞閻浮《なんじえんぶ》に帰らば、此等の趣を能く憶持し記持して、儞が親眷及び他人の中にも、心有らん者どもには具《つぶ》さに此等の趣を常々語り聞かせ、六大地獄の所々の苦患の恐るべきある事を告げ知らしめ、尊貴も高位も、宮も藁屋も、公卿《くげ》も武家も、罪障あらん人々は、農工商の四民を択ばず、奴婢《ぬひ》僕従、乞食《こつじき》かたひ諸共に、一ッ悪処に追籠められ、無量劫数《こっしゅ》の大苦患を告げ知らせ、分に随うて人を誘引し、来生ある事を恐れしめ、諸共《もろとも》に励み勤めて菩提を勤求せしめよ。相構へて、忘れても此十句経を怠慢する事なかれ。汝此度且らく閻浮へ立帰るも、此御《おん》経の威徳ならずや。今は是迄なるぞとて、かき消し失せ玉ふと思へば、乍ち正気《しょうき》つきて、母上の懐《ふところ》に抱かれて伏し居たるを覚ゆ。母人よ、相構へて宗旨《し》に強ひて拘《かか》はり玉ひそ。法門無量なれば限り無き事侍れど、其中に、如何にも功徳《くどく》深く利益勝ぐれたらんず御法《みのり》を尊信し玉ひて、永き来世を助かり玉ふが専一にて侍るぞかしとて、打返し繰り返し念頃《ごろ》に物語りしける由。老僧彼《か》の手越村高林寺に於て法施せし日、其母二三度来りて、念頃に物語りしき。お蝶も推参相《しょう》見致度き心は箭《や》竹に候へども、病後歩行未だ叶ひ難く、心ならずも思ひ止まり候を、申上げて給《た》べと、呉々《くれぐれ》申候ひきと、其母来り物語しけるは、実に宝暦丙子の春の事なりき。貴とぶべし、敬しつべし。既に一回死し畢りたる者の、再び閻浮に立帰りて、具《つぶ》さに所々冥土の苦患《げん》の恐ろしかりし事を物語りたりける事も、皆是此経の利益《やく》ならずや。

①宝暦第五丁亥　高弟東嶺円慈撰の年譜には宝暦六年丙子《ひのえね》（一七五六）のことになっている。「師七十二歳。春松蔭に在り。楞厳経を講ず。開筵示衆《えんじしゅ》有り。夏四月州の高林《こうりん》（今、静岡市手越の高林寺）、大応国師四百五十遠年忌《おん》の斎を設け、師を招じて拈香す。併せて国師の語録を評唱せしむ。合衆二百余」とある。杪春は春の末。

②大応録　正しくは『大応国師語録』。日本の臨済禅は宋の虚《き》堂の法を伝えた崇福寺開山大応（南浦紹明）と、大徳寺開山大燈（宗《しゅう》峯妙超）、妙心寺開山関山（慧玄）の系統を主流とするので「応燈関」の称がある。白隠もその流れを汲み「応燈関白」とも言われている。

③緇素　緇は黒。素は白。黒衣《え》の僧と白衣《びゃく》の俗人。僧俗。

④七尺八尺　おそらく当時の俗語で忌むことの甚しき場合に使ったのであろう。

⑤死出の山　冥途（土）にある山。死者がこの山に行くと獄卒が鉄棒で打って苦しめるという。

⑥倶生神　印度神話・仏典に現われる男女二神。人間が生まれた時から女神は右肩にいて悪行を記し、男神は左肩にいて善行を記し、その人の死後閻魔王に奏上するという。「善部童」「悪部童」はその従者。

⑦四大　物質を構成する地・水・火・風の四元素。人の身体も同様と考えて人の身体の意に用いる。

「四大、空に帰す」とは死のこと。風大は成長させる力。動かす力。

⑧ 刹利云々は四姓・印度の四つの社会階級。刹帝利《せっていり》、クシャトリヤ。王族。婆羅門《ばらもん》、バラモン。司祭者。吠《べい》舎、ヴァイシャ。農工商の庶民。首陀羅《しゅだら》、シュードラ。奴隷。旃陀羅《せんだら》、チャンダーラ。四姓外の民。

⑨屠貼負販　貼は釣の誤り。牛羊を殺し魚を釣り、それを肩にかついで売る人。

⑩　地獄に寒熱二種があるが八熱地獄（八大地獄）が有名。等活《とうかつ》（身を裂かれても涼風が吹くと元に戻るが又裂かれる苦を繰返す）、黒縄《こくじょう》（熱鉄の縄で縛られ熱鉄の斧で切り裂かれる）、衆合《しゅごう》（両方から鉄山崩れ圧殺される。石割《わり》地獄）、叫喚《きょうかん》（熱湯や猛火の中に入れられ泣き叫ぶ）、大叫喚（叫喚地獄の下にあり苦痛は叫喚の十倍）、焦熱、大焦熱（最も焦熱激しく等活以下六大地獄の苦を合せ十倍にした苦）、無間《けん》（阿鼻《あび》。間断なく剣樹・刀山・鑊湯の苦を受ける。最も苦しい地獄）、以上八大地獄。紅蓮《ぐれん》地獄は八寒地獄の第七。寒さで皮膚破れ血が流れ紅蓮に似るという（『往生要集』参照）。

⑪函谷関　河南省洛陽から潼《どう》関に至る隘路にある有名な関。「九虎関」は不詳。金時代の詩人元好問の岐陽詩に「耽耽九虎護㆓秦関㆒」とある（諸橋『大漢和辞典』巻一、九虎の条）。この秦関を指すのであろう。

⑫閻羅　閻魔羅社の略。梵語 Yama-rāja. ラージャは王。印度神話から仏教に導入された冥界《みょうかい》（地獄）の王。

⑬閻浮　梵語 Jambu の音写。ジャンブは印度に多い小喬木。本文は閻浮提《だい》 Jambu-dvīpa の略。須弥四洲（四大洲・四大陸）の一で、須弥山《せん》の南にある洲（大陸）。中央に閻浮樹林がある。南《なん》閻浮

提。南贍《なんせん》部洲。もとは印度の称。次いで人間世界の称となった。

⑭持斎・持戒・心地戒　「持斎」は昔六斎日《にち》（毎月八・十四・十五・二十三・二十九・三十）に殺生せず精進《しょうじん》をしたこと。「持戒」は五戒・十戒等の仏戒を保つこと。「心地戒《しんじ》」は心地無相戒の略。心地は善悪を造り出す根源としての心性《しょう》、心の根元。禅では心田《でん》ともいう。見性《しょう》がそのまま戒。禅戒。

⑮無事是貴人云々　『臨済禅師語録』に「無事是レ貴人《にん》。但《ただ》莫レ二造作《さ》一スルコト。祇《ただ》是レ平常《びょう》ナリ」――「求メレ仏ヲ求ムルモレ法ヲ。即チ是レ造地獄ノ業《ごう》。求ムルモ二菩薩ヲ一亦是造業。看経《きん》看教モ亦是レ造業。仏ト与トハ二祖師一是レ無事ノ人ナリ。」――「三乗（声聞・縁覚・菩薩）十二分《ぶん》教（一切経）皆是レ拭ウ二不浄ヲ一故（古）紙ナリ。」――「你《なんじ》若シ能ク歇《けつ》二得スレバ念念馳求《ちぐ》ノ心ヲ一便《すなわ》チ与ト二祖仏一不レ別ナラ。」とある。

⑯嬰児行　『大般涅槃経《だいはつねはんぎょう》』嬰児行品《ようにぎょうぼん》に「不ズレ能ワ二起住往来語言スルコト一是ヲ名ヅク二嬰児ト一。如来モ亦爾《しかり》。不レ能ハレ起《た》ツコト者《とは》。如来終《ついに》不レ起《おこ》サ二諸法ノ相ヲ一。不レ能レ住スル者《とは》。如来ハ不レ著セ二一切諸法ニ一。不レ能レ来ルコト者《とは》。如来身行《ぎょう》無シレ有ルコト二動揺一。不レ能レ去ルコト者《とは》。如来已ニ至ル二大般涅槃《はつ》ニ一。不レ能レ語ル者《とは》。如来雖モ下為メニ二一切衆生一演中説スト諸法ヲ上。実ニ無シ二所説一。何ヲ以テノ故ニ。有ル二所説一者《とは》。名ヅク二有為法《うい》ニ（相対的存在）一。如来世尊ハ非ズ二是レ有為ニ一。是ノ故ニ無シレ説。又無語者《とは》。猶シ如下嬰児語言未了ニシテ。雖モ二復《また》有リトレ語実ニ亦無キガ上レ語。如来モ亦爾《しか》ナリ。語未了者《とは》。即チ是レ諸仏秘密之言ナリ。雖モレ有リト二所説一。衆生不レ解《げ》。故ニ名ヅク二無語ト一。云々」とある。

老僧私、宝暦五年丁亥《ひのとい》の三月、西駿河藁科《わらしな》郡手越《てごし》村高林寺において『大応国師語録』を提唱（禅的講義）して法施《ほっせ》といたしました。藁科郡は国師がお生まれになった貴い地だそうです。それで僧俗ともに骨折って『大応録』の講座を開いたのでしょう。手越と駿府《すんぷ》（静岡）との境に薄島《すすきじま》という所があります。その村の何がしの娘にお蝶という者がありました。今年十四歳で容色《しょく》人に勝れ気質もまた遙かに他に越えておりました。父母もこの上もない者として深く愛しておりました。ところが誠に老少不定《じょう》（死期は老少に無関係）のならいで、去年の三月三日の桃の節句の翌日からふとわずらい出し医療をつくしても寸効なく、ついに十数日後亡くなりました。その母の悲しみの余り肌を放さず抱いて泣き伏《ふ》し、「この子を埋めるなら私も共に埋めて下さい。この子を焼くなら私も共に焼いて下さい」と言って抱いたまま二夜三日に及びました。すると抱かれていた娘の身体が次第に暖かになり、かすかに『十句経』をよむ声がします。母は夢とも現《うつつ》とも知らず驚き怪しんで、「お前は本当に生き返ったのかい。その経は私達の宗旨日蓮宗では大変嫌うのですよ。どうして南無妙法蓮華経と唱えないの」と言い、ゆすり起しますと、娘は頭を振って聞き入れず、ただひたすらに『十句経』をよみ、次第に音声も高くなり句読《とう》の切り方も明らかです。人々それを抑えてお題目を勧めますと、娘は手を合せて泣きながら答えて、「皆様、お許しになって私にこの経をよませて下さいませ。私はこのお経の功力《くりき》によってやっと生き返ったのです」と言い、湯を与えれば飲みおわってすぐよみ、食を与えれば食べおわってすぐよみました。

夜に入ってから、母がひそかにそのわけを尋ねました。娘が申します。「恐ろしいこと、悲しいこと。私は先夜死んで冥土へ参りましたが、行き先も分からぬくらい闇路《やみじ》で、死出《しで》の山とかいう大層けわしい山路をとぼとぼ辿って行きましたのは恐ろしいと言いましょうか、苦しいと嘆きましょうか。顔は見えませんが倶生神《くしょうじん》をまん中に全部童・悪部童の両人があとさきにつきまとい並んで行くなと思っていますと、よるべも無い広い野原に出ました。ここは日月の光は無くただ一つの暗黒の深い穴で、音も無く香《か》も無く、ただここかしこに何百人とも無くひいひい泣き叫ぶ声は、聞けば肝《かん》が冷え胆《たん》が砕けるばかりです。遙かに向こうを見渡せば、百里の先に実に恐ろしい猛火が数限りなくどっと燃え上っております。ここは叫《きょう》喚《かん》・大叫喚といって八大地獄の最初の大難所ですが、かの燃え上る焔は無間《むげん》地獄の大猛火の余焔だそうです。そこで何百人とも無くひいひいと泣き叫ぶ声は、数限りもない罪人どもが烈火の底にいて高く叫ぶ声です。余りの恐ろしさに、我が家の宗旨《しゅうし》ですから題目を数百返も唱えましたが、何の効果もありません。仕方が無いので、親達のお叱りは受けましょうが、おそるおそる念仏を百返余りも唱えましたが、これまた何のしるしもありませんでした。今は途方に暮れながら泣いておりました所に、不思議や、どこから来たとも無く、十歳ばかりの小法師で影法師のようなのが、小声で人に気づかれないように『十句経』をよみながら袖が触れる程近くを通りました。私も昔父母に隠してよみ覚えた経ですから、ふと心づいて人に気づかれないようによみましたところ、貴いことですがまだ十返にもならないのに、心持ちが忽ち正しくなり、自心共にからりとして外面も次第に明らかになって来る有様は、雲霧を払って輝く太陽を見るようです。そこで大いに力を得て丹誠を凝らして『十句経』をよみますと、身体がだんだん軽安になり四面が明らかな様子は白昼のようです。見渡しますと大きさが馬牛のような恐ろしい犬どもが大層広い野原に透間《すきま》なく伏《ふ》していましたが、数限りも無い罪人どもが、物の区別もつかない闇路《やみじ》ですので、犬どもが伏しているのを見分けられず、その上にのぼりかかりますと、犬ども大いに怒ってはね起き、足といわず肩といわず当るを幸い咬みつき食いつきますので、罪人どもが声を限りに泣き叫ぶ有様は、叫喚・衆合《しゅごう》の地獄の苦しみもこれには勝りますまい。ところが私はかのお経の功徳にや両眼次第に明らかですから決してこのような恐れはありません。

また一所を見渡しますと百里四方もありそうな広野に猛火四面に、燃え上り毒風縦横に熱沙を吹きかけて透間《すきま》もないその中に、罪人ども夥しく群がりいて声を限りに泣き叫ぶ様子は天も崩れるばかりです。よく見ますと、その中には刹利《せつり》（刹帝利。王族）、婆羅門《ばらもん》（司祭者）、毘沙《びしゃ》（吠舎。庶民）、須陀《しゅだ》（須陀羅。奴隷）、旃陀羅《せんだら》（四姓の外の者）、そして、身分の高い者も低い者も男・女・老・幼のへだてなく、その中にあって痛わしいのは、甚だ貴い智者・高僧・僧正《じょう》と言われ、よい阿闍梨《あじゃり》よ、能家《のうけ》（能化。宗派の長老）よ、長老よ、大善知識よ、大和尚よ、などと称され、数万人の人々に仰ぎ貴ばれ、伏しおがまれ、紫衣黄衣《しえおうえ》を着、網代《あじろ》の輿《こし》（竹のあじろで張った立派なこし）に乗り、朱傘《しゅがさ》をお伴にさしかけさせた大変尊い人々が、どんな罪があったのでしょうか、戒律が守れなかったためでしょう、無数の僧尼、在家の男女と共に、獄卒の杖に打たれ猛火の煙にむせび呼吸が苦しくなっているのは、見るも実に痛わしうございました」と語りおわって顔を伏せ考え込んでおりました。母は不審に思って、「どうしたの」と問いますと、「母上、そのことですが、いやしい女の私などが言うも恐れがあります。必ず人には話さないで下さい」と耳もとに口を寄せて申しました。「思いがけないことがあるものです。時によりわれわれも遙か遠くから伏しおがみました彼《か》の寺の大上《しょう》人《にん》、なにがし寺の大和尚、そこの御隠居老師、どこそこの庵主の老僧、いずれも在家に交って大苦患《げん》を受けられているのは見るも悲しく痛わしいことでした。

このようにして私は焼熱・叫喚・黒縄《こくじょう》・紅蓮《ぐれん》等の実に烈しい地獄の大難所を何の恐れも障りもなくだんだん過ぎて行きましたところ、函谷《かんこく》関と言いましょうか、九虎の関と言いましょうか、実に広大な城門に着きました。門前には初元鬼・為法鬼・洒《しゃ》水鬼などという実に恐ろしい獄卒どもが、多くの罪人どもをうしろ手に高手小手《たかてこて》（うしろ手にして肘を曲げ頸から縄を掛けて厳重に縛る）に縛り上げて引き立て、絶え間なく出《で》入りしています。見上げますと、『閻羅《えんら》大城』という金字の額が珠玉をちりばめて高々と掲げてあります。おそるおそる門内を見渡しますと、尊貴高位貧窮下賤の区別なく、老幼男女従僕奴婢《ぬ》をえらばず、皆一所に追い込められて口々に泣きながら訴えるのを聞きますと、『悲しい。苦しい。どうなって行くことだろう。昔浮世にいた時、こんな恐ろしい所ありとは少しも知らなかったのはくやしい。夢になりとも知っていたら、どのような万善万行《ぎょう》、精進苦行修行、お経の読誦《じゅ》でも書写でも、持斎・持戒・心地戒でも、骨を砕き身を粉《こ》にしても助かる道さえあれば、できるだけ修めればよかった。情ないことだ。たまたま受け難い人身《にん》を受けたのに、一生の間善いことは芥子《けし》粒程も修せず、悪いことは須弥山《しゅみせん》よりも高く積み上げ、悪部童の罪簿《ざいぼ》の紙面に残らず書き記され、閻魔王の前に引き出されて業鏡《ごう》（生前の行為を尽く照し出す鏡）に照らされ、罪秤《ざいひょう》（罪をはかるはかり）に掛けられ、いかなる地獄に堕ちるのも大王の勅次第と、それを待つ間《ま》の恐ろしさは何に譬えようもありません。こんな所に来ようとは思ったことも無いのです。かえすがえすも憎らしく恨めしいのは、世に数限りもなくいる智者だ学者だと言われ物知りぶっている者どもが、われわれ如き無分別の者どもに、ややもすれば語って申します。〈皆の者よ。世には笑止千万なことがある。天堂・地獄などというのは根拠の無いそらごとである。世間の僧尼どもが物を貰おう、くらしを立てようとして言い出した大きなうそである。その証拠には世界が始って以来、人が死んでから後に地獄が苦しいとて帰って来た人は無い。浮き世がしたわしいとて訴状一つ寄こした者も無い。元来人間は陰陽二気の自然の力によって生まれて来た者だから、死ねば忽ち魂《こん》（陽。精神を司る）は暗いはてしない天に帰り、魄《はく》（陰。肉体を司る）は黄泉《こうせん》・地に帰る。人が死んでから何物かが残って六趣（六道。地獄・餓鬼・畜生・修羅・人間・天上の六世界）に生まれ変り死に変り輪廻《りんね》し、三途《ず》（三途。地獄の火途・刀杖で迫害される餓鬼の刀途・互いに相食《は》む畜生の血途）の苦を受けるのであろうか。そもそも人たる者の心掛けには家に入れば孝、家を出ては忠があり、君臣・父子・夫婦・兄弟の道を乱すことなく、常に仁恕の心あり、老死しておわるとするなら君子の人であろう。何の仏の求むべきあり何の浄土の願うべきがあろう〉と、折々教え勧めたので、さてさて賢いことを教えられる人だなと手を合せて聞き入り、それ以来大いに安堵の思いで過ごし、世間の人々が六十六部（廻国巡礼）よ、巡礼よ、秩父《ちちぶ》三十三所よ、坂東《ばんどう》三十三所よ、西国《さいごく》三十三所だ、四国八十八箇所だ、などと言って難行苦行して歩くのを見て、〈あれ見よ、道理が分らぬ者どもが僧尼連中にだまされいざなわれて無益な難儀をしている〉と指さし笑いながらつぶやいたのは、勿体ないこと恐ろしいことで、小智は菩提《ぼだい》（悟り）の妨げとは今我が身の上で知られた。自分の邪見は自業《ごう》自得だが、人までも邪見に引き入れるのは天魔と言おうか波旬《はじゅん》（梵語。パピヤス。殺者・悪者）と言おうか。恨みは尽きまい』と、泣いては口説《くど》き口説いては泣き、天を仰ぎ地に伏《ふ》して歎きぬいている有様は目も当てられませんでした。

私は我が身にとっても他人にとっても、頼みになるのは『十句経』と思い、おそるおそる読誦《じゅ》しておりましたところ、地獄の役人が一人突然来まして私の手を取り引き立てて行き、大王の前にすわらせ、大声あげて『南閻浮提《なんえんぶだい》（人間世界）大日本駿河《するが》の西薄島《すすきじま》のお蝶を召し取って参りました』と謹しんで申し上げますと、大王は玉をちりばめた冠《かんむり》をかぶり、袞竜《こんりょう》（竜のぬいとりのある天子の礼服）の錦の御衣を召《い》され、七宝で飾られた高い玉座に坐し、身のたけは一丈八尺（丈は十尺。尺は一メートルの三十三分の十）、顔面は熟した棗《なつめ》の如く赤く、車輪の如き大きい御目を開かれ、『何と薄島のお蝶とはお前のことだな』と言って倶生神《くしょうじん》（人につきそって善悪の業を記す）を召して罪簿《ざいぼ》を調べ一生にした業《ごう》の善悪を点検させられましたところ、不思議や、以前影法師のように袖すり合わせて近くを通った小法師が、忽ち現われ出て観世音菩薩となり、大王に向かい、『この女子は不思議な前世からの因縁《ねん》があってひたすら『十句経』を唱えております。その功徳《くどく》は無量でございます。殊に寿命もまだ尽きておりません。何とぞ人間世界に連れ帰り、一切の無知の者どもに『十句経』の功徳を知らしめ、あちこちの地獄の苦しみの有様を語らせ、三塗《ず》の悪所あることを知らせて、人々を次第に善行をつとめるようにさせたいと思いますがどうでございましょう』と申されますと、大王は手を合わせ、『菩薩慈悲のお言葉にどうして背きましょう。ともかく御心《み》にお任せ申し上げます』と仰せになりました。菩薩は笑われて私を連れて立ち出《い》でられますと、皆々あとを見送り低頭して合掌されましたのは、貴くまた感動的なことでした。私は静かに菩薩の後に随行し四方を遙かに見渡しますと、右も左もことごとく八大地獄で、叫喚・焦熱・大焦熱・黒縄《こくじょう》・紅蓮《ぐ》の大悪所、皆目前に明らかです。焦熱地獄・無間《げん》地獄の大猛火が空高く燃え上れば天《あま》の川もまた焼け落ちんばかりです。車軸《じく》のような太《ふと》い雨が降るが如くに火の粉《こ》が降り注ぎ、毒風は四方八方に熱砂を吹きかけ、四面皆ことごとく猛火ですから逃げ走るべき処もなく、四方八面皆ことごとく罪人どもの苦しみ叫ぶ声ばかりです。その中にはこの上も無い高位高官で大変尊い人々、あやぎぬうすものの袂、紫金《しこん》（紫色の良質な黄金）の裳裾《もすそ》、玉を飾った冠、黄金の履《くつ》という貴い人々が貧賤下級の者どもと一緒になって猛火の底に泣き苦しんでおられるのは、見るも実に痛わしうございます。また一ヶ所を見ますと無限の大空谷があり、その内部はまっくらです。これは黒縄《じょう》地獄とかいう大悪所の由です。その中で苦しんでいましたのは、出家沙門《しゃもん》（梵語、シュラマナ。勤息《ごんそく》と訳す。善を勧め悪を息《や》める人。僧侶）、比丘《びく》（男僧）、比丘尼《びくに》（女僧）の類、及び優婆塞《うばそく》（在家信男）、優婆夷《うばい》（在家信女）のやからです。その中でひときわ目だつのは、並々ならず尊い智者高僧達と見える人々が、黒い縄で高手小手《たかてこて》にしばられ、暗い谷の内にさかさまに吊されて泣き苦しんでおられるのを、獄卒どもが襲いかかり、口々に呵《しか》り責めて申します。『汝等が邪見によってこんな所に逐い込められて、永い間の苦しみを受けるのは自業《ごう》自得で仕様がないが、多勢の在家無知の者どもに道理が通らぬ邪説を説き教え、罪無き者どもをこんな悪処に引きおとすこと、皆汝等のしわざではないか』と。それを聞くのは誠に恐ろしうございました。

私は見捨てて通るに忍びず、『これはどういう罪でこんな苦しみを受けておられるのですか』とお尋ねしますと、小法師の菩薩の仰せは、『彼等はかわいそうです。たまたま受け難い人身を受け、逢い難い仏法に逢い、この上剃髪黒衣《え》の身となることは、前生《しょう》に多くの善因を積んだためですのに、末世《まつせ》の悲しさ、三百年来正しい仏法はすっかり滅び、邪法は潮の湧くが如く錯《あやま》りの上に錯りを重ね来り、邪師は蟻が動き廻るが如く蜂が飛び立つが如く多いのです。彼等は平生その弟子達に教えて申しますのに、汝らは強《し》いて仏を求め法を求めてはいけない。ただ一日中無念無心にしておれ。無念無心になれば、すぐにその身そのまま仏である。それだから臨済禅師は〈無事是れ貴人《にん》、唯《ただ》造作《さ》することなかれ〉と言っているではないか。また禅師曰く、〈看経《きん》看教は皆是れ造地獄の業《ごう》、一代（釈迦一代）蔵経はことごとく是れ不浄を拭《ぬぐ》う古紙なり。唯尋常《よのつね》（平生）馳求《ちぐ》の念を歇《けっ》得せよ。求心歇む所即ち是れ仏〉と。これらの教えを聞くにつけても平生そのままで居る程尊いことはないのだ。だから古歌にもある。

唯《ただ》有りの（ありのままの）人を見るこそ仏なれ、仏も本《もと》は唯有りの人

世の中は食うてはこして（「はこ」は糞の意。本来は便器のこと。「排泄」して」の意）寝て起きて扨《さて》その後《のち》は死ぬるばかりぞ

善もいや悪もいやいやいやもいや、唯茶を呑みてねたり起きたり

あら楽《らく》や虚《こ》空を家と住みなして須弥《すみ》（須弥山《せん》）を枕に独寝《ひとりね》の春

これらの趣意をよく究めよ。これは禅宗の奥深い大切な事がらである。用心して一切善悪のことに手出しをするな。坐禅観法《ぼう》（理を悟る）も手出し、礼《らい》拝恭敬《くぎょう》も手出し、書写（写経）、解《げ》説（経論の解説）も手出し、参禅工夫《くふう》（坐禅して悟る努力）も手出しである。ただ日々空々《くうくう》としてくらせ。古歌にも言う。

山賤《やまがつ》（山に住む木こり等）の白木《しらき》の合子《ごうす》（塗らない、木地のままの、ふたのついたいれ物）そのままにうるしつけねば剝《は》げ色もなし

人のこと善しとも云うて何にかせんさはれば濁る渓河の水（善悪是非にかかわると真相を誤る）

見ざる聞かざる云はざる猿の三つよりもかまはざるこそまさる猿なれ（無執着が一番）

これはあの昔のえらい僧が、耳聞いて聾の如く口説いて唖の如しなどという『涅槃《ねはん》経』嬰児行《ようにぎょう》のあらましであると、姿形《すがたかたち》をいかめしくし、目つきをかえ、仏のような顔つきをし、和漢の説を対照させながら、昼夜勝手なことを説いております。

そこで、財産づくりが下手、家業に不熱心で妻子を養うことができないので頭を剃《そ》り寺に入り生活しているろくでなし坊主が、大いに運が開け頭を振って躍り、尾を動かして喜ぶと

いった風で皆申します。〈われわれは何たる幸いであろうか。待ちに待った今日の今日、初めて大徹大悟、大安楽大解脱した。私事と公事を問わず無我で善悪是非を離れる外に求むべき仏はなく修すべき道は無い〉と。そうして飽食暖衣、むなしく日々大きな図《ず》体《う》をならべて睡り、精神は大地黒《こく》漫々（漫々は一面にひろがる様子）といった有様、これを昔から『黒暗の深坑《じんきょう》』と名づけ、『死瞎獺地《しかつだっち》（死んだ目のつぶれたかわうそのような無気味なもの）』と言います。『棺木裏《かんぼくり》に瞠眼《どうげん》（棺の内で目をあけている）』し『鬼家の活計（死人のくらし）』をなすとはこれらの輩《やから》を言います。ここにおいて宗《しゅう》門向上（禅宗高尚）の真風はまるで滅び、禅門孤危（孤立して存続困難）の幽玄な、常識を通さぬ関鎖が根底から頽れ落ちます。これ皆世間の無知暗愚の悪僧の邪説のみを信じ死に至るまで守り続けたので頭を動かすこともできず、まるで黒縄を以て全身を縛られた如くです。精神は一生一つの黒暗坑です。死後には必ず黒縄地獄の中に堕ち、黒い縄で大黒暗の中に吊され無限の苦しみを受けるのはもっともなことです。なぜかと言いますと、彼一生の生活は悟るでもなく迷うでもなく、善にも悪にもあらず、胸中には常に八識無明《みょう》の含蔵識（アーラヤ識）を抱き、口には常に無念無心をとなえておるからです。外面は声聞《しょうもん》小乗の部類に似ていますが、内面は抜舌地獄に相当する説法が多いのです。形は声聞《しょうもん》（小乗）で口には常に断無（虚無）の大悪法を説いて、多くの在家の男女を教壊《え》（教え誤り）し、ことごとく断見外《げ》道、無知邪見のやからとします。その罪は五《ご》逆《ぎゃく》の重罪と同じです。この故に二、三百年来抜舌地獄と黒縄地獄とに特別罪人が多いことは、叫喚・紅蓮《ぐれん》・焦熱・阿鼻《あび》の地獄より遙かに勝っています。断無立枯《たちがれ》禅の邪説が盛んになるに随い黒縄地獄に行く罪人が次第に多いでしょう。誠に悲しむべく憐れむべきです。あなたは人間世界に帰ったならこれらの事情をよくおぼえて、あなたの親族や他人の人々でも心有る者どもに詳しくその趣きを常々語り聞かせ、八大地獄の諸所方々の苦しみの恐るべきことを告げ知らせ、身分の高下に論なく、公卿《くげ》でも武家でも罪障ある人々は、農工商を含め四民もろとも、召使・乞食とも一緒に一つ地獄に追い込められ無限の長い苦しみを受けることを告げ知らせ、身分相応に人々を導き、来世あることを恐れしめ、諸共《もろとも》に励み勤めて菩提《ぼだい》・覚りを求めさせなさい。用心して決してこの『十句経』を怠ってはいけません。あなたがこの度しばらく人間世界に立ち帰るのもこの経の威徳のたまものではないですか。ではこれで御免』と言って姿が消え失せたかと思いますと、忽ち正気《しょう》づいて母上の懐《ふところ》に抱かれて寝ていたのでした。母上よ、用心して宗旨にこだわらないで下さい。法門（教え）無量で限りないことですが、その中で誠に功徳が深く御利益《やく》が勝れている教えを信じなされ、永い来世を助かりたまうのが第一ですよ」と、繰り返しねんごろに語ったそうです。私が手越村高林寺で説法した時、その母、二、三度来て詳しく語りました。お蝶も寺に来て面会したい心は強いのですが、病後で歩行がまだできず、心ならずも思いとどまりました由を申し上げて下さいとくれぐれ申しましたと、その母が来て語りましたのは、実に宝暦丙子（六年。一七五六）の春のことでした。すでに一回死んでしまった者が再び人間世界に立ち帰り、所々方々の冥土《めい》の苦患《くげん》の恐ろしかったことを物語りしましたのも皆この『十句経』の御利益ではありませんか。

（九）美濃の盲童、この経の功徳にて目開くこと

今歳《ことし》宝暦己卯《きぼう》の春、濃州加茂郡の辺りより、尼僧両人あり来り参ず。寒温事畢りて、一尼の云く、恐れながら、取りあへず御物語申上度き事の侍り。当正月濃州に於て、十句経に不思議の霊験候ひき。老師御事、去年濃州神戸《ごうど》より飛騨《ひだ》の高山に於て大法施是れあり。其御帰り比《ころ》に、濃州の比久見《ひくみ》・輪地《わち》・細目《ほそめ》の辺に於て、所々の法施の刻《きざみ》、専ら十句経の霊験勝ぐれたる事を説き示めさせ玉ひけるに、輪地・細目の近所、灰原《はいばら》と申す所のさる者の一男子、生《しょう》年五六歳に成り侍《はべ》るが、生れ落ちより両眼盲《めしい》て、月日の光をだに見る事相叶《かな》はず。父母は唯一子の事なれば、此事を憐み歎きて、神に祈り仏に詣でて、種々祈念すれども、終《つい》に其験《しる》しなし。去秋より所々において十句経の霊験驚き入りたる事ども有之《これある》よしを聞及びて、去年霜月冬至《とうじ》前後に、夫婦言ひ合せ、湯あみし水あみして大誓願を立て、正月十七夜迄の間に、

十句経三万巻を充《み》て侍るべし。今年六歳酉《とり》の年の男子、両眼乍ち明かになして給はせ玉ひてよとて、肝胆を砕き丹悃《たんこん》を抽《ぬき》んで、念誦《ねんじゅ》しけるに、正月十二三夜に到り、考るに、十七夜頃迄には三四千巻も不足たるべく覚えければ、其所にて如何にも信心なる者ども十人程頼みて、毎夜①薬石《やくせき》などして、十七夜の九ツ時迄に、漸やく三万巻を充《み》て了りて、各々互に相悦び臥したりける。翌《あく》る十八日の朝、父は外面《そとも》に在りて世事《せじ》相勤め、母は台所に在りて朝餉《あさげ》の雑事《ぞうじ》相営み、彼の盲子は中居《なかい》の炉端に臥したりけるが、如何したりけん、ワッと泣き出して絶え入る計り苦みもだへければ、母は驚き、ツト走り寄り、かき抱きて、如何にや斯くはむづかるやらんと尋ねたりければ、盲子はあれよあれよとて打ち泣きながら指ざしければ、母顧みけるに、庭に繋《つな》ぎおきたる女馬《めうま》を見て、畏《お》ぢ恐るるにぞ有りける。母は打笑みて、あれは恐ろしき物にはあらず、手前に飼置きたる馬なるはといへば、扨も馬といふ者は、興さめてけたたましく恐ろしき者かな。我等は常に馬々とはいへど、猫などの形《かたち》してちといかき物なるらんと思ひけるに、聞きしには抜群の違ひ、②名を聞かんより面《おもて》を見んには如《しか》じとは、斯かる事をや申すらんと、長者勝《おとなま》さりの唐言《からごと》引き事《ごと》、手を拍して大きな物やと笑ひければ、父は外より馳せ来りて、初は大泣き、今は大笑み、如何なる事ぞと尋ねければ、母は聞くより、去《され》ばとよ有り難や、貴とやな、十句経の御蔭にや、今朝《けさ》は坊めは両眼開らけ、初て馬といふ者を見出し、恐れ入りて泣き叫びたるにて侍りと云へば、父は悦び抱き上げ、嬉しや坊は目が見ゆるかと云へば、馬ばかりで無ひ、父《とう》サの顔も今朝《けさ》初めと、両親の顔を見上げ見おろし、嬉れし泣きやら、笑ひやら、あたり近所の人々まで、打寄り諸共悦びあへり。其比《そのころ》彼《か》の両人の尼ども、同道にて彼村を通りけるが、十句経読誦の功徳不思議希代の霊験あるよし、人々騒ぎ合へりければ、聞捨てても通り難く、迚《とて》もの事に慥《たしか》の証拠を見届け、彼《か》の盲童が有様をも能く見済まし、人にも語り聞かせんと、灰原村《はいばらむら》へ尋ねより、彼《か》の家に到り見けるに、盲子は元より、尼法師の有様を初て見たりければ、畏《お》ぢ目を作りて是《こ》は如何なる人なるぞや。母の曰く、是《これ》は女性《にょしょう》の出家し玉ひたるにて、尼僧衆と云ふ者なり。此は是より何国《いずこ》何方《いずかた》へ通らせ玉ふ人々なるぞ。両尼の曰く、是は去秋より此辺に十句経を勧めて法施《ほっせ》し玉ひたりける駿州の沙羅樹下《さらじゅけ》老師の方《かた》を心掛け行く者なりと。夫婦は聞くより手を合せ、忝じけなや忝じけなや、此老師大和尚の十句経を説き勧めさせ玉はずば、我子は一生盲人たるべし。斯く上も無き御法恩を、何時《いつ》の世にかは報ずべきと、感涙押さへ兼ねければ、優しや盲子も手を合せ、有難や貴とやな、其老師和尚のいますなる駿河とやらんは、いづち何方《いずかた》なるらんと、かなたこなたを見廻はせば、父は遙に辰巳《たつみ》の方《かた》を指ざして、駿河は慥《たしか》に此の方角に当れりと教ふれば、盲子は即ち東南の方に向て手を合せ、謹んで礼三拝し、高か高かと十句経を十返計り唱へければ、見る人涙を落しける。夫婦は手を付き頭をさげ、近頃慮外に侍れども、道中増々《ますます》無恙《つつがなく》、駿河へ到着ましまして、老師に見参《ざん》せさせ玉はば、坊めが始終を委しく言上せさせ玉ひ、宜しく御礼申上させ給《た》び玉ひね。五里や十里の道ならば、坊めを召連れ推参いたし、幾重《いくえ》の御礼も申上度、心は矢竹に侍れども、山川遙に隔てたる遠き旅路に候へば、思ひながらも延引《えんにん》す。呉々頼み奉る、宜しく取成し玉ひてよと、頭《こうべ》を叩いて落涙す。坊は見るより手を合せ、我等は御礼のすべ知らず、褻《け》にも晴《はれ》にも御経のみと、声はり上げて十句経、泣く泣く読むこそやさしけれ。有合ふ者ども同音に、皆朝念を読《よ》みけるは、如何様《いかさま》斯かる善行《ぎょう》は、天地を動かし、鬼神をも感ぜしむべく見へければ、道行く人も手を合せ、野にも山にも声声に常楽我浄と唱へしは、近代稀有《けう》の大仏事、皆此経の威徳かや。

①薬石　印度の仏制では僧は午後食事はできないのであるが、中国では遂に薬の名目で夕食をとることとなった。それが薬石。白隠も教えを乞うたことがある妙心寺の偉大な学僧、無著道忠の『禅林象器箋』薬石の条に、「古人以テレ石ヲ為《つく》ルレ針ヲ」の語が見える。鍼灸の針。

②名を聞かんより云々　「聞クハレ名ヲ不レ如《し》カレ見ルニレ面《おもて》ヲ」（『北史』崔氏伝）。人を判断するにはその人の評判を聞くよりその人の顔を見た方が確かである。

今年宝暦己卯《つちのとう》（九年）の春、美濃加茂郡の辺りから尼僧二人参りました。寒暖の挨拶が終りますと一人の尼が申しました。「おそれながら取りあえず御話し申し上げたいことがございます。当正月美濃《みの》において『十句経』に不思議の霊験がございました。老師には去年美濃神戸《ごうと》から飛騨《ひだ》の高山にかけて大説法をされました。そのお帰りの頃、美濃の比久見《ひくみ》・輪《わ》地《ち》・細目《ほそめ》の辺りにおいて、各所で説法されました折、専ら『十句経』の霊験が優れていることを説き教えられました。ところで輪地《わち》・細目《ほそめ》の近所の灰原《はいばら》と申す所の或る者の一男子で、五、六歳になります者が、生まれ落ちてから両眼めしいて日月の光を見ることもできません。父母は唯一人の子のことですからこれを憐れみ歎き、神に祈り仏に詣でて種々祈念しますが結局甲斐がありません。しかるに去秋より所々において『十句経』の霊験驚き入ることがある由を聞き及び、去年十一月冬至《とうじ》前後に、夫婦言い合わせ、湯あみ水あみして大誓願を立て、正月十七日の夜までの間に『十句経』三万巻をよみおえましょう。今年六歳、酉《とり》の年の男子の両眼を明らかにして下さいませと肝胆を砕き、まごころを籠めて念誦《じゅ》しましたが、正月十三日夜に到って考えますと、十七日夜頃までには、三、四千巻も不足らしく考えられますので、その地で信心深い者達十人程頼み、毎夜食事を出しなどして十七日の九ツ時《ここのどき》（午前零時頃）までに漸く三万巻をよみおわり、各々互いに悦び合って寝ました。翌十八日の朝、父は外に在って農事を勤め、母は台所で朝食の用意をあれこれしており、彼の盲子は中居《なかい》（台所に続く主婦の居間）の炉端《ろばた》に寝ていましたが、どうしたことか、ワッと泣き出し死なんばかりに苦しみもだえました。母は驚き、す早く走り寄り、抱き上げて、「どうしてそんなに泣くの」と尋ねますと、盲子は、「あれ、あれ」と泣きながら指差しますから、母はその方を見ますと、庭に繋いである女馬《めうま》を見て恐れているのでした。母は笑って「あれは恐ろしい物ではありません。うちで飼っている馬だよ」と言いますと、「馬というものは何と面白くもないおおげさな恐ろしいものかなあ。僕は人がいつも馬、馬と言うが、猫などの形をしているちょっと大きい物だろうと思っていたが、聞くのとは大ちがい、名を聞かんより面《おもて》を見んには如《し》かじとはこういうことを言うのかなあ」と、おとなまさりの中国の言葉を引き、手を打って、「大きな物だ」と笑いました。父は外から家に駈け込み、「初めは大泣きで今は大笑いとはどうしたのだ」と尋ねますと、母は聞くより、「さればでございます。有り難いこと、貴いことです。『十句経』のおかげでしょうか、今朝坊やは両眼開け、初めて馬というものを見、恐れて泣き叫んだのです」と言えば、父は悦んで抱き上げ、「嬉しいな、坊は目が見えるか」と言えば、「馬ばかりではない、父《とう》さの顔も今朝初めて見た」と両親の顔を見上げ見おろし、嬉し泣きやら笑いやら、あたり近所の人々まで打ち寄り諸共に悦びあいました。その頃、かの両人の尼達一緒にかの村を通りましたが、『十句経』読誦の功徳《くどく》で不思議な世にも稀な霊験があると言って人々が騒いでおりますので、聞き捨てて通り難く、いっそのこと確かな証拠を見届けたい、かの盲童の様子を能く見きわめ、人にも語り聞かせたいと、灰原村を尋ね、かの家に参りました。すると盲童はもとより尼法師の有様を初めて見たものですから、恐れた目つきをしてどういう人かと言います。母は、「これは女性が出家されたので、尼僧衆と申し上げるのですよ」と言い聞かせてから、「これからどこにお出でになりますか」と尋ねますと、「昨年秋の頃からこの辺りで『十句経』を勧め法施《ほっせ》をされました駿河《するが》の国の沙羅樹下《さらじゅげ》（松蔭寺）白隠老師のもとに参る者達でございます」と尼衆が申します。夫婦はそう聞くと手を合わせ、「有り難い、有り難い。この老師大和尚が『十句経』を説いてお勧めにならなければ、我が子は一生盲人でしたろう。こんなこの上も無い御法恩にいつお報いできましょうか」と感涙を押さえ兼ねておりますと、盲子もてを合せ、「有り難い貴いことだ。その老師和尚のおいでになる駿河とやらはどこでしょう」と辺りを見廻します。父は遙か辰巳《たつみ》（南東）の方を指差して、「駿河はたしかこの方角だ」と教えますと、盲子はそこで南東の方に向かって手を合わせ謹んで三拝し、高声に『十句経』を十返ばかり唱えましたので、見る人涙を落しました。夫婦は手をつき頭をさげ、「甚だ御無礼でございますが、道中御無事で駿河に到着され老師に相《しょう》見されましたら、宅の坊の奴めの一部始終を委しく申し上げ、よろしく御礼申し上げて下さいませ。五里や十里の道ならば坊の奴めを召し連れ参上致し、繰り返し御礼申し上げたく心は勇み立ちますが、山川遙かに隔てた遠い旅路ですので心には思いながら延引致しております。くれぐれお頼み申し上げます。よろしく取りなして下さいませ」と頭を叩いて落涙致しました。坊はと見ますと手を合わせて、「私らは御礼の仕方を知りません。どんな時でも御経ばかりです」と声張り上げて『十句経』を泣く泣くよみますのは殊勝なことでした。居合わせた人々も声を合わせて『十句経』をよみました。なる程このような善行《ぎょう》は天地を動かし鬼神をも感動せしめるように見えましたので、道行く人も手を合わせ、野にも山にも人々「常楽我浄」と経文を唱えましたのは近代希《け》有《う》の大仏事で、皆この経の威徳と申すべきでしょう。

（十）伊豆のお床《ゆか》、この経の功徳により蘇生すること

五六年前、口《くち》伊豆《いず》何村何某《なにがし》が娘、其名はお床《ゆか》、年の頃十四五歳、美《み》目容《めかたち》うるはしく、人柄も気立も寔に比類も無かりければ、見る人ごとに愛執の心浅からざりけり。親なりける者どもは、二人とも情ある者にて、常に乞食《こつじき》非人を憐み、原《はら》の庵《あん》居《ご》の僧を見ては、呼入れて斎《とき》くはせなどし、暮に及べば投宿も容《ゆる》し、物事しをらしき者なりけるが、宝暦第三己酉《きゆう》の春、彼の娘なりけるお床《ゆか》は、与風《フト》煩らひ出し、百薬験《しるし》なく、三五日して既に締切《ことき》れたりけり。親しきも、疎ときも、皆尽々く病人を囲み並らびて、声を限に無き苦しみける所へ庵居の僧一両人、行きかかりて此体《てい》を見て大《おお》いに驚き、ツト馳せ入り、人々よ左《さ》ばかり泣き悲しみたればとて、何の詮もなき事なり。泣き玉ふ代りに、病人を取り囲みて、朝念をよみ玉ひてよ。命終らば来世のため、寿命あらば蘇活する事も有るべきぞとて、袈裟袋より引磬《いんきん》を取出し、打

鳴らして高々と朝念を初めければ、実に尤《もっとも》なるはとて、病人の前後をかこみて皆同音によみけるは、戸羽目《とはめ》もゆるぐ計りなり。最早《もはや》線香二三炷《しゅ》位も読みつらんと思ひける時、かかさどこにぢやいな、御案じなさるな、モウわしや死にやしませんぞや、といふ声しければ、人々驚き誰ぢや、今のは御床《おゆか》ぢやないか。サレバ私《わ》しぢやわいなう、今、原の和尚様の御出でなされて、結構な御薬を下された故、もはや気分は透きと好いぞへ、湯づけを食《く》はん、と云ひければ、人々悦びさわぎ立ちて、泣き出すもあり、笑ふも有り、埒《らち》①もぢやけらも無《な》かりけるに、向《さ》きの庵居《あんご》の両僧は、斯かる騒ぎの其中に、横目も見やらず、朝念を張り上げ張り上げ読みければ、心ある者どもは感じ入りて云ひけるは、実に尤《もっとも》なり、理《ことわり》なり、事切れ果てたるお床《ゆか》が再び蘇生する事は、尽々く皆此の御経の霊験なり。枯れ木に花の咲くとや云はん。去りて跡なき合浦《がっぽ》の珠、再び帰り来ると云はんか。兎にも角にも有難きは、唯此経の功徳なり。諸仏神への御礼もあり、イザ読まん尤もと、皆立戻り居直りて、同音に読みければ、お床も次第に達者になり、声張り上げて余念なく、高らかに続きて経を読みければ、遠きも近きも手を合せ、七宝にも万宝にも、貴とき者は此御《おん》経法なりと感じあへり。信あれば霊験あり。兎にも角にも彼《か》の人々の心の内、嬉れしかりとも中々に、申すばかりは無かりけり。

①ぢやけら　邪気乱。語源未詳。邪気乱は当て字。たわごと。つまらないこと。冗談。らちもないさま（中田祝夫氏『古語大辞典』）。

五、六年前、口伊豆《くち》（伊豆の国の起点）何村何某《なにがし》の娘、その名はお床《ゆか》、年の頃十四、五歳、容貌風采麗しく人柄気立《だ》ても誠に比類がありませんでしたので、見る人ごとに愛着の念が深く起りました。両親は共に情深い人々で常に乞食非人を憐み、原町松蔭寺（白隠の寺）の修行僧を見ては呼び入れてお斎《とき》を食べさせ、暮になれば投宿もさせ、物事すべて慎しみ深く愛情に溢れておりました。ところが宝暦三年己酉《つちのととり》の春、娘お床《ゆか》がフト患い出し百薬効無く四、五日で亡くなりました。親疎を問わず人々病人を囲んで並び、声を限りに泣いている所へ修行僧一両人現われ、この体《てい》を見て大いに驚き、急いで家に入り、「皆さん、そんなに悲しんでも何の役にも立ちません。泣く代りに病人を囲んで『十句経』をよみなさい。命が無いものなら来世のためですし、命があるなら生きかえることもありましょう」と言って、袈《け》裟袋《さぶくろ》から引磬《いんきん》（柄のついた小さい鐘）を取り出し打ち鳴らして、声高々と『十句経』をよみ始めました。すると皆の者は、実にもっとものことだと病人の前後を囲み同音に『十句経』をよみ、戸や羽目板《はめ》もゆるぐばかりでした。もはや線香二、三本くらいの間よんだろうと思われる時に、「お母さんどこですか。御案じなさいますな。もう私は死にやしません」という声がしましたので、人々驚き、「誰だ。今の声はお床《ゆか》じゃないか」と言いますと、「そうです。私じゃわいのう。今、原の和尚様お出でなされ結構なお薬を下された故、もう気分はすっかりいいぞえ。湯づけを食べよう」と言いましたので、人々悦び騒ぎ立ち、泣き出すもあり笑うもあり、埒《らち》も無い混乱状態の中で、さきの両人の修行僧はわき目もふらず『十句経』を声を張り上げてよみますので、心ある者どもは感じ入って申しますには、「実にもっともだ、道理だ。事切れ果てたお床《ゆか》が再び蘇生することは皆このお経の霊験だ。枯木に花が咲いたと言おうか。去って跡なき合浦《がっぽ》の珠が再び戻って来たと言おうか。ともかく有り難いのはこの経の功徳《くどく》である。仏神へのお礼もあり、さあ、よもう。もっとものことだ」と皆立ち戻り居直って同声によみましたので、人々手を合わせ、お床《ゆか》も次第に達者になり、声張り上げて余念なく高らかに続いて経をよみましたので、人々手を合わせ、七宝《しっぽう》にも万宝にも勝って貴いのはこの経だと感じあいました。信あれば霊験ありです。とにかくかの人々の心の内は嬉しさで一杯だったという外はありませんでした。

（十二）駿河の若者、この経の功徳により蘇生すること

扨《さて》も其後、宝暦第三癸酉《きゆう》の春、駿州沼津の東なる、黒瀬の渡りの南に当りて、二ツ屋とい

ふ所の去る者の一男子、十八歳の時不図《ふと》煩らひ出し、二タ月三月悩みしが、医者も験者《げんざ》も験《しる》しなく、終《つい》に空しく成りければ、一家打寄り泣き悲しむ。斯《か》かりける所へ、日頃出入しし庵《あん》居の僧《ご》一両人行き懸り、此体《てい》を見るより内に入り、人々よ嘆き玉ふは理《ことわ》りなり。さりながら何程嘆き玉ひても、更々病者の為めならず。現当二世の為なれば、皆々打寄り十句経を読玉へと、一炷《しゅ》の香を挟み、声高々と読み初《そ》むれば、実《げ》に尤《もっとも》と皆々打寄り同音に之を読む。最早百返《ぺん》にも及びぬらんと思ひける時、不思議やな、彼の病人、むくむくとはね起き、にツこと笑ひ、嬉しや、目出度や、我は今蘇生し侍るぞかし。恐ろしや、苦しやな、暗らき闇路を唯独り、冥土へ趣むきける所へ、有難たや、何国《いずく》ともなく大勢にて、十句経よみ玉ふ声の聞えければ、我も続いて是を読む。斯《か》かる所へ忽然《こつねん》と、御出家一人現はれ出で、儞《なんじ》且《しば》らく坐せよ、坐してあの誦《ず》経の声の聞ゆる方に向て掌《たなごころ》を合せて、信心《しんじん》に同じく読め、読まば必ず蘇生すべきぞと、御教へありければ、則ち御教の通り読誦《じゅ》しけるに、貴とやな、最早百遍も読みつらんと思ひける時、譬へば秋の月の東の山路《やまじ》に登り玉ふ如く、四面次第に明らかになりけるが、覚えず斯くは蘇生し来り侍《はべ》り。人々よ、辛労にはおはさめど、猶々読誦し給《た》び玉ひね。御経の声の耳に入るに随て、心上も明らかに、気力も健《すこ》やかなる様に覚え侍るぞやとて、経よみながら食事をも平生の如く快く食べ、夜明けぬれば、最早透《すき》と全快し、ソコラ走り廻はりける由、又御経の霊験ならずや。

さてその後宝暦三年 癸酉《みずのととり》の春、駿河《するが》沼津の東、黒瀬の渡しの南に当る二ツ屋という所のある者の息子が、十八歳の時フト患い出し、二、三ヶ月悩みましたが、医者も験者《げんじゃ》(加持祈禱師)も力及ばず、ついに空《むな》しくなりましたので一家打ち寄り泣き悲しんでおりました。そういうところへ平生出入りしていた修行僧一両人やって参り、この有様を見て内に入り、「皆さんお嘆きはごもっともですが、いくら嘆いても少しも病人のためにはなりません。現世来世二世のためですから、皆さん集って『十句経』をよみなさい」と一炷《しゅ》(炷は香をくゆらす、たくこと。ひとつまみ)の香を手に挾んで香炉でたき、高声でよみ始めますと、もっともなことと皆々同音でよみました。もう百返《ぺん》にもなったかと思う時、不思議や、かの病人がむくむくと起き上り、にっこと笑い、「嬉しや目出度や、私は今生きかえりました。恐ろしい苦しい闇路《やみじ》を独りで冥土に参りましたところ、どこともなく大勢で『十句経』をよむ声が聞こえましたので私もそれに続いてよみました。すると突然御出家が一人現われ出で、『あなたまず坐りなさい。そしてあのお経の声の聞こえる方角に向かって合掌し信《じん》心して一緒によみなさい。よめば必ず生き返りますよ』と教えて下されたので教えの通り読誦《じゅ》しましたら、貴いことですが、もう百遍もよんだろうと思いました時、譬えば秋の月が東の山路《じ》に登るが如く、辺りが次第に明るくなりましたが、自然にこのように生き返りました。皆様、御苦労ですが、続けておよみ下さいませ。御経の声が耳に入るに随って精神も明らかになり気力も健《すこ》やかになるように思われます」と言って、経をよみながら食事を平生の如く快くとり、夜が明けますとすっかりよくなり、そこらを走り廻った由です。また御経の霊験ではありませんか。

（十二）江戸聖坂左官の妻、この経の功徳により死を免かれしこと

今歳《ことし》宝暦己卯《きぼう》の秋、老夫深川に在りける中、武州三田《みた》の聖坂《ひじりざか》左官《さかん》屋何某《やなにがし》の妻、去年寅の六月中頃より不図《ふと》煩らひ出し、難治の重症に罹りて百薬験《しる》し無く、今年八月の末迄永々相煩ひ、長病の義次第に弱りもて行き、疲れ果てて終《つい》に九死に垂《な》ん垂んとす。或日遠方の叔母《おば》なりける人来りて、腰たたき、背中撫でさすりなどして、種々《いろいろ》いたはりながら、十句経数百遍唱へ、病人にも教へて読ませ、夜に入り暇乞《いとまごい》の時、最早今生《こんじょう》の名残《なご》りなるぞ。相構へて余念を交へず、出る息入る息を此御経に仕成して、間断なく唱へて身まかり玉ひてよ。左《さ》し玉ひたらば、永き来世は必ず助り玉ふべきぞとて、暇乞して泣々立帰りぬ。

病人は御経をよみながら、すやすやと寝入りけるに、其夜の夢中に、室内に異香薫じ渉《わた》り、相好《そうごう》気高《けだか》き女官の如くなる人の、美目容《みめかた》ち仏菩薩の如く貴とき麗はしき女郎の、白き打かけ

召したるが、ありありと出現せさせ玉ひ、病人に告げ玉はく、我は此の武陵の内、浅草の辺りより汝が為に来りたり。汝不思議の旧因ありて、微妙《み》第一奇特の金文を誦《じゅ》す。其功徳無量なり。我神力《われじんりき》を運らし、汝が必死を救ひ、全快を得しめん。全快を得たらば、必ず我山へ参詣すべし。相構へて今日より怠らず、随分此金文を読誦せよ。誦せば必一生涯火難盗難病難なく、寿命も亦た長遠《ちょうおん》にして、万事心の儘なるべし。相構へて怠る事なく、此の御経を読誦せよ。此経の霊験功徳、たとひ海口も讃嘆し尽す事態はじ。親疎を択ばず、近遠を見ず、常に一切の人を教へ勧めて、此御経を読誦せしめよ。乍《たちま》ち大法施《ほっせ》の功徳と成りて、其徳譬へば七宝を以て百千無量の宝塔を造るに勝れり。宝塔は時有りて壊《え》滅す。法施の功徳は、塵劫を歴《ふ》るとも尽くる事なし。現当二世の利益にして、菩薩の威儀にも叶ひ、仏国土の因縁とも成るぞかしなど、悃《ねんごろ》に教化《け》せさせ玉ひ、霧煙の沖《のぼ》るに等しく、月の雲に隠くれ玉ふ如く、かき失せ玉ひぬ。覚め来れば気力乍ち健《すこやか》にして、心身共に勇壮となりければ、嬉しさ目出度さ有難さに、精心を凝らし昼夜に読誦し、比類も無き後《ご》世者に成りにける由、皆此経の威徳なるはと人々感じ合へりける。

今歳宝暦九年己卯《つちのとう》の秋、私が江戸深川におりました時のことですが、三田聖坂《みたひじりざか》の左官なにがしの妻が去年六月中頃からふと患い出し、難治の重症で百薬効無く、今年八月の末まで長々と患い、長い病気のため次第に弱り果ててついに死に瀕しました。ある日遠方の叔母なる人が来て、腰を叩き背中を撫でさすりなどしていろいろいたわりながら『十句経』数百遍唱え、病人にも教えてよませ、夜に入り暇乞《いとまご》いの時、「今生《こんじょう》のお別れです。用心して余念をまじえず出る息入る息をこのお経にして間断なく唱えてあの世に行って下さい。そうすれば永い来世は必ず助かりますよ」と言って泣きながら帰りました。病人はお経をよみながらすやすや寝入りましたが、その夜夢の中に室内にすぐれたよい香りがひろがり、顔かたちけ高い女官のような人で、容貌風采仏菩薩の如く尊く麗しい女性《にょしょう》が、白い打掛《うちかけ》（近世上流夫人の上着）を召してありありと出現され、病人に告げられるには、「私はこの江戸の浅草の辺りよりあなたのために来ました。あなたは不思議の旧い因縁があって、微妙《み》第一のすぐれた尊い経文《もん》を誦《じゅ》しました。その功徳無量です。私が神の通力《りき》を働かせ、あなたの死を救い全快させましょう。全快したら必ず私の山（寺。浅草寺）に参詣なさい。用心して今日から怠らず懸命にこの経をよみなさい。よめば必ず生涯火難、盗難、病難なく、寿命もまた長く、万事心のままでしょう。心して怠らずこのお経をよみなさい。この霊験功徳はたといどんなにしゃべっても讃嘆し尽すことはできますまい。親疎遠近に関係なく、常に一切の人に教え勧め、このお経を読誦させなさい。忽ち大法施《ほっ》の功徳となり、それは譬えば七宝《ぽう》を以て百千無量の宝塔を造るのにも勝っています。宝塔は時有って滅びますが、法施の功徳はいつまでも尽きません。現在当来二世の利益で、菩薩らしい行為ですし、仏国土を造る因縁ともなりましょう」などと懇ろに教えられ、霧やもやが立ちのぼるように、月が雲に隠れるように姿を消しました。覚めますと気力充実、心身共に勇壮となりましたから、嬉しさ目出度さ有り難さに、精神を凝らし昼夜読誦《じゅ》し、比類ない後世《ごせ》者仏法者になったそうですが、皆この経の威徳であると人々感じ合いました。

(十三) 白隠の分身、駿河桂山の病婆にこの経を授け救うこと

扨《さて》も其後熟《つら》々世間有為《うい》変遷の有様を考るに、同業《ごう》の善因同業の善果、露違はざる事こそ有りけれ。其歳丁丑《ていちゅう》の夏六月廿四日は、原の地蔵の会日《えにち》なりとて、東西七八里の間の老若男《なん》女《にょ》夥しく競《きそ》ひ来りて参詣す。正《まさ》しく其昼頃の事なりしが、年の頃六十前後の老婆共《ども》、六七人同道にて沙羅樹《さらじゅ》下《げ》に詣《もう》で来り、同音に願ひけるは、我々は是より二三十里あなたなる桂山と申処の老婆どもなるが、和尚様を拝し申度き子細有りて、地蔵の会《え》をかこつけ、遙《はる》々の処を限も無き艱難苦労して詣で来り侍り。御慈悲と思ぼして、恐れながら御目通りへ罷出《まかりいで》候様に、御取次《おとりつぎ》を頼み入り奉ると、口々に言ひ入るれば、侍者ども執成《とりな》して相見《しょう》せしむ。其中に一人ツト馳せ入り、老僧が膝下に馴々しく擦《す》りより、お忝じけなや、有難や、当三月は遠

路の処を、能く社《こそ》能く社御自身御出遊ばされ、老婆が必死を御救ひ下されたり。其節は何の風情《ふぜい》もなく、于今御《いまにおん》残り多く存じ暮らし候ひき。御帰り被成《なされ》て後《のち》、数年以来難儀千万の大病悩、かき拭《ぬぐ》ひたる如く平癒致し、平生《へいぜい》の如く達者に成り、有難しとや云はん、かたじけなしとや申すべき。早速に推参致し御礼かたがた申上度、飛立つばかり心は矢竹に逸《はや》れども、老病後の身、遠方の所、伴《つれ》はなし、召連れ申さん家来も無く、明けても暮れても、此の方様《かたさま》の雲井の空を眺めやり、伏し拝み侍りし所に、けふの今日、嬉しやな、原の地蔵の会日《えにち》なりとて、人々参詣せらるれば、取敢へず指し上げ申さん一品も無けれども、せめての事に一日なりとも伏し拝み参らせ度、はるばる参り候と、ひれ伏し暫し泣き居たり。老僧も思も寄らざる事なれば、殆んどあきれ果てたる所へ、同じ年頃の老女進み出で、御不審は御理《おんことわり》、去りながら一向根も無き事にも侍らず。此老女が義は、二三年来大病引き請け相煩らひ、此春三月末つかた病気次第にさしつまり、鍼《はり》も薬も効なく、今を限と見えければ、辺《あたり》の者ども相集まり、種々にいたはり侍れども力及ばず、終に事切れ侍る所へ、御会下《ごえか》の庵居《あんご》一両人、托鉢して通り玉ふを呼び入れ申、唯今新亡《もう》の者有之《これあり》、無縁の者にて候へば、御布施は無くとも、御慈悲に枕経《ぎょう》一返《ぺん》御読み給はせ玉ひてよと、香炉に抹《まっ》香一ひねり相添へ差出せば、二僧の曰はく、人々よ、現当二世の利益なれば、十句経よみ侍るべきぞ、読み覚えたる人々は、声を揃へて読み玉へ、いまだ覚えぬ人々も、口真似《まね》してよみ給はば、終には覚え玉ふべきぞ、貴とき御経なるからに、独《ひとり》も残らず手を合せ、皆謹んで読玉へと、声張り上げてよみそむれば、知るも知らぬも諸共に、皆同音に読みければ、道行く人も手を合せ、立寄り立寄り入替り、声を限によむ程に、小家《こや》もゆるぎ走らんとす。御経中程の事なるが、亡者は跳《は》ね起き目をひらき、あたりを見廻はし、頭をすりつけ手を合せ、御大義様《ごたいぎさま》や、有難や、賤しき婆々めを救はんとて、御慈悲故とは申ながら、遠路の処を忝じけなや、御《ご》自身御出被下事《おいでくだされしこと》、御礼申さん様もなし、人々よ、御馳走申てくりやいの、料理して御食も進じ申度《もうした》や、水風呂など行水など宜しく世話し玉へやと、気をもみあせりける所に、傍《はた》なる者問うて云く、其御客は誰ぞや、ソリヤ誰が事なるぞと云へば、うたてやな、何づれもはまだ拝がまぬか、目が見えぬか、先刻御経の中程より、駿河《するが》の原の和尚様、此老婆めを助け救はん為めにとて、是よ是よこなたに御立ち被成《なされ》てと、見上げ見下ろし伏し拝めば、是皆夢中のうは言《ごと》なりと人々合点《がてん》し、宥《なだ》めすかし申けるは、気を揉《も》み玉ひそ、油断はせぬ、随分随分御馳走の支度するぞや、構はずと、大切の時節なるに御身は御経をよみ玉へと、扣《たた》きねかせば、心得たりと、続いて読み読み寝入りしが、あすの朝まで一寝入り、皆諸共にね入りしが、与風《ふと》目をさまし高声に、和尚様はいづくにぢや、又々拝み申度や、御招き申て給《た》びてよと、身繕《みづくろ》ひして待ち居たり。人々心得、去れば其事、其和尚様はお婆の気色《けしき》好きを御覧じ、殊の外に御悦び被成《なされ》、もはやとうに御帰り、駕籠にて送り申たりと云へば、大に悦び、扨々それはようして給《た》び玉ひたりと手を合せ、人に逢ふての物語りも、慥《たしか》に其時桂山まで御自身御出被成《おいでなされ》たりし、と覚え切て居やる故、是迄被参候《これまでまいられ》と申ければ、成程《なるほど》々々夢幻《ゆめまぼろし》の沙汰なるべし。老僧は年老ひ疲れて歩行更に相叶はず、二三町の所をさへ、皆々駕籠にて行く者を、三十里も有る桂山、徒《かち》やはだしで①つがもなや、夢よ夢よと笑ひければ、老女は顔を振り上げて、夢にもせよ、幻にもせよ、御顔つきも、物ごしも、召した小袖も朽葉《くちば》色、少しも違ひ無き者を、何しに幻なるべきや、無理なる事をとあらがへば、人々驚き、手を合せ感じ入り、末代濁世《まつだいじょくせ》の今の世に、斯《かか》る不思議の有るべきや、神通《じんづう》とや云はん奇妙とや申すべき。熟《つ》ら熟ら顧《おも》ふに、尽々く此御経の威徳なるべし。斯《かか》る貴とき御経は、天上界より天下《あまくだ》らせ玉ひたるか、②金輪際《こんりんざい》よりゆるぎ出でさせ玉ひけるか。何んにもせよ、六趣輪廻《しゅりんね》の浅猿《あさま》しき、永劫業苦《ようごうごつく》の我々を救ひ玉ふは、此御経に越えたるはなし。③浮木《うきき》の亀や、④優曇華《うどんげ》の、難遭難遇の大法財、之に過ぎたる御法《みのり》あらじ。之といふも我老師法施の徳のなす所、されば彼の円光大師《えんこうだいし》は、念仏往生の大事を弘め玉ひ、日蓮上人は、妙法蓮華の首題を唱へよと勧め玉ふ。我が老師は、貴とやな十句経を授け玉ふ。何《い》づれか優劣之あらん。今日より心を合せ、自宗他宗の隔てなく、此御経を読誦して、永き来世を助かるべし。現当二世の利益《りやく》ぞや、嬉しや目出度や、かたじけなや、今は是迄ぞ御暇《おいとま》と、礼拝恭敬《くぎょう》し立帰りしは、近代希有《けう》の霊験なりと、聞く人感じ入《い》りけるとなん。

①つがもなや　つがなし。「つきなし」の転か。「つがもなし」とも。何ということもない。たわいない。不都合である（『古語大辞典』）。
②金輪際　大地の下の三輪の最下が風輪。その上に水輪。その上に金輪があって大地を支えているとした古代印度人の世界観。「際」は果て。大地の果てで水輪に接する処（『倶舎論』）。
③浮木の亀　盲亀乳木と同じ。大海を泳ぎめぐる盲亀が浮木に会い難いように、人と生まれ仏法に遭うことの困難を言う（『涅槃経』）
④優曇華　梵語ウドゥンバラ（udumbara）の音写。無花果（いちじく）の一種。三千年に一度花が咲き、その時如来や転輪王（理想的国王）が出現するという。

さてもその後つらつら世間の有為《うい》転変《ぺん》の有様を考えますと、善因あれば善果あること少しも違いありません。その歳丁丑《ひのとうし》（宝暦七年）の夏六月二十四日は原の地蔵の会日《えにち》で、東西七、八里の間の老若男女夥しく競い来り参詣しました。正《まさ》しくその昼頃のことでしたが、年の頃六十前後の老婆たち六、七人一緒に私の松蔭寺に詣《もう》で来り一様に願いました。「われわれはここより二、三十里あなたの、桂山と申す処の老婆どもですが、和尚様にお目にかかりたいわけがありまして、地蔵会《え》にかこつけ遙々《はるばる》の処を大変苦労して参りました。お慈悲で恐れながらお目通りできますようお取次をお頼み申します」と口々に申し入れますと、侍者どもも取りなして相《しょう》見させせました。その中の一人がつと馳せ入り、老僧の膝もとに馴れ馴れしく近づき、「有り難うございます。当三月は遠路の処をようこそ御出で遊ばされ、この老婆が死ぬところをお救い下さいました。その節は何の風情《ふぜい》もなく、今に心残り多く暮しております。お帰りなされてのち、数年以来の難儀千万の大病が拭った如く平癒いたし、平生通り達者になりました。有り難いと言いましょうか、忝ないと申しましょうか。早速参上いたし御礼申し上げたく、飛び立つばかり心は矢竹に逸《はや》り勇み立ちますが、老病後の身、遠方の所、件《つれ》はなし、連れて行く家来《けらい》も無く、明けても暮れてもこの方の空を眺めやり伏し拝んでおりましたところ、今日こそ嬉しや原の地蔵会《え》の日とて人々参詣せられますので、取りあえず差し上げるべき一品もありませんが、せめてのことに一目《ひとめ》なりとも伏し拝み申し上げたく遙々参りました」と、ひれ伏《ふ》して暫く泣いていました。老僧私は思いも寄らぬことですから殆ど呆れておりましたところへ、同じ年頃の老女進み出で、「御不審はごもっともでございますが、まるでわけも無いことではございません。この老女は二、三年来大病を患い、この春三月の末辺りに病気次第に募り、鍼《はり》も薬も効無く、今を限りと見えましたので、辺りの者ども集り種種介抱しましたが力及ばず、ついに事切れました。そこへ御会下《えか》（門下）の修行僧一両人托鉢してお通りになるのを呼び入れ、『唯今亡くなった者がございます。無縁の者ですので御布施はございませんが、お慈悲に枕経《ぎょう》（死者の枕もとであげる経）一遍およみ下さい』と香炉に抹香《まっこう》（粉末の香）ひとつかみ添えて差し出しますと、二僧曰く、『皆さん、現当二世の利益に『十句経』をよみましょう。よみ覚えた人々は声を揃えてよみなさい。まだ覚えていない人々も、口真似してよめばしまいに覚えますよ。貴いお経ですから一人も残らず手を合わせ皆謹んでよみなさい』と、声張り上げてよみ始めますと、知るも知らぬも諸共に、皆同音でよみました。道行く人も手を合わせ、立ち寄り立ち寄り入れ替り声を限りによみましたので、家も動き走るかと思われました。お経をあげている中程のことですが、亡《もう》者《じゃ》がはね起き目を開き、辺りを見廻し頭を畳につけ手を合わせ、『お骨折りです。有り難や、賤しい婆めを救おうと御慈悲故とは申しながら遠路の処有り難や、御自身お出で下さいましたこと、お礼の申し上げようもございません。皆さん、御馳走申し上げて下さい。料理して御食事をさし上げたい。水風呂《ぶろ》や行水《ぎょうずい》などよろしくお世話下さい』と気をもみあせっておりますので、傍《はた》の者が、『そのお客はどなたですか。そりゃ誰のことですか』と言いますと、『情ないなあ。誰もまだ拝まぬか。目が見えないか。先刻お経の中程より駿河の原の和尚様がこの老婆めを助け救わんために、それぞれそこにお立ちなされている』と見上げ見おろして伏し拝みますと、人々これは夢の中のうわ言《ごと》と合《がっ》点し、なだめすかして申しました。『気をもみなさるな。油断はしません。たくさん御馳走の支度しますよ。それに構わず、大切な時ですからあなたはお経をよみなさい』と身体を叩いて寝かせますと、『承知しました』と、続いてよみよみしている中に寝てしまい、翌朝までひと寝入りと皆諸共に寝入りましたが、ふと目をさました病人が、高声で、『和尚様はどこじゃ。また拝みたい。御招き申して下さい』と身じたくして心待ちの様子です。人々心得て、『そのことですが、その和尚様はお婆さんの容態がよいのを御覧になり大変お喜びで、もはやとうにお帰りです。駕籠でお送りしました』と言えば、大いに悦び、『さてさてそれはよくして下さいました』と手を合わせました。人に逢っての物語りにも、たしかにその時桂山まで和尚様御自身お出でなされたと思い込んで語っているくらいですので、これまで参られたのでございます」と申しましたので、「なる程なる程、夢幻《まぼろし》の話でしょう。老僧は年老い疲れていて歩行困難、二、三町の所でさえ駕籠で行くものを、三十里もある桂山に徒歩やはだしで行かれましょうか。夢よ、夢よ」と笑いますと、老女は顔を振り上げ、「夢にもせよ幻にもせよ。お顔つきも物ごしも、朽葉《くちば》色（赤味を帯びた黄色）のお召しの小袖も少しも違い無いのにどうして幻でしょう。幻とは無理でございます」と抗弁しますので人々驚き、手を合わせて感じ入り、末代濁世《じょくせ》の今の世にかかる不思議があるものか。神通《じんづう》というべきか奇妙と申すべきか。つくづく思うにことごとくこのお経の威徳であろう。かかる貴いお経は天上界から天下《あまくだ》らせられたか、地下金輪際《こんりんざい》からゆるぎ出したものか。何にせよ、六趣輪廻《りんね》のあさましい、永く業苦《ごうく》（前世の悪業により現世で受ける苦）に苦しむわれわれを救いたまうのはこの御経に越えたるはない。浮《う》木《き》の亀（盲亀浮木の譬）や優曇華《うどんげ》（三千年に一度咲くという）に譬えられる難遭遇の大法財で、これに過ぎたる御法はあるまい。これというのも我が老師法施《ほっせ》の徳である。円光大師法然《ねん》上人は念仏往生《じょう》の大事を弘められ、日蓮上人は「妙法蓮華」の経題を唱えよと勧められた。我が老師は貴いことだが『十句経』を授けられた。どれに優劣があろうか。今日より心を合わせ、自宗他宗の隔てなくこの御経を読誦して永き来世を助かるべきである。現在・当来二世の利益である。嬉しや目出度や忝けなや。今はこれまでぞ、御暇《いとま》と、礼拝し謹しみ敬って立ち帰りましたのは、近代希有《けう》の霊験であると聞く人感じ入ったと申します。

（十四）黙照邪禅の僧の幽魂、この経により救われしこと

近頃三遠信《えんしん》三州の間に、さる一寺あり。常に雲水二十余員を来往せしむ。久しく枯坐黙照①を以て宗要とす。寺に一僧何某《なにがし》なる者あり。年の比《ころ》四十有余、都寺《つうす》②・知客《しか》・副司《ふうす》の任を兼ね、常に住持に代はりて四来《しらい》を接待し、及び説法教諭す。茲に宝暦第八戊寅《ぼいん》の首夏、重五の翌日より、計らず重痾に罹りて、朝夕憂《う》悩す。次第に病み疲れて、悲泣迷悶す。うつつとも無く密かに言はく、恐ろしや、苦しやな、助け玉へと云ツてひひとなき苦しむ。人其故を問へば、答へて云はく、我は総に知らず、定めて夢現《うつつ》の譫語《うわごと》なるべし、敢えて苦になる事にしあらずと云ふ。既にして七月の末に到りて、病苦迫りせまツて、既に九死に垂《な》ん垂んとして、一

夜密かに旧識同行《ぎょう》心友の僧を招いて告げて云く、実に我此の百日以来大苦悩あり、夜毎とに苦しやな、大黒暗の深坑《じんきょう》の中に、黒縄を以てしばりさげられて、前後左右総に動く事得ず、其苦み心も言葉も及ぶべからず。然る所に誰とも知らず、真《ま》黒ツ暗き中に二三人恐ろしき忿怒《ふんぬ》の声して責めて云く、汝一人錯りて悪処に堕するは、自業自得果是非なき事。多くの人々を教壊《え》せしむる其罪障、③十悪五逆の重罪にも勝れり。儞が今陥墜する所は④黒暗獄と黒縄と二つの大悪所を兼ねたり。全く是閻羅城中、⑤五道の冥《みょう》官・都市王・泰山府君《たいざんふくん》等の差排し玉ふにもあらず。初元鬼《すげんき》・為法鬼《いほうき》などが所為にも非ず。儞が十五六歳より、邪師に随ひ、邪教を受け、邪法を修練し、昼夜を分たず、力を尽くして修造し来る処の大悪処なり。儞一人、今此悪所に堕するにあらず。今此邪法天下に満つ。

大凡《おおよそ》禅家《ぜんけ》と称する者、曹洞・黄檗・臨済派、二三百年来大半此流義と成る。今に初めぬ大難なり。其中纔《わずか》に一個半個真正《しんしょう》の知識ありしも、此悪風に吹倒せられて、影も無く、形も無かりしぞや。其纔に星斗を白昼に尋ね求むるが如くなりしも、土を払て絶え果てたり。今時世間の善知識なるは、見道大悟の庵主《じゅ》なるはと称せられて、在家の男女に尊信せらるる輩《やから》も、最初より終《つい》に精練刻苦して円解《げ》煥発《ほっ》する事なければ、褻《け》にも晴《はれ》にも一生涯、⑥八識頼耶《らや》、⑦常夜無明《むみょう》の臭革嚢を抱きて、放過する事を得ず、暗鈍無知昏愚の心地を認得して、自己本来真正《しょう》の面目なりと相心得、常に在家信心《じん》の男女に対し、我も人も其身其儘の仏なるぞ、釈迦とも達摩《だるま》とも、弥太も平太も、少しも違ひ無き者ぞ。唯尋常《よのつね》立ちの儘、木地の儘なるが好きぞ。常々世間万端の事に付て、手出しせぬ者なるぞ。看経《かんきん》看教是れ手出し、読誦《じゅ》書写是れ手出し、参禅学道是れ手出し、礼拝恭敬《くぎょう》是れ手出し、説法教化《け》是れ手出し、仏を求めて何かせん、菩提《ぼだい》を成《じょう》じて何かせん。本来寂滅、無為実相の全体なれば、智に非ず、愚に不ず、⑧円なる事大虚に同じ、無レ欠無レ余《かくるなくあまりなし》とは今我々が事なるはと、大安楽、大解脱、⑨絶学無為の閑道人《かんどうにん》、妄想も除かず、真をも求めず、向上最上、真正無余、実相の大法王とは、今の我等が事なるぞや、唯打ち捨てよ何事もと。釈にあらず、儒にあらず、神家者《けしゃ》にもあらず、医道もあらず、中《なか》にぶらりの飯袋子《はんたいす》、其れ斯れ是を立ち枯れ禅法という。儞が輩一分には是非無き事、一切世間の罪科もなき善男女を捉《と》らへて、杻械枷鎖《ちゅうかいかさ》縛《しば》り搦《から》めて大空谷の中にくくりさげたるが如し。善にも悪にもあらず。上《かみ》菩提を求めず、下《しも》衆生を度するに力なし。⑩二乗の中間《けん》頑空無記、いふ事なかれ、智にあらず、愚にあらずと。愚なる事は甚だ愚なり、書く事も亦た得ず、読む事も得ず。智に非る事は甚だ智にあらず、頑空無記、恰《あたか》も馬牛犬豕《し》に同じ。此故に、心上は常に暗昏々地《こんこんち》、宜《うべ》なる哉、未だ死せざるに黒暗の大深坑《じんきょう》の中に縛下《げ》せられて、無量劫数《ごっしゅ》の苦患《くげん》を受くることや。斯《かか》る希代《けだい》の仏法や有らん。是誰が過《あやまち》ぞや。儞一生不幸にして邪師の邪説を信受し、今更ら斯る悪所に堕す。自ら堕するは是非無き事、多くの人を教へ勧めて、共に黒暗獄裏に堕せしむ。其罪縦ひ千仏の出世に逢《あ》ふとも、出離する事難かるべしと。昼夜に呵責瞋怒《かしゃくしんぬ》の声、肝に銘し骨に徹して、牙戦《きばおの》のき股《もも》ふるふ。其苦さ堪へ難し。斯く迄強く呵責《かしゃく》し玉ふは、仏なりや、神なりや、但《ただし》は五道の官か、牛頭《ごず》獄の類なりや、と心を尽し窺へば、黒暗地獄の中なれば、声はすれども姿は見えず。浅猿《あさま》しや如何成行《いかがなりゆく》身の果ぞや、人々打寄り如何様《いかよう》にも評議し、苦患を助け玉ひてよと、泣いては口説《くど》き、口説いては泣き、なき草臥《くたびれ》ていつとなく、性《しょう》（正）体《たい》も無く寝入りければ、同伴の僧も今は為《せ》ん方《かた》なく、ともに泣き泣き寝入りしは、目も当てられぬ有様なり。

既に其夜も明け方の、戸ぼそを開らけばコハ如何に、いつしか気尽き息絶えて、世に無きものと成り果てぬ。人々驚き、あらはかなや、去りながら迚《とて》も死すべき命なれば、生きて苦患を受けんより、いつそ死んだも仕合と、有るべかかりの葬礼や、寔《まこと》に無常の世の中なり。豈思ひきや、昨日までは、見性大悟の道人なりと、諸人に尊仰せられし身の、其夜の丑満《うしみつ》の頃より、いつしか浅猿しき幽魂の身となりて、夜ごとに来りて彼の同伴の僧の枕元によりそひて、助け玉へと泣き苦む。邪説の所為邪見のわざとは云ひながら、哀にも亦たふびんなり。同伴の僧も今は詮方なく、寺中打寄り種々評議すといへども、手脚を付くべき様ぞなき。老僧其頃遠からぬ所の某寺に在りて法施《ほっせ》して居たる所へ、彼の同伴の僧の許《もと》より在家の居士を頼み遣《つかわ》し、始終を語り救を乞ふ。老僧取敢へず、板行したる十句経二十枚程取出し、此経を持して帰りて、二三枚彼の亡僧の墓所に埋み、其余は寺中打寄りて、一二夜同音に二三千返よみ玉はば、亡者は必ず静まるべしと、教へて帰りたりければ、其後三五日を経て、彼の居士再び来り、拝謝して云く、有難や、向《さ》きに御教へ有りし如く、寺中打寄り、彼の御経二三千返同音に読み侍りけるに、一昨夜亡僧来りて、彼の同伴の僧に告げて云く、御経の功徳の貴とさよ、我は今苦しき悪所の苦を遁れ、再び又人間世に託生《しょう》す。生ぜば必ず此御経の功徳に依り、真正《しょう》の眼《まなこ》を開きて、永く菩提に赴くべし。人々も猶々此御経を読誦し玉ひて、諸神諸仏に祈りても、真正の智識に見《まみ》えて、真実見性の正眼《しょうげん》を開き、正《しょう》念工夫相続の真修《しゅ》を精練し、真実不退の大菩提心に赴き玉へ。必ず怪我にも、忘れても、我々が近き頃迄説き教へ勧め申しし、我見偏執の立枯れ禅法、無縄自縛の黙照枯坐、恐ろしや、穢がらはしや、自ら錯るのみならず、人をも悪所に引きずり落す。此等の邪法は、禅僧の風儀上にもいやな物《も》の、足元へも寄せ玉ひそ、今は是迄ぞ、最早重ねて来る間敷きぞとて、かきけし失せにたりければ、是は偏《ひとえ》に此御経の威徳なるはと、寺中皆々讃歎し、此間は云ひ合せ、皆同音に十句経を読み侍り。是も偏《ひとえ》に老大師大慈悲法施《ほっせ》の力よりさし起りたる大善事なり。唯願くは、此御経、江戸も京都も、押しなべて津軽・合浦《がっぽ》の果までも、皆同音に読ませたや。然らば即ち天下泰平、御代《みよ》長久、万民豊楽の祈禱の為には、如何なる大法秘法より、之に過ぎたる事あらじ。御《おん》有難や、嬉しやと、三度礼拝恭敬《くぎょう》して立帰りしは、寔に又無き珍事ならずや。

①枯坐黙照　枯坐は枯木のように黙々として坐禅すること。黙照は沈黙して無念無想に坐禅する定《じょう》を主とし、照・慧を従とすること。曹洞風の禅。

②「都寺《つうす》」。都は総の義。一寺の総監。今は名を残すのみ。監寺《かんす》（監院）は寺務を総監。「知客《しか》」は寺の応待と大衆（雲水）の指揮に当る。「副司《ふうす》」は庶務会計を司る役。

③十悪五逆　十悪は殺生《せっしょう》・偸盗《ちゅうとう》・邪淫・妄語（うそ）・綺語（ざれごと）・悪口《く》・両舌（二枚舌）・貪《とん》欲・瞋恚《しんい》・愚癡（邪見）。「五逆」は父を殺し、母を殺し、阿羅漢（聖者）を殺し、仏を傷つけ出血させる、教団の和合一致を破り分裂させるのが五逆罪で、無間《げん》地獄に堕ちる重罪。

④黒暗獄と黒縄　黒闇・黒暗処は地獄のこと。黒縄は八大地獄の一。黒暗地獄という独立した名称は無い。

⑤五道の冥官云々　五道・五趣は地獄・餓鬼・畜生・人・天（神々）。これに修羅を加えて六道・六趣という。五道の地獄には修羅が含まれる。「冥《みょう》官」は地獄・餓鬼・畜生三道の冥《みょう》界（狭義の冥界は地獄）の役人。地獄の閻魔庁の役人。「都市王」は冥界の王の一人。「泰山府君」は泰山の神で人の寿命・福禄を司る。もと道教の神であったが後に仏教と習合して本地を地蔵菩薩とする閻魔王の侍者とされた。

⑥八識頼耶　阿頼耶（頼耶は略称。玄奘以前の旧訳は阿梨耶と書く）、梵語 ālaya-vijñāna, 無没《もつ》識・蔵識・含蔵識と訳す。心の奥に潜在する意識。様々の経験が没却せず、「種子《しゅうじ》」として、潜在する可能性として貯えられ、折に触れて「現行《げんぎょう》」として現実化するとする。眼耳鼻舌身《げんにびぜっしん》の五識と第六の意識、迷いの我見の根元、第七末那《まな》識、そのまた奥に第八阿頼耶識ありとする『唯識論』に

よる法相宗《ほっそう》の説。

⑦常夜無明　「常夜」は「長夜《じょうや》」の誤り。無明《みょう》の眠りがさめない長い間をいう。「無明長夜」。

⑧円なる事大虚に同じ云々　三祖僧璨《さん》大師の『信心銘《じん》』に「不レバレ識ラ二玄旨一ヲ。待《いたずら》ニ労ス二念静《じょう》一ニ。円《まどか》ナルコト同ジ二大虚《こ》一ニ。無クレ欠クルコト無シレ余ルコト」とある（『信心銘』については、鈴木大拙博士『禅の思想』春秋社、梶谷宗忍老師・柳田聖山・辻村公一両先生註、禅の語録16、『信心銘・証道歌・十牛図・坐禅儀』筑摩書房、大森曹玄老師『訓註禅宗四部録』其《き》中堂参照）。

⑨絶学無為の閑道人云々　六祖慧能の法を嗣いだ永嘉《よう》真覚大師の『証道歌』の初めに、「君不ズヤレ見。絶学無為ノ閑道人《にん》。不レ除カ二妄想《ぞう》一ヲ不レ求メレ真ヲ。無明《みょう》ノ実性即《しょうそく》仏性《しょう》。幻化《け》ノ空身即法身《ほっ》」とある（前註「禅の語録16」、沢木興道老師『証道歌を語る』大法輪閣、参照）。

⑩二乗の中間頑空無記　「二乗」は「声聞《しょうもん》・縁覚《がく》」の二乗（乗は生死の大海を乗り越え、涅槃・さとりの彼岸に人々を到らしめる乗り物・舟・教えの意）。声聞は仏の説法を聞いて覚り、縁覚は十二因縁の理を飛花落葉等を見て独りで覚る。「独覚」とも言う。大乗からは「灰身滅智《け》」を「無余涅《ね》槃《はん》」として理想とする二乗は空観にとどこおる「頑空・偏空」の徒、虚無主義者であり、小乗・劣乗と見る。本文に「中間」とあるは「声聞・縁覚の間に存在し、両者にまたがってふらふらしている」意。無くてもよい語である。「無記」は善・悪・無記の三性《しょう》の一。善でも不善（悪）でも無いものは記述できないので無記という。indifferent. これは果報をもたらさない。また「無記答」のこと。如来死後の有無の如き形而上学的問題は解答不能故、これを問題とすることを禁じた。十四無記。

近頃、三河、遠江、信濃三国辺りにある一軒の寺があり、常に雲水僧二十人余りが来往しておりました。久しく枯坐黙照を以て宗旨としておりました。寺に一僧何某《なにがし》という者がありました。年の頃四十余りで、都守《つうす》（都監寺の略。監寺の上にあって一切の寺務を監督）、知客《しか》（客の応接・大衆《だいしゅ》雲衲の指揮役）、副司《ふうす》（都寺を助け会計を司る役）の任を兼ね、常に住持に代って四方から来る人々を接待したり説法教諭したりしておりました。さて、宝暦八年戊寅《つちのえとら》の初夏五月五日節句の翌日から重病に罹り、朝夕悩み次第に病み疲れ泣きもだえました。夢ともうつつとも無く、秘かに恐ろしや苦しや助けたまえと言って、常に泣き苦しんでおりました。人その故を問いますと、「私は何も知りません。定めて夢現《うつつ》の譫言《うわごと》でしょう。あえて苦になることではありません」と言います。七月の末になり病苦迫って死が近づくに及んで、一夜秘かに旧識同行《ぎょう》親友の僧を招き告げて申しました。「私はこの百日以来大苦悩を受け、夜毎に大黒暗の深坑《きょう》の中に黒縄で縛り下げられて前後左右に全く動くことができず、その苦しみは心にも言葉にも現わせません。ところが真《ま》っ暗な中で二、三人の恐ろしい忿怒《ふんぬ》の声がして責めて言います。「汝一人錯って地獄に堕ちるのは自業《ごう》自得で仕方が無いが、多くの人々を教え誤った罪は十悪五逆の重罪にも勝っている。汝が今堕ちている所は黒暗・黒縄の二つの地獄を兼ねている。それは閻羅（魔）城中の五道（魔六道〈趣〉の中修羅を除く）の冥《みょう》官（閻魔の庁の役人）・都市王（冥界十王の第九）・泰山府君（中国泰山の神で人の寿命福禄を司る。道家で祭る）らが判定されたのでもなく、初元鬼・為法鬼などのしわざでもない。汝が十五、六歳より邪師に随い、邪教を受け、邪法を修行し、昼夜を分たず力を尽くして造り上げて来た結果の大悪処である。汝一人今この悪所に堕するのではない。今この邪法は天下に満ちているのだ。

およそ禅家《け》と称する曹洞・黄檗・臨済の三派、二、三百年来大半がこの流儀になった。今に始めぬ大災厄である。その中に僅かに一個半個の真正《しょう》の善知識はあったのだが、この悪風に圧倒され影も形も無かったのだ。その僅かに星を白昼に求むるが如くであった者も、絶え果てた。今時世間で善知識だ、悟道大悟の庵主だと称せられ、在家の男女に尊信せられる輩《やから》も精進刻苦して円満な悟りを開いたこともなく、いつでも生涯に亘って八識頼耶《はっしきらや》常闇《とこやみ》の無明《みょう》の臭い袋（臭皮袋。肉体）を抱いて放すことができず、愚鈍無知暗愚の心を自己本来真正の姿と心得、常に在家信心《じん》の男女に対し、我も人もその身そのまま仏であるぞ、釈迦も達磨《たるま》も弥太《やた》も平太《へいた》も（熊公八公も）少しも違いは無いのだぞ。ただ平生のありのまま木地のままなのがよいのだ。常づね世間万事に手出しせぬがいい。経をよむのも手出し、経を唱えたり写経したりするのも手出し、参禅学道も手出し、礼拝恭敬《くぎょう》も手出し、説法教化《け》も手出し、仏を求めてどうしよう。菩提《ぼだい》（覚り）を成就《じょうじゅ》してどうしよう。本来寂滅《じゃくめつ》（ねはん。覚）・無為

（自然・造作《さ》を離れる）・実相（諸法万象真実の姿）の全体、智に非ず愚に非ず『円《まどか》なること大《たい》虚《こ》に同じ。欠くること無く余ること無し（『信心《じん》銘』）』は、今われわれがこと、大安楽・大解《げ》脱、『絶学（もはや学ぶものなき悟り）無為の閑道人《にん》、妄想《ぞう》も除かず真をも求めず（『証道歌』）』向上（高尚）最上、真正《しょう》無余（余す処なく完全に煩悩を滅す）、実相の大法王とは今の我等のことである。唯打ち捨てよ何事も、と言い、釈《しゃく》教（仏教）にも非ず、儒教にも非ず、神道にも非ず、医道にも非ず、中にぶらりとした飯袋子《はんたいす》、これを立ち枯れ禅《が》法と言う。汝がやから一人の分際《ざい》としてはどうなろうと仕方が無いが、世間の罪なき善男善女をとらえ、杻《ちゅう》（手かせ）・械《かい》（かせ）・枷《か》（首かせ）・鎖《さ》（くさり）で縛り搦《から》めて大空谷の中にくりさげたような有様である。善にも悪にも非ず、上菩提《かみぼだい》を求めず、下衆生《しもしゅじょう》を済度するに力無し。大乗小乗二乗のいずれでもない中間の頑空《がんくう》（虚無）無記《むき》（非善非悪）である。言うこと勿れ、智に非ず愚に非ずと。愚なることは甚だ愚で、書くこともできず読むこともできない。智に非ざることは甚だ智でない。頑空無記で馬牛犬豚に同じである。この故に精神は常にまっくらである。まだ死なないのに暗黒の大深坑の中に縛り吊され無量の苦しみを受けるのは当然のことである。こんな世にも稀な仏法があろうか。誰の誤ちであるか。汝不幸にして邪師の邪説を信じ、今このような悪所に堕ちた。自ら堕ちるのは是非もないが、多くの人を教えて共に黒暗地獄に堕せしめた。その罪は重く、たとい千仏が世に現われても出離は難しいであろう」と、昼夜怒り責める声、肝に銘じ骨に徹し歯がガタガタし股《もも》がふるえました。堪え難い苦しさでした。かくまで強く呵責《かしゃく》されるのは仏か神かあるいは五道の冥途の官か、牛頭馬頭《ごずめず》（地獄の獄卒）の類いであるかと懸命に窺いますが、黒暗地獄の中ですから声はすれども姿は見えず情ない、どうなって行くわが身の果てであるか。人々集り相談してこの苦患《げん》を助けて下さいと、泣いて口説《くど》き、口説いては泣き、泣きくたびれていつとなく正体も無く寝入りましたので、同伴の僧も今はせん方なく共に泣き泣き寝入りましたのは、目もあてられぬ有様です。

さて、既にその夜も明《あ》け方になり、戸を開きますと、どうしたことかいつしか僧は息絶えて世に無き者となり果てました。人々驚き、「ああ、はかないことだ、しかしどうせ死ぬ命だから生きて苦患《げん》を受けるより、いっそ死んだが仕合わせだ」と、通り一ぺんの葬式をしました。誠に無常の世の中です。ところが昨日までは見性《しょう》大悟の道人として諸人に尊敬された身でしたが、その夜の丑三《うしみ》つ（深更）の頃からあさましい幽魂の身となり、夜ごとにかの同伴の僧の枕元に寄り添い助けたまえと泣き苦しみます。邪説邪見のわざとはいいながら、哀れ至極でした。同伴の僧も詮方なく、寺中打寄って評議することにしましたが、どうしようもありません。老僧はその頃遠からぬ所の某寺で説法をしていましたが、かの同伴の僧が居士《こじ》（在俗の修行者）を使いとしてよこし、ことの始終を語り救いを乞いました。老僧は刊行した『十句経』二十枚程を取りあえず取り出し、「この経を持ち帰って二、三枚をかの亡僧の墓所に埋め、余りを寺中に配り、人々打ち寄って一、二夜同音に二、三千遍よんだなら亡者は必ず静まるでしょう」と教えて帰しました。その後、四、五日を経て、かの居士再び来り拝謝して申しました。「有り難うございます。御教え通り寺中打ち寄り、かのお経を二、三千遍同音によみましたところ、一昨夜亡僧来り、かの同伴の僧に告げて曰く、『御経の功徳の貴さよ。我は今苦しい悪所を遁れ再び人間世に生まれました。今後は必ずこの御経の功徳に依り真正の悟りの眼《まなこ》を開き、永く菩提の道に赴くことでしょう。皆さんも続いてこの御経をよまれ、諸神諸仏に祈ってでも真正の智識にまみえ見性《しょう》の正眼《しょうげん》を開き、正念相続の真の修行をし、不退の大菩提心に赴いて下さい。必ず怪我《けが》にも忘れても、われわれが近頃まで人に教えていた我見偏執の立枯れ禅法、無縄自縛の黙照禅に陥ってはなりません。それは恐ろしくけがらわしいもので、自ら錯るのみならず人を悪所に引きずり落します。これらの邪法は禅僧のならわしとしていやな物ですから、足もとにも寄せつけてはいけません。今はこれまで、もう重ねては参りますまい』と姿を消しました。これはひとえにこの御経の威徳だと寺中皆々讃嘆し、先頃言い合わせ、皆同音で『十句経』をよみました。これもひとえに老大師慈悲法施《ほっせ》の力から起った大善事です。願わくはこの御経を、江戸も京都もおしなべて、北は津軽《つがる》、南は合浦《がっぽ》の果てまでも人々に皆同音でよませたいものです。天下泰平、御代《みよ》長久、万民豊楽の祈禱のためには如何なる大法秘法よりも優れているでしょう。有り難や、嬉しや」と三度礼拝して帰りましたのは誠にまたと無い珍しいことではありませんか。

（十五）江戸岡田氏の息、この経の功徳にて病気平癒のこと

今歳《ことし》宝暦己卯《きぼう》の冬、山野武陵池《さんやぶりょういけ》の端《はた》、潜竜山東淵精舎《せんりゅうざんとうえんしょうじゃ》に在りし日、法中並《ほっちゅうならび》に在家の緇《し》素《そ》の勧発に依りて、碧岩録を評唱して法施《ほっせ》に充《あ》てにたりける時、専ら勤めて十句経を読誦《じゅ》せしむ。其比《そのころ》武陵のさる所に、岡田氏といへるが有り。そが長男何某《なにがし》、今年廿五歳、容儀も他に越え、人柄も能く、孝心深き生まれなりければ、両親にておはせし人々も、又無き者に思ぼして、寵賞浅からざりし所に、如何なる宿世《すくせ》の縁にや、生《しょう》得多病にして快《おう》々として楽まず、面白からぬ世を送りけるに、此程江戸中、高きも賤しきも、老ひたるも若きも、皆尽々《ことごと》く十句経をよみ、所々に於て驚き入りたる霊験是あり。大病人も多く平癒し、死したる者《も》の間々《まま》蘇活し、子無き者も所々にて子を得、火難を遁れ、盗難を免かれ、待人《まちびと》は乍《たちま》ち帰り、失せ物は再び手に入り、志願あれば乍《たちま》ち相叶ひ、中の悪しきは互に和合し、生き霊《りょう》も死霊も乍ち離れ、此春美濃《みの》の国灰原《はいばら》といふ所にては、五六歳まで一向目の見えぬ盲子の、其父母大誓願を起して十句経三万巻よみたりければ、両眼乍ち開らけて初て月日の光を見出しける由、

其外所々にて希代の霊験有之由《これあるよし》、若し此御経の功力《くりき》に依りて、我等が病気も透《すき》と全快する事もやと、心に窃に思ひ立ち、一万巻も充《み》てける夜の夢中《ゆめのなか》に、不思議や、湯島の天満宮へ参籠しけるに、神前近く進めば、有難や、天満自在天神宮玉体ありありと出現せさせ玉ひ、其傍《かたわら》に八旬に近き老僧粛々として端坐し玉ひ、高らかに告げ玉はく、善哉善来善男子、儞《なんじ》此程丹誠を励まし、昼夜に怠らず、十句経を読誦せし条、神妙なり。其功徳無量なり。神も感応ましまして、儞が病気は今日より透《すき》と全快させしめ玉ふ。其御謝礼の為には、猶怠らず十句経を読誦すべし。然らば猶々御加被力《おんかひりき》ましまして、火難盗難病難なく、行末いよいよ繁昌せん。ゆめ十句経を忘るなよと、慥《たしか》に御告げあるよと、思へば見し夢は覚めけるに、其日より病気次第に全快す。是も偏《ひと》へに此老師の十句経を勧め玉ひし恩徳なりと、過《すぐ》る十月十七日老僧が許《もと》へ、使者を以て品々贈られ礼謝あり。寺中皆々見る所、是又正しき霊験ならずや。近頃深川蕎麦切屋《そばきりや》の若者、子細《しさい》ありて深《じん》心に十句経を誦して、奇妙の霊験あり。此程世人所々に於て専ら評議す。故に審《つぶ》さに茲に記《き》せず。

今年宝暦九年己卯《つちのとう》の冬、拙僧が江戸池の端の潜竜山東淵寺に滞在し、僧俗の発起で『碧巌録』を提唱しました時、専ら『十句経』を皆に読誦《じゅ》させました。その頃江戸のある処に岡田氏という人があり、その長男何某《なにがし》、今年二十五歳、容姿も他に越え人柄もよく孝心深い生まれつきでしたから、両親も又無き者に思い、深く愛しておりましたところ、いかがなる前世の縁でしょうか、生来多病で心ふさがり楽しまず面白くない日々を送っておりました。時に江戸中貴賤老若皆『十句経』をよみ、諸所で驚くべき霊験あり、大病人も多く平癒し、死んだ者も間々《まま》蘇生し、子無き者も諸所で子を得、火難盗難を免かれ、待ち人《びと》（尋ね人）は忽ち帰り、なくした物は再び手に入り、願あれば忽ち叶い、仲の悪いのは互いに和合し、憑《つ》いた生き霊《りょう》死霊も忽ち離れる由、この春美濃の国灰原《はいばら》という所では、五、六歳までまるで目が見えなかった盲子が、その父母大誓願を起して『十句経』を三万遍よみましたところ、両眼忽ち開け初めて日月の光を見出しました由、その外諸所でたぐい少い霊験がある由、もしこの御経の功力《くりき》に依って自分の病気もすっかり全快することもあろうかと心ひそかに思い立ち、一万遍もよんだかと思う夜の夢の中に、不思議なことですが、湯島の天満宮《ぐう》に参籠して神前近く進みますと、有り難や天満自在天神宮の玉体（立派な姿）がありありと現われたまい、その傍らに八十近い老僧が謹んで正坐されて高らかに告げられて曰く、「善い哉、善男子。汝この程誠に尽《つ》くし昼夜怠らず『十句経』を読誦《じゅ》せしこと神妙である。その功徳《くどく》無量である。神も感応あらせられ汝が病気を今日からすっかり全快させられた。その御礼のためには今後も怠らず『十句経』をよみなさい。しからば神は一層御加護あらせられ、火難、盗難、病難なく行く末いよいよ繁昌《じょう》しよう。必ず『十句経』を忘れるなよ」と確かに御告げがあったと思えば夢は覚めましたが、その日より病気は次第によくなりました。これも偏《ひと》えに老師が『十句経』をお勧め下されし恩徳であると、去る十月十七日老僧の所へ使者をもって品々を贈られました。東淵寺の人々も皆それを見ておりましたが、これまた正しい霊験と言うべきでしょう。近頃深川の蕎麦切《そばきり》（そば粉に山芋卵白等を入れ、こねて細く切ったもの）屋の若者、子細あって深く『十句経』を信じ読誦して珍しい霊験があり、近頃世人が諸所で評判していいます。ここに詳しくは記しません。

（十六）真正の大霊験

如上逐一枚挙する所の、限《かぎり》も無き十句経の霊験、正眼《しょうげん》に看来れば、唯是世間住相、有為《うい》夢幻空華《むげんくうげ》の談論取るに足らず。茲に一段真正《しんしょう》最妙、最玄最第一なる底《てい》の大霊験あり。乞ふ試に之を論ぜん。若夫れ真正大勇猛精進力を具する底《てい》の大丈夫児ありて、謹んで妙法に一夜此経を誦持せば、未だ天明に到らざるに、必定《じょう》決定大霊験ありて、立所《たちどころ》に円解《げ》煥発《ほっ》し、大解《げ》脱、大歓喜《ぎ》、大安楽を得ん。如何なるか是れ妙法読誦とならば、是正真秘訣の大妙義なり。老僧二三十年来、老若男女を択ばず、此大事を以て指南し来るに、十が八九は大利益《だいりやく》を得ずといふ事なし。今日に至りて力を得る者、何十人といふ数を知らず。若人如法《もしひとにょほう》に此経を真誦《じゅ》せんと欲せば、一日心に窃に斎戒沐浴し、一室を鎖《とざ》し、厚く坐物を敷き、端然《ねん》正坐して、脊《せき》梁骨《りょうこつ》を竪起《じゅき》し、真実に口には此の十句経を念誦し、心上には謹んで念頃《ねんごろ》に観察せよ。大凡《おおよそ》一切の人、形骸には男女あり、老幼僧俗貴賤あり、我が此臍輪気海丹田《さいりんきかいたんでん》の間《かん》は、男にあらず、女にあらず。唯一片空蕩々地にして、万仭《ばんじん》の黒暗深坑《きょう》の如し。是を八識頼耶《らや》の無分別識といふ。此は此れ今時諸方黙照枯坐の邪党の、自己真正《しんしょう》本来の面目とし、①本命元辰下落《ほんみょうげんしんげらく》の処とし、大悟発明の宝処とする底《てい》の大悪処なり。往々に此処を信受し抱住して放たず、心上は四面暗昏々地、生身《しょうじん》より常に黒暗地獄の中に堕在して、死後には永く黒縄深坑の中に縛下《げ》せらる。おそれても懼るべきは、邪師の邪教なり。此処《ここ》に於て片時《かたとき》も住在せず、励み進んで退かざる時は、万里の層氷裏に在るが如く、瑠璃瓶《るりへい》裏に在るが如し。進む事得ず、退く事得ず、技尽き言窮まりて、理も亦極る底の大難所に達す。此時毫釐《り》も屈せず、口には専ら十句経を念誦し、心上は常に丹田気海の宝処に向て、単々に参窮して退かざるときは、忽然《こつねん》として玉楼を推倒するが如く、氷盤を擲摧するに似て、八識頼耶の含蔵識を粉砕し、塵沙無明《じんじゃむみょう》の雑《ぞう》毒海を踏翻し、②阿字不生《あじふしょう》、六十③恒河沙倶胝那由多由旬《ごうがしゃくていなゆたゆじゅん》の大日輪の転出して、塵沙無明の大本根を抜却し、十方虚空なく大地寸土なし。④三千大千界を見る事、掌中の庵摩羅《あんもら》果を見るが如し。⑤長河を攪《か》ひて蘇《そ》（酥）酪《らく》とし、荊棘《けいきょく》を変じて栴檀林《せんだんりん》と成す。茲に於て以て足れりとせず、口には誓て常に十句経を念誦し、心上は専ら正念工夫相続を第一とし、単々に進んで退かざる則《ときん》ば、いつしか万重《ばんちょう》の玄関鎖を透過し、百千里の荊棘叢《けいきょくそう》を抜却し、[6]明暗双々、高閑無為、此処《ここ》に到りて以て足れりとして、癡坐して進まざるときは、旧に依りて棺木裏《かんぼくり》に瞳《どう》眼《げん》す。是を鬼家の活計といふ。是れ彼《か》の[7]機位を離れざれば、毒海に堕在する者なり。覚えず彼の二乗小果の縁覚乗に堕す。

　此《ここ》に於て足れりとせず、四弘《しぐ》の誓願輪に鞭《むち》ち、口には常に十句経を念誦し、心上は窃に普く内典外《げ》典を探りて、普く無量の大法財を集め、弘く大法施を行じ、普く一切衆生を利益《やく》し、仏祖の深恩《じんのん》を報答し、十方無量の含識と与《とも》に仏道を成就し、同く無上正等正覚を唱へん。虚空《こくう》は尽くる事ありとも、我願は尽くる事無けん。是を仏国土の因縁、菩薩の威儀といふ。此《これ》は是西《これさい》天の四七・東土《とうど》の二三、的々相承《じょう》し、心伝秘授の一大事義、[8]初発心時より便《べん》成正覚《じょうしょうかく》の暁に到る迄、少しも怠堕すべからざる底《てい》の正修《しょうしゅ》なり。唯悲しむ所は、澆季末代の習ひ、世衰へ人薄うして、真風終《つい》に地に堕ち、正法士《ぽうど》を払《はらっ》て滅尽し、無知昏愚の破瞎奴の族《やから》、麻の如く粟に似たり。一個々尽々《ことごと》く八識頼耶、頑空無記の黒暗坑に陥墜して、打てども進まず、煽《あう》れども行かず、深田《ふかだ》に駒を駆け落《おと》したるが如し。人に逢ふては尽々く言ふ、唯是れ木地《きぢ》の儘、立ちの儘なる仏なるを、只何事も知らぬが好きぞ、悟を求めて何にかせん、菩提を求めて何にかせん、尋常《よのつね》儞が馳求《ちぐ》の心を歇得《けっとく》せよ、求心歇《ぐしんや》む処取りも直さず其儘の仏なるぞと、力を尽くして常々教化《け》す。

惜むべし、多時穿鑿して一株《しゅ》の大樹と成さば、天下の⑨蔭涼樹《いんりょうじゅ》と作《な》りて、恵日を澆末《ぎょうまつ》に輾《ひき》出《いだ》し、宝炬《ほうこ》を暗区に挑《かか》げ上ぐべき底《てい》の人家英伶《にんけえいれい》の男子《なん》を執《と》らへて、昼夜に呪詛《じゅそ》し教壊《え》して、手足も亦た動さしめず、恰も立地に縛殺せられたるが如し。宜《うべ》なる哉、死後には必ず黒縄地獄の中に堕して、黒暗深坑の中に縛下《ばくげ》せらるる事や。者般《しゃはん》の悪邪法は、大に人を害す。人を得ずんば、何んに依りてか正法を末代に伝へん。かかる悪邪法の在らん限りは、正法の根を断ち葉を枯らし、うたてやな真風《ぷう》は益々地に墜ちなん。かかる悪邪法の族《やから》は、暗鈍愚魯、三毒無明を以て練り堅めたる一枚の泥団子《どろだんご》、無知なる事繋《つな》ぎ留《と》めたる牛馬に同じ。遙に在家下《げ》賤《せん》の奴婢《ぬび》僕従よりも劣れり。奴婢は来世ある事を知り、地獄ある事を恐れて、神に詣で、仏を礼《らい》す。邪法の輩は、来生《しょう》ある事も知らず、地獄ある事は猶知らず。寔に憐むべし。却て救ひ得る底の法ありや。曰くあり。作麼生《そもさん》か是れ救ひ得る底《てい》の法。

観世音。南無仏、与仏有因、与仏有縁。仏法僧縁、常楽我浄。朝念観世音、暮念観世音。念念従心起、念念不離心。

延命十句経霊験記終。

維《これ》時宝暦第九己卯《きぼう》歳小春廿五蓂《めい》。

湯島潜竜山東淵精舎《しょうじゃ》に於て沙羅樹下《げ》老衲侍者撰。

①本命元辰下落の処　「本命」は人の生年の干支《かんし》・えと。「元辰」は元日。「下落の処」は物事のきまりがつき、終る処。全体で「物事の始まる起点」の意。「本来の面目」と同じ。

②阿字不生　「阿」は悉曇《しったん》（梵字の字母。転じて梵字・梵語）十二の摩多《また》（字母）の第一。密教では阿字が一切の根源で不生不滅の真理を表わすものとして尊ぶ。理を表わす胎蔵界大日如来の種字《じ》（標識）でもある。阿字本不生《ほんぶしょう》。

③「恒河沙」はガンジス河の沙。「倶胝」は梵語 koṭi の音写。数の単位で十万・千万・億・万億等という。「那由多（他）」は梵語 nayuta の音写。千万・千億等と言う。「由旬」は梵語 yojana の音写。古代印度里程の単位。六町一里で四十里・三十里或いは十六里と言う。無限大の大日輪、無量光ということ。

④三千大千界　古代印度人の世界観。須弥山《しゅみせん》を中心に周囲に四大洲（大陸）、そのまわりに九山《くせん》八海あり。これが小世界。その千倍が小千世界。それを更に千倍にしたのが中千世界。それを更に千倍したのが大千世界。三千の世界ではなく千の三乗の数の世界。三千世界は十億の小世界。この三千世界が一仏の教化範囲で一仏国とする。数限りない世界である。

⑤長河を攪ひて云々　牛乳を煮つめその上層部分で作ったクリームが酪《らく》。それをとり出して貯え発酵させた乳酸飲料が酥《そ》（蘇）。それを更に精製し、バターにクリームのまざったような最上の乳製品が醍醐《だいご》。「大地を変じて黄金《おうごん》と作《な》し長河を攪《かきみだ》して蘇酪と為す」の語が『大慧書』『虚《き》堂録』『槐安国語』等に出ているのに基づく。

⑥明暗双々　「明」は差別の現象界。「暗」はそれらを貫く平等一如の絶対界。この二者が対立せず

相即相入していること。『碧巌録』第五十一則雪竇《ちょう》の頌《じゅ》に「明暗双双底ノ時節」とあり、従来「底時節」を「テイノジセツ」と訓《よ》んで来たが「ナンノジセツ」と訓むべしと花園大学平田高士教授は言われた（仏典講座29『碧巌集』大蔵出版）。曹洞宗石頭希遷の『参同契《かい》』に「当テ二明中一ニ有リレ暗。勿レ下以テ二暗相一ヲ遇ウコト上。当テ二暗中一ニ有リレ明。勿レ下以テ二明相一ヲ覩《み》ルコト上。明暗各相対シテ。比スルニ如シ二前後ノ歩《あゆみ》一ノ。」とある。

⑦機位を離れざれば云々　曹洞宗祖洞山《とうざん》良价《かい》が学人《にん》の陥り易い弊を三種滲漏《じんろ》として示した第一の見滲漏《けんじんろ》。一法に固執し、悟りにとらわれている弊。「一ニ見滲漏。機不レバレ離レレ位ヲ堕ス二在毒海一ニ。妙ハ在リ二転位一也。」（『洞山録』）。「機」は心のはたらき。「位」は一つの位置。悟りの位。ちなみにこれに次いで情《じょう》滲漏（向背取捨に迷い煩悩の束縛を脱しない）、語滲漏（文字言句にとらわれる迷い）が挙げられている。仏教では漏《ろ》は煩悩の意に用いられている。膿血が漏れて身体を汚すように人は煩悩に汚される。修行により有漏から漏尽《ろじん》・無漏の境地に至ることが理想である。洞山は漏に滲《しん》（じわじわしみ出る意）を加えた。滲漏は音シンロウであるが禅家では従来ジンロと読んで来た。

⑧初発心時より便成正覚　『華厳経』（第八巻の終り）には「初発心時便成正覚《しょほっしんじべんじょうしょうがく》」という有名な語がある。初めて仏道に志を起す時に既に正覚を完成しているというのである。本文で白隠はそれを二つに分けて使った。「初発心ノ時 便《すなわち》成ジ二正覚一ヲ。知リ二一切法真実之性《しょう》一ヲ。具二足ス慧身一ヲ。不《あら》ズ二由テレ他ニ悟ルニ一』と『華厳経』にある。

⑨蔭涼樹　『臨済禅師語録』行録《あん》に、臨済が若年修行中、師黄檗《おうばく》のもとを一時去るに当り、首

座《そ》（首位の僧）があらかじめ師に告げた言葉に「問話《な》（参禅）底《てい》（何々をする。或いは何々的）後生（後輩臨済）甚タ是レ如法《にょ》ナリ（キチンと修行しています）。若《も》シ来リテ辞セン時。方便シテ接セヨレ他ヲ（彼）。向後（将来）穿鑿《せんさく》シテ（修行）成リ二一株《しゅ》ノ大樹一ト与《ため》ニ二天下ノ人一作ナリ二陰涼一ト去ルコト在ラン。」とある。師が鍛錬して偉くしてやるのか、自分の修行の力で偉くなるのか、何れにも読める。従来は前者の読みであった。文末の「去在」は助字で、寧ろ訓《よ》まない方がよかろう。即ち「陰涼トナラン」と読む。陰涼は普通涼陰（蔭イン・オン）と書く。すずしい日かげ。いこいの場。よりどころ。

以上一つ一つ数え上げて来た、限り無い『十句経』の霊験ですが、禅の悟りの立場で見て来ますと、それはただ世間的の物の姿で、有為《うい》（相対的）夢幻空華《げ》の談論に過ぎず、取るに足らぬのです。茲に一段と真正《しょう》の最妙最玄最第一の大霊験があるのです。ためしに論じさせていただきましょう。もし真に大勇猛の精進力を具えている大丈夫があり、謹んで如法《にょほう》に一夜この経を読誦《じゅ》すれば、まだ夜が明けないうちに必ず大霊験があり、たちどころに円満な智慧を生じ、大解脱《げだつ》（自由）・大歓喜《ぎ》・大安楽を得ましょう。如法《にょ》読誦《じゅ》とはどういうことかと言いますと、これこそ真正《しょう》秘訣の大妙義というべきもので、老僧私が二、三十年来、老幼男女を選ばずこの大事を以て指南して来ましたが、十が八、九は大利益を得ずということはありません。今日に至るまで力を得る者何十人か数が知れません。もし人如法《にょ》にこの経を読誦しようと思うならば、ひそかに斎戒沐浴《もく》（身心を浄め、ゆあみ）し、一室を閉じて厚く敷物を敷き、きちんと正坐し背骨をまっすぐにたて、口にこの『十句経』を誦《じゅ》し、心の内では謹んでねんごろに次の如く観ずるのです。およそ一切の人間を見るに、形の上では男女あり、老幼貴賤僧俗の別があるが、我がこの臍《さい》輪（へそ）気海丹田《でん》（気海は元気・精気の集る海の意で丹田と同じ。臍の下一寸乃至一寸五分の所。春秋社刊、『夜船閑話』拙註一九頁参照）の間には男に非ず女に非ず、ただ一つの、ひろびろとした空《くう》がひろがっており、万仞（仞は八尺。一説に四尺。一《ひと》ひろ）の暗黒の深い穴の如くです。これを八識頼耶《らや》の無分別識と言います。これこそ今時諸方の黙照枯坐の邪党が自己の真実本来の面目とし、本命元辰《ほんみょうがんしん》下落《げらく》の処（本命・元辰は共に運命を支配する星とも。自己の本性を指す。下落はおちつくこと）大悟発明（発明はさとること）の宝処（尊い処）とする大悪処です。折々ここを信じてつかまえて放たず、精神は四面まっくら、生きている中から常に黒暗地獄に堕ち、死後には永く黒縄《じょう》地獄の深い穴の中に縛られて吊り下げられます。実に恐るべきは邪師の邪教です。さてここの処に少しもとどまらず、励み進んで退かない時には、万里の厚い氷の内に在るが如く、あるいは瑠璃《るり》の瓶の内に在るが如くで、進むこともできず退くこともできず、技尽《つ》き言葉も窮し理も無くなる大難所に達します。この時少しも屈せず、口には専ら『十句経』を誦《じゅ》し、精神は常に丹田気海の宝処に向かってひたすら参究して退かない時は、忽然《こつねん》玉楼（立派な御殿）を倒すが如く、氷盤（氷のさら）を投げて摧《くだ》くが如く、八識頼耶《らや》の含蔵識を粉砕し、塵沙の如き多くのけがれた無明《むみょう》煩悩の雑《ぞう》毒海を踏み散らし、真言宗でいう阿字不生《あじふしょう》、六十恒河沙《ごうがしゃ》倶胝那由多由旬《くていなゆたゆじゅん》、広大無辺の大日輪（大日如来。本来は太陽の意。宇宙の根元の仏）を現出し、塵沙無明の根本を抜き去り、「十方《じっぽう》虚《こ》空無く大地寸土無し（『普燈録』）」です。三千大千世界を、掌中の庵摩羅果《あんもらか》（マンゴー樹の実）を見るが如く見通し、大河をかきまわして蘇《そ》（酥《そ》の誤。酥は牛や羊の乳を煮つめた汁。煉乳）酪《らく》（酥の一つ手前。酥をさらに精製したのが醍醐）となし、荊棘《けいきょく》林を変じて栴檀林《せんだんりん》（栴檀は香木）と成すという有様です。それでも満足せず、口には誓って常に『十句経』を誦《じゅ》し、心は専ら正念工夫《くふう》相続を第一とし、いちずに進んで退かないならば、いつしか万重の関鎖を透過し百千里の荊棘林を抜き去り、明暗双々《めいあんそうそう》（明・差別と暗・平等の両界が対立せず相即融合）に到り、高尚安閑無為の悟境に達します。しかし、ここに到達して以て足れりとし、無闇に坐ってばかりいるなら、元通り棺の内で目をパチクリしているというもので、これを「鬼家の活計（死人のくらし）」と言います。それは「機位《くらい》を離れざれば毒海に堕在す（洞山禅師）」というもので、知らずに小乗二乗（声聞《しょうもん》・縁覚《がく》）小果（小さな覚り）の縁覚乗（縁覚の教え）に堕ちしているのです。

　これを以て足れりとせず、四弘《ぐ》誓願の願輪（菩薩が常に願に転ぜられることを輪に喩える）に鞭打ち、口には常に『十句経』を誦《じゅ》し、心にはひそかにひろく内典（仏教書）外典《げ》（仏教以外の書）を探り無量の大法財（教化資料）を集め、大法施《ほっせ》（説法教化）を行《ぎょう》じ、一切衆生《しゅじょう》を利益《やく》し、仏祖の深恩《じんのん》に報い、十方無量の含《がん》識（有《う》情・衆生）と共に仏道を成就《じょうじゅ》し、ひとしく無上正《しょう》等（平等普遍）正覚《がく》を唱えるようにしましょう。虚《こ》空が仮りに尽きることがあるとしても、我が願は尽きることが無いでしょう。これを仏国土の因縁（仏教的国家社会建設）、菩薩の威儀（大乗菩薩の立派な行為）と申します。これは印度の二十八祖・中国の六祖が明確に伝え承《う》けたもの、以心伝心の一大事で、初発心《しょほっしん》の時から正覚《しょうがく》を成就する時まで少しも怠るべからざる正しい修行なのです。ただ悲しいことですが、澆季《ぎょうき》（澆は薄。道徳人情薄く腐敗の世）末《まつ》世の習いで世衰え人情薄くなり、真の仏祖の風地に堕ち、正《しょう》法全く滅び、無知愚昧の堕落僧が麻の如く粟《あわ》の如く多いのです。皆八識頼耶、頑空無記の虚無思想の暗い穴に落ちて、打てども進まず煽《あお》れども行かず、深田《ふかだ》に馬が走り落ちてしまったようです。人に逢えばいつも言います。「木（生）地のまま、立ちのまま（着のみ着のまま、そのまま）が仏である。何事も知らないのがよい。悟りを求めてどうする。菩提《ぼだい》（覚）を求めてどうする。平生汝の馳求《ちぐ》（馳せ求める）の心を歇得《けっとく》せよ（やめよ）。求心《ぐしん》歇《や》む処がそのまま仏なのだ」と、力を尽くして常々教えております。

　惜しむべきことです。多年鍛錬してたとえば一本の大木とし人々がその蔭《かげ》に涼むことができるように、将来智慧の日の光を来世にかがやかせ、貴い炬火を暗処に挑《かか》げ得るような、人さまの優れた息子をつかまえて昼夜に呪咀《じゅそ》（のろう）し教壊《え》（誤り教え）して手足も動かさせず、その人はまるでその場に縛りつけられてしまったようです。このような邪法（教）は大いに人を害します。人を得なければ何に依って正法《しょうぼう》（正しい教え）を末代に伝えましょう。かかる邪法がある限り正法の根を断ち葉を枯らし、情ないことですが真風正風はますます地に墜ちて空しくなりましょう。かかる邪法の輩《やから》は鈍愚で三毒（貪《とん》・瞋《じん》・痴《ち》。意志・感情・知の病）、無明《みょう》（無知。誤れる宗教・哲学）を以て練り固めた一箇の泥団子《どろだんご》で、無知なることは繋《つな》ぎとめた牛馬に同じです。遙かに在家の賤しい奴婢《ぬ》従者より劣っています。奴婢は来世あることを知り地獄あることを恐れて神に詣《もう》で仏を拝します。邪法の輩は来世あることも知らず、地獄あることはなおさら知らず、誠に憐れむべきです。そもそも救い得る法（教）がありましょうか？　曰く、あります。

では何が救い得る法でしょうか？

観世音。南無仏、与仏有因、与仏有縁。仏法僧縁、常楽我浄。朝念観世音、暮念観世音。念念従心起、念念不離心。

延命十句観音経霊験記終。

維時《これとき》宝暦第九己卯歳小春二十五蓂《めい》（日）。

湯島潜竜山東淵精舎《しょうじゃ》に於て沙羅樹下《さらじゅげ》老衲侍者撰。

『延命十句観音経』解説

『十句経』の註釈書

この『十句観音経』の註釈書には、先ず昭和四年六月森江書店発行の曹洞宗豪徳寺住職梶川乾《けん》堂老師（一八六七—一九四二）著『延命十句観音経講話』、昭和十一年六月仏教年鑑社発行（発売所京都の禅苑）の臨済宗方広寺派管長間宮《まみや》英宗《そう》老師（一八七一—一九四五）著同名書、昭和二十七年二月大蔵出版発行の福井県小浜《おばま》の曹洞宗発心寺《ほっしんじ》住職原田祖岳老師（一八七一—一九六一）の同名書がある。

梶川老師は豪徳寺僧堂師家《け》で曹洞宗大学林教授を兼ね倶舎論唯識論についての著述もある人であるが、その『十句経』の講話書は、本文そのものについての解釈よりも、本文の理解に資するために引用された数多くの挿話に特色がある。講義本というより道話本といった感じである。

間宮老師の書は谷中《やなか》天龍院・東京参玄会等における老師の講話を参徒の中村詳一氏が整理して一冊としたものである。老師の筆に成る観音像が口絵写真に掲げられている。老師の希望により比叡山霊空律師の『和語雑録』の要点が引用されているのは有難い。多分中村氏の尽力であろう。老師は当時全仏教界を通じての雄弁家として知られ、布教に長じていた方であるが、学究的な一面もあった。筆者は姫路慶雲寺において数回相《しょう》見しているが、或る時、『大智度論』を筆者に推称されたことがある。老師の『十句経講話』は簡略ながらよくまとまった良著であるが、梶川老師のものと共に今絶版なのは惜しむべきである。

梶川・間宮両老師の著に代って原田老師の著が版を重ねている。原田老師は曹洞宗の人であるが、岐阜県加茂市伊深《いぶか》正眼寺《しょうげんじ》僧堂の大義・洞宗《とうしゅう》両老師や京都南禅寺毒湛《たん》老師に参じて臨済の家風に接し、その門から『碧巌集独語』等の著者安谷白雲老師等が出ている。その『十句経』の釈は研究的というよりやはり説教的道話的というべきであるが良著である。さらに原田老師に学んだ竹井博友氏の『延命十句観音経――死の淵をさまよう友へ』（昭和四十九年地産出版）は挿絵入りで極めて平易に老師の著を敷衍したものである。さらにまた最近一九八六年七月、曹洞宗故沢木興道老師の門下、内山興正老師の『観音経・十句観音経を味わう』が柏樹社から出版された。「観世音」を「世を観ずる音」と訓《よ》むなど老師独特のよみ方をされた箇所もあり、全篇に老師の思索体験の迸《ほとばし》りが感じられる無類の書というべきである。

ここでは、これら先学の書を参照しつつ、『十句観音経』の語句そのものの解釈を試みてみたいと思う。

観世音

原田老師曰く、「観世音の一句、実に全宇宙の声でありませんか。全自己の叫びではありませんか。我他彼此《がたひし》を一切超越した観世音丸出しではありませんか」と。これは幼児が母にすがりついて必死に「お母さん」と叫ぶが如き我を忘れた叫びである。原始の観音信仰はともあれ、少くとも禅的見地から見た場合は、自己の本体の投影としての観音に相まみえんとすること、畢竟見性《しょう》をこころざすことである。

間宮老師曰く、「浅草の観音様にお参りに行くのも、観音の尊像を拝むのも、帰するところは、見れば我身にある観世音菩薩にお目にかからねばならぬからであります」と。白隠禅師の恩師正受老人慧端禅師を鍛え上げた至道無《む》難禅師（一六〇三―一六七六）の『即心記』（寛文十年、一六七〇年刊。竜吟社版『白隠和尚全集』巻一。及び昭和三十一年故公田《こうた》連太郎先生編著『至道無難禅師集』春秋社版に収録）の、ある老尼に与えた『般若心経』の註に、「観自在菩薩見レハ我ニ有ホサツ也」（四一頁）とあり、また、「相川氏所蔵法語及書簡等」の初めの部分に、「寛文九己酉仲冬日　至道庵主」の署名がある四ケ条の教訓のあとに、「つねつね観音しんかうすへし」の一文が書き添えられている（前掲書一三九頁）。

曹洞宗江戸期の巨匠天桂伝尊（一六四八―一七三五）の『退蔵螺蛤《らこう》老人般若心経止啼銭《していせん》』（寛延四年大阪藤屋及び明治九年東京森江書店刊行。『曹洞宗全書』注解四ニ収録）に曰く、「観自在トハ異人ニアラズ、汝諸人是レナリ、何ヲカ観自在ト云フ、眼ヲ開ケバ森羅万象アリアリトアラワレ、耳ニ通ズルコトハ無量ノ音声間断ナシ、六根ミナ如レ是」と。

大徳寺開山大燈国師の語録の『大徳寺語録』の中に次の一条がある。「上堂。僧問う、今朝、法の為に大衆《だいしゅ》、雲のごとく集る、未審《いぶか》し和尚箇《こ》の什麽《なん》の法をか説く。師云く、家家《かか》観世音。（下略）」

ここに「家家《かか》」というのは「各自」の意である。「めいめいが観音だという事を説こうというのだ」という大燈国師の仰せである。「家家観世音」の句は『後《ご》大徳寺語録(再住大徳寺語録)』にもさらに出ているが、出典は『雲門広録』巻上にある(以上訓読及び出典の註は昭和六十一年十月、国師六百五十年遠諱記念思文閣出版、花園大学教授平野宗浄老師訓註『大燈国師語録』に基づく)。国師は雲門を特に尊敬しておられたという。一つには雲門同様片足が不自由であったことに親近感があったらしい。ともかく雲門の「家家観世音」は『禅林句集』あたりに収められてもよい一句であろう。さらに溯れば六祖慧能の門下永嘉《よう》真覚大師(?—七一三)の『証道歌』に、「不レバ見二一法《ぼう》ヲ一即チ如来ナリ。方《はじめ》テ得三名ヅケテ為二スコトヲ観自在一ト」とあるのが注目される。何物も認めず、すべてにとらわれないのが如来であり、観自在菩薩であると言えるのだと称する。観自在菩薩は『般若心経』によってよく知られている菩薩であるが、観世音菩薩が慈悲を表わすのに対し、これは智慧を表わしており、それぞれ悲智円満の仏の一面を示しているのである。畢竟同体である。

南無仏

「南無」は梵語namasの音写で、帰依《え》・帰命《みょう》・帰敬《きょう》・帰礼《らい》(帰命頂礼の略)等と訳す。「帰」は「たよる」「たのむ」「よりすがる」意。ドイツの神学者・哲学者シュライエルマッハー(Schleiermacher一七六八—一八三四)が宗教の本質を無限者に対する「絶対帰依《え》の感情(Schlechthinniges

Abhängigkeitsgefühl)」と言ったのは有名である。有神論のキリスト教と無神論の仏教とではその性格を大いに異にするとは言いながら、何れも根底に深い帰依の敬虔感情が横たわっていることは共通している。「仏法ノ大海ハ信ヲ為《な》ス二能入一トなり、おほよそ信現成《じょう》のところは、仏祖現成のところなり」(『正法眼蔵』菩提分法)と道元禅師は言われる。「信ハ為《た》リ二道ノ元《もと》功徳ノ母一」(『華厳経』賢首菩薩品)という語はよく知られている大切な語である。信は「南無」であり帰命である。信なければ人間関係は成り立たず、社会は崩壊し、仏教も存在し得ない。

『論語』季氏第十六に、「孔子曰ク。君子ニ有リ二三畏《い》一。畏《おそ》レ二天命ヲ一。畏レ二大人ヲ一。畏ル二聖人之言ヲ一」とある。「天」は「神」に等しい中国人の信仰である。「天命」は「神命」で、神が定めた運命、乃至神が普く人に与えたものである。『中庸』に「天命之ヲ謂《い》フレ性ト」とある。この天命は天が人に与えたものの意である。性《せい》を仏性《しょう》に置きかえて考えられもしよう。その天命に対する畏敬の念が「三畏」の第一に挙げられていることを注目すべきである。儒教の根底にはやはり宗教的畏敬の情が存在している。

畏れ(awe)は恐れ(fear)とはちがう。恐れは動物の本能としての身の危険に対する恐怖であり、畏れは自己の弱小卑賤を反省して偉大絶対なものを畏敬する極めて理性的な感情である。「君子」は「小人」に対して用いられる語で徳の高い教養人を言う。「小人」は無教養で徳の低い者を言う。小人は天命を自覚せず、従って畏れることも無く、徳高き人格者「大人《たいじん》」の偉大さが分らないから尊敬せず、「聖人の言」の意味も分らないから無関心であろう。ちなみに仏教では菩薩《ぼさつ》のことを

「大士《だいじ》」とも訳す。文殊大士《もんじゅだいじ》とは文殊菩薩のことで、大士とは偉大な人、大人の意である。

さて、「南無」即ち帰依・信は「畏敬」からさらに進んだ境地と言い得るであろう。『大智度論』巻一の「如是我聞一時《にょぜがもんいちじ》」の釈に曰く、「問うて曰《いわ》く、諸仏の経は何を以ての故に、初《はじめ》に、是《かく》の如《ごと》く、の語を称《とな》うる。答えて曰く、仏法の大海は信を能入（入門）と為《な》し、智を能度（悟りに導くもの）と為す。是《かく》の如く、の義とは即ち是れ信なり。若し人、心中に信有りて清浄なれば、是《この》人は能く仏法に入る。若し信無ければ、是《この》人は仏法に入る能わず。不信の者は、是事《このこと》、是《かく》の如くならずと言う。是れ不信の相なり云々」と。『大智度論』は『摩訶般若波羅蜜経』（『大品《ほん》般若経』）の註釈で、龍樹（ナーガールジュナ）の造る所と言われ、単に般若の否定的消極的な面のみならず法華《ほっけ》の肯定的積極的な面も包含され、後期大乗仏教の母胎となるものとして尊重されている。禅家でも重視されて来た。右の文意は「信」によって仏の教えに入り、般若の「智慧」で涅槃《ねはん》・さとりに達するということである。「智度」は「般若波羅蜜」の意訳である。度は「ワタル」意で、荒れ狂う生死《しょうじ》の大海を般若の船で乗り切って安らかな涅槃の彼岸に達するということである。本来仏教は「智慧」の宗教であるから般若を以て究極とする。ちなみに仏教では昔は「信仰」と言わず、単に「信」と言うか、或いは「信心《じん》」と言った（今は訳語の「信仰」も仏教内で使われてもいるが）。そして信に「仰《ごう》信」と「解《げ》信」の二種の区別を設けた。仰信は教えをそのまま信ずること、解信は教理を理解して信ずることである。仰信は盲信になりやすいから解信が望ましいこと言うまでもない。

「仏」は梵語 buddha の音写で、正確には「仏陀」とすべきであるが、普通「陀」が略される。中村元博士『仏教語大辞典』は「仏」について「おそらく中央アジアの言語でbutかbotと発音されていたのを音写したのであろう」と言う。覚者・智者と訳す。絶対の理を覚り体験した人で「悲智円満」「自覚覚他覚行《ぎょう》円満」「万徳《どく》円満」の人とされている。仏教の理想的人間像で、信仰の対象になる人であり、もちろん教主釈尊がその人として仰がれる。しかし大乗仏教においては仏陀観に大変化が生じ、「久遠実成《くおんじつじょう》の釈迦」の信仰が起った。釈尊はブッダガヤーで初めて成《じょう》道し覚りを開いたのではなく、実は永遠の昔に悟りを開き、それ以来人々を教化《け》し続けて来たと『法華経』如来寿量品《ぼん》第十六に説かれるに至った。『法華経』後半の仏の本地法身の徳を説く「本門」十四品《ほん》の中心思想である（『法華経』前半十四品は、仏が衆生救済のため本地から迹《あと》を垂れ仮に姿を現わした迹《しゃく》門）。八十で涅槃《ねはん》に入られたのは衆生済度の方便であり、「久遠の本仏」は永遠に生き続けて説法しておられると信ずるのである。「霊山一会厳然未散《りょうぜんいちえごんねんみさん》」霊鷲山《りょうじゅせん》における釈尊の説法の集会はおごそかにいまだに散会にならず続いているのだと言う。釈尊追慕の熱情がこのような信仰に結晶したのである。仏の「三身」思想に結んで解すれば「久遠の本仏」は法身《ほっしん》仏であり、生身《しょうじん》の仏陀としての釈尊は、法身仏が衆生済度のため仮りに人間となって現われた「応（化《け》）身仏」である。ちなみに、三身の今一つの報身仏《ほうじんぶつ》は阿弥陀仏によって代表される仏である。法身《ほっしん》仏は法そのものであり人格性に欠け、悩める人間にとって冷たい感じを免かれない。釈尊の如き人格者の存在は最も願わしいが、人間である以上生死の掟をのがれ得ない有限的存在であることが遺憾である。そこでこの二者を綜合した永遠の絶対的な人格者が求められた。それが無量寿仏・無量光仏の阿弥陀仏である（アミターバ Amitābha 無量光仏、アミターユス Amitāyus 無量寿仏のアミタ（無量）の音訳が阿弥陀。観音は勢至《せいし》（Mahāsthamaprāpta 大勢至。智慧を表わす）と共にその脇士《わきじ》となり阿弥陀三尊を形成する）。弥陀仏は信者にとっては「親様」である。それはキリスト教における「神」であり、正に「天にましますわれらが父」に該当する。そして法身仏は聖霊に、応身仏は子なる神イエスキリストに該当する。そして「三位《み》一体」説に呼応するが如く「三身即一」の思想も現われている。ただし仏教における人格神阿弥陀仏は、法蔵比丘《びく》が兆載（歳）永劫《ようごう》の修行の功が報われて、報身仏として阿弥陀仏になられたという教理が、「仏も本は凡夫なり」という仏教の思想をよく示している。キリスト教の神は創造者であり、人間を含め一切を造りしものである。もっとも仏教にも「久遠《くおん》の弥陀」という思想も存在してはいる。しかしそれは神の如き創造主ではない。親鸞の『浄土和讃』に「久遠実成《じょう》阿弥陀仏、五濁《ごじょく》（この世に堕落する時生ずる五種の悪現象。饑饉・悪疫・戦争等が生ずる劫《こう》濁。人々が悪事をする衆生《しゅじょう》濁。欲望が盛で人々争う煩悩濁。正しい教えが衰える見濁。寿命が短くなる命《みょう》濁）の凡愚をあはれみて、釈迦牟尼仏としめしてぞ（示現して）迦耶城《がやじょう》（釈尊成道の聖地）には応現す」とある。

ところで、「観世音」で始まった『十句経』の文章が、ここで一転して「南無仏」となっているのに対して多少の戸惑いを感ずる人もあるであろう。菩薩から一転仏に移っているからどうしたのかと思わざるを得ないのである。『和語雑録』の霊空律師はこの点について言う。「観世音　南無仏の二句はちとかはりたる語なれども、かやうのことは、宋訳の楞伽《りょうが》、梵網《ぼんもう》の上巻になにほどもあることなり。なるほど聞《きこ》えたることとなり。観、世、音の句は先づ体《たい》を出したるなり。南、無、仏の句は、観音は過去正法明《しょうぼうみょう》如来なり。現前は観世音菩薩なり。円教菩薩即属仏界なれば、本《ほん》でも迹《じゃく》でも観世音は仏なり。其の観世音に帰命《みょう》し、我を救ひ、我を度せよと頼み奉るゆへ、南無仏と説けるなり。然ればこの二句は、畢竟、南無観世音仏と云ふ意なり」と。

「南無観世音仏」とは言い得て妙である。人々が観音を拝する時はまだ仏に成らない仏の手前の「菩薩」たることなどを意識してはいない。正に南無観世音仏なのである。仏が衆生を救うために菩薩位に降り「普門示現」して至る処に相手に応じて姿を変え老若男女様々になって救いの手をのべるのが観世音菩薩であるとされている。菩薩は正に利他行を尊ぶ大乗の象徴的存在である。その尊像を視るに長髪を束ね宝冠をいただき装身具を着けている在家の姿であり、庶民に親しみ深い（地蔵菩薩は例外）。殊にその表現にしばしば女性を思わせるものが見られるのは、「大《だい》慈《ず》大《だい》悲《ひ》救《きゅう》苦《く》観《かん》世《し》音《いん》菩《ぶ》薩《さ》」で、仏の慈悲の面を具現しているのが観音であるに依る（ちなみに、慈は与楽、悲は抜苦と解されている）。上野の芸術大学には、狩野芳崖の名作、絹本着色「悲母観音」が蔵されている。幼児が、立てる観音を母を慕う如く合掌して仰ぎ見ている構図が珍しい。母の愛は全く観音の慈悲に通ずるのである。

悲母観音図に触れたついでをもって、法隆寺東院夢殿の本尊、救世《くぜ(ぐせ)》観音像について一言したい。この像は聖徳太子をうつしたものとも伝えられ、鎌倉時代から既に白布で全体が厚く巻かれ完全に秘仏とされていた。それが明治十七年文部省の高官九鬼隆一、その部下岡倉覚三（天心）、天心の東京大学での哲学の師米人フェノロサ（Fenollosa）ら六人の調査班の圧力によって寺僧の反対が押しきられ、数百年の塵が払われて全容をあらわした。その時の人々の驚嘆の様子はフェノロサの"Epochs of Chinese and Japanese Art."（フェノロサ門下有賀長雄氏訳『東亜美術史綱』創元社。近頃別に森東吾氏訳あり）に記されている。現在も春秋二期の短期開扉以外平生は秘仏扱いである。昭和八年法隆寺夏期講座で佐伯《さえぎ》定胤和上から『唯識論』の講義を勧学院で二十名程の会員と共にうかがった折、一度夢殿内に入るを許され、同和上の導師で『般若心経』一巻読誦の後、救世観音をまぢかに拝した感激を忘れることができない。去る大戦にこの観音の写真を身につけて出陣した学徒があったと聞く。うなずかれることである。この夢殿観音は百済《くだら》観音も及ばぬ法隆寺第一、否、日本第一の仏像と信ずる。彫刻家で詩人であった故高村光太郎氏の『日本美の源泉』（昭和四十七年、中央公論社）における、この観音像に対する洞察礼賛に勝る表現を他に見出すことはできまい。曰く、「殊に夢殿の秘仏救世観世音像に至つては、限りなき太子賛仰の念と、太子薨去に対する万感をこめての痛惜やる方ない悲憤の余り、造顕せられた御像と拝察せられ、他の諸仏像とは全く違つた精神雰囲気が御像を囲繞してゐるのを感ずる。まるで太子の生御魂《いきみたま》が鼓動をうつて御像の中に籠り、救世の悲願に眼をらんらんとみひらき給ふかに拝せられる。心ある者ならば、正目には仰ぎ見ることも畏しと感ぜられる筈であり、千余年の秘封を明治十七年に初めて開いたのがフエノロサという外国人であつたといふ事であるが、これは外国人だからこそ敢て為し得たといふべきである。様式だけは北魏に則つて造られてゐるが、この破天荒とも言ふべき表現の直接性は決して様式伝習の間から生れてゐるのではなく、却て様式破綻から溢れ出る技術と精神気魄との作つたものである。

作者がしやにむにになつて、むしろ有る限りの激情をうちつけに具象化したものと考へられる。あらたかな御像といふ物凄いほどの力がその超越的な写実性から来る。作者が絶体絶命な気構で一気に此の御像を作り上げ、しかも自分自身でさへ御像を凝視するのが恐ろしかつたやうな不思議な状態を想見することが出来る。（中略）この御像にはあらゆる宗教的、芸術的約束を無視した、言はばただならぬものがあるのである。私は今日でもこの御像は再び秘仏として秘封し奉る方がいいのではないかとさへ思つてゐる。たしかに太子が推古の御代を深くおもひ給ひ、蒼生の苦楽をあはれませられ、更には衆生の発《ほっ》菩提心に大悲願をかけさせられる生御魂《いきみたま》がここにおはすのである。」

続いて同氏は、「夢殿の救世観音像は、かういふ意味で古今を独歩する唯一無二の霊像であり、彫刻美としてのみ語るのはまことに心無きわざとなるのである」とも言われた。

これ以上の夢殿観音に対する深い理解はあり得ないであろう。宗教芸術は人を信の世界に高める崇高美でなければならないが、夢殿観音はその崇高美の極致に達した作と言うべきであろう。

「南無仏」について最後に間宮老師の禅的理解をうかがうことにしよう。曰く、「『一塵一法無く処々清浄なる、是れ仏』と臨済大師は教へられる。（中略）真無我のところが仏だ。一切をうち捨ててこの仏と一如一体になろうと云ふのが南無仏です。（中略）大死一番することだ。（中略）生きながら死人になりてなりはてて思ひのままにする業《わざ》ぞよき——至道無難禅師にかう云ふ歌がありますが、ここのところを云われたのであります。思ひのままに多くの立派な行ができるのが観世音だ。生き乍ら死人になりてなりはてやうと云ふのが南無仏です」と。

与仏有因

霊空律師は、「与仏と云ふはちと相違に見ゆるなり。上に観音とあれば衆生と因縁ありと云ふべきなり」と言いながら、上に「南無」とあり、帰命するのは「我」であり「我」は衆生であるから「与レ仏有二因縁一」と言うのが「能く聞ゆるなり」と言っている。なかなか綿密なよみ方である。「与仏有因」とは、我は仏のうちに存在の「因」を有する。我は仏によって存在する、ということである。白隠和尚の『坐禅和讃』には、「衆生《しゅじょう》本来仏なり。水と氷の如くにて、水を離れて氷無く、衆生の外に仏無し」と最初にうたわれている。『涅槃経』巻第八、如来性品《しょうぼん》第十二に、「仏言《のたまわ》く、善男子《なんし》、我《が》とは即ち是れ如来蔵《にょらいぞう》の義、一切衆生 悉《ことごと》く仏性有り。即ち是れ我《が》の義、本従《もとよ》り已来《このかた》、常に無量の煩悩《ぼんのう》の為に覆《おお》わる。是《こ》の故に衆生見ることを得る能わず」とある。「如来」は梵語tathāgataの漢訳でtathā（如是。かくの如し）にgata（到。行ける）が加わった語で「如去《にょこ》」とすべきであるが、漢訳者はtathā+āgata（来れる）の意として「如来」と訳した。如というより外はない悟りの妙処から衆生を救うために来たという、大乗仏教的な理解に依る。「如来」は仏である。「如来蔵」とは衆生のうちにある如来たるべき因、因子、成仏の可能性である。右「一切衆生悉有《しつう》仏性」は仏教の前提であり、その根底となる大切な信念である。生きとし生ける物は生まれながら仏・覚者となり得る可能性があるという意である。衆生とは生き物の意が本来であるが、天台宗では草木国土にまで成仏を認め、華厳宗ではこれを認めないという差がある。なお、仏教には一《いっ》闡提《せんだい》（icchantika の音写。単に闡提ともいう）という思想がある。断善根・信不具足と訳す。成仏・さとりの見込みの無い者を言う。これを認めるのが法相宗《ほっそう》であり、他宗は悉有仏性説に立っている。儒教においても孟子の性善説が主流をなし、荀《じゅん》子の性悪説は傍流であるのに似ている。

百歳を超えられた京都清水寺貫主《す》の大西良慶和上（清水寺は法相宗で、大西和上は法隆寺佐伯定胤和上の高弟）の『坐禅和讃講話』（昭和五十五年大法輪閣）に曰く、「衆生本来仏やから、人間が一番偉いのや。人間がいなかったら、神さんや仏さんもあったものやない。人間がいるよってに神さん手叩いて拝んでもらえるけれども、人間のいない世界に神さんだけいやはって〈おれは神や〉言うたかて、誰も聞く者あらへん。そやよって神さんなんてあらへん。人間が、これは住吉大明神、これは北野の天満宮さん、これは何たら大明神って、みな人間がこしらえて、手叩いて拝んでる。（中略）〈仏さん、仏さん〉言うたかて、人間が仏さんになってるので、人間なしに仏さんなんてあるわけあらへん。法蔵比丘《びく》が阿弥陀《あみだ》如来さんになってはる。悉多《しった》太子が釈迦牟尼《しゃかむに》（釈迦族の尊者の意）如来さんになってはる。それは因位《いんい》の修行があって仏の位に上ってはる。人間なしに仏さんばっかりあるという話はあらへん。そやよって何が一番偉いかと言うたら、人間が一番偉い。それを、〈自分はあかん〉と思うてるよってに、あかん世界を渡る。偉いと思うたら、偉い世界を渡ったらいい」と。大西和上らしい歯切れのいい徹底した仰せだが、最後の「偉いと思うたら、偉い世界を渡ったらいい」がなかなかできないで皆悩んでいるのである。

与仏有縁

因縁《いんねん》という時、「因」は結果を生ずる直接の原因を言い、「縁」は因を助けて結果を生ぜしめる間接的原因・条件を言う。種子を「因」とすれば、日光や水や土や肥料等は縁である。原田老師は言う。「われわれが仏道をきく、坐禅をする、これは縁である。経文の講義をきく、お経を読む、これが成仏道の縁であります。師友、すなわち勝友がたがいに切磋琢磨する、これが縁であります。仏前に額《ぬか》ずいて至心に勤行《ごんぎょう》をする、これが縁であります。師家《け》の前に坐って親しく法をきく、指導をうける、これが縁であります。その縁、すなわちその環境の支配を受け、影響を受けることができるというのは、つまりこちらにこれを受けとるだけの原因・素質・準備があるからであります。つまりわれわれは本来仏となるべき素質を持っている、絶対的な人格を完成すべき原因を持っているのでありますから、諸仏・諸祖の感化影響は当然受けとることができるのであって、現にその教化を陰に陽に受けているものである」と。

白隠禅師は宝永五年、二十四歳で諸禅友と共に越後高田英巌寺に行き、生鉄《さん》（年譜には性鉄とある）和尚の『人天眼目《にんでんげんもく》』の講座に列した時、遠寺の鐘声を聞いて見性《しょう》し大いに自負したが、会中《え》に在った宗《そう》覚和尚の導きでその師慧端老師（通称、正《しょう》受老人）に飯山《いいやま》の正受庵で相《しょう》見師事したことが彼に幸いした。白隠は老人から「この穴ぐら坊主」と罵倒され縁側から大地に叩きおとされさえしたが、そのおかげで高慢の鼻を折られ自負心を脱却して真に徹底することができた。白隠は正受庵にあること八ヶ月程で師のもとを去り、さらに何人かの師に接したが、結局老人に勝る人無きことを知り、心の底から老人を敬いその嗣法者を以て任ずるに至った。全く有難い法縁であった。老人もまた白隠を得てその法を天下にひろめることができたわけである。老人は若年時江戸に出て至道無難禅師（妙心寺愚堂の法嗣。渋谷東北寺開山。公田連太郎氏編『至道無難禅師集』春秋社版参照）に師事し、その法嗣となったが、後継者たることを求めた師の請いをことわり、間もなく郷里飯山に戻り丘上に小庵を作り、尼となった母と共に住み、少数の僧俗を相手に暮らしていた隠遁的な人で、性格的に白隠とは正反対だったようである（信濃教育会編『正受老人集』岩波書店刊。阿部芳春氏『正受菴』自家版。何れも絶版）。

ちなみに正受老人と白隠の関係を思うたびに、筆者は小栗《おぐり》了雲居士と石田勘平梅巌の関係を同時に憶い出さざるを得ない。梅巌は偶然白隠と同年に生まれた人であるが、いわゆる石門心学の開祖である。丹波《たんば》の農家生まれの梅巌は京に出て商家に奉公しながら独学で朱子学や老荘等を究め、四十を過ぎて主家を辞し、主として商人を相手に、その精神的・社会的地位向上を期して『論語』等の平易な講義を無料で始めたのであるが、その彼に知性《せい》・見性《しょう》の貴重な体験を与えてくれたのは市井の隠者とも言うべき黄檗禅の居士小栗《おぐり》了雲であった。元来、朱子は若年時禅を学んでおり、その学は知性（見性）の基礎に立っていると言うべきである。朱子学を学んだ梅巌は独り合点で「性を知れり」と思っていたが、やがてそれに疑いを生じ師を求めて遂に了雲にめぐり会った。その時

「玉子を以て大石に当るが如く」で言葉も出ず、推服したという（『石田先生事蹟』岩波版、柴田実氏編『石門心学』参照）。了雲には少数の門人はいたようであるが、梅巌程の傑出した者はいなかった。了雲の禅は梅巌を開眼せしめ、了雲は梅巌の唯一の真の師である。そして了雲の禅は梅巌を得なければ立ち消えとなったであろう。これまた有難い法縁であった。東京の心学参前舎は第十代舎主川尻宝岑《きん》居士が円覚寺今北《ぎた》洪川管長の法嗣であったため臨済禅の色彩濃厚となり、筆者の父露堂は宝岑門下で、少年時の筆者を梅巌祭の折などに舎に同行し、宝岑先生の名調子の孝子伝の道話を聞かせ感銘せしめたことが、六七年後に宝岑門下の早野柏蔭居士に筆者を入門せしめる縁となったのであった。

以上の縁は人間関係の縁であるが、縁の相手は人間には限らない。特に宗教や芸術の場合には自然との接触が大切な縁となる。「雪山《せっせん》童子」の称が仏教にあるが、それは釈尊が過去世において雪山・永遠の雪をいただくヒマラヤに入って苦行修行されたという伝説で、童子とは青年の意である。寺院に「山号」を冠せられるのは、本来山に寺が建てられたからである。日本の飛鳥・天平時代の寺は平地に建てられたので山号は無かったが、のちには平地の寺にも山号がつけられるようになった。俗塵を絶した山岳が修行に適することと言うまでもない。白隠も三十一、二歳にかけて美濃国巌滝山に籠り死を覚悟して坐禅し道根を養っている。このことと言い、各所に多くの師を歴訪したことと言い、その求道心の切なること類い稀れと言うべきである。筆者青年時に接した内村鑑三先生の『宗教と現世』に引用されていた“Great things are done when men and mountains meet, ／

This is not done by jostling in the street." という二行詩が忘れられない。このグレイト・シングスは宗教的な霊感・悟道と解すべきである。

ところで本文の「与仏有縁」とは、良師善友に偶然めぐり会う出会いという場合と、進んで積極的に師友を探し求める場合とが考えられると思うが、この後者が特に大切である。白隠は正に積極的に多くの師を求めて歩いた人であった。「求めよ、然らば与えられん」である。

仏法僧縁

仏(buddha)法(dharma)僧(saṅgha)は三宝(triratna)と言われ、三宝に帰依すること、南無三宝は、仏教徒としての根本条件とされている。「仏」は法を体現体得した人。覚者。「法」は縁起を法と言うように、因果関係・真理を意味し、また人間の実践すべき行為規範や義務を意味し、さらに法を人のために説く教えを意味する。三宝の一たる法宝はこの「教え」に該当する(ちなみに「諸法」「万法」の法は広く「もの」「存在」を意味する)。「僧」は仏を尊びその教法を学ぶ人々の集団を言う。道元禅師は、「仏はこれ大師なるがゆゑに帰依す、法は良薬なるがゆゑに帰依す、僧は勝友なるがゆゑに帰依す」(『正法眼蔵』「帰依三宝」)と説く。『十句経』本文に「仏法僧縁」というのは、仏縁・法縁・僧縁がわれに具わるということである。仏縁・法縁という語はあるが「僧縁」という語は使われていない。しかし、僧・僧伽・教団の人々と縁を結ぶということはいくらもある。

白隠も正受老人という覚者のもとに集る小教団の一人宗覚和尚と高田英巌寺で偶然知り合ったので、幸いにも正受老人に師事できたのである。

ところで『十句経』の本文には「与仏有縁。仏法僧縁」と仏縁が二ヶ処に出てくることが多少気にかかる。間宮老師は「仏法僧縁」は「仏法相縁」が本来であるとして曰く、「仏法相縁《よ》つて常楽我浄なり。今日一般に行はれて居る御経には仏法相縁の相が僧となつてをりますが、古い本を見ますと相縁としてあつて、その方が一貫して意味もよく通ずるやうです。僧に和合の意がある故、相縁《よ》ると同じにみられぬ事もありませんが、これは、仏法僧の三宝の名《みょう》字が常に用ゐられて居るところから、音《おん》が通ずるために、ふと間違つたものかも知れず、また続《ぞく》蔵経に入れてあります高王観世音経と申すものには、観世音菩薩。南無仏。南無法。南無僧。仏国有縁。仏法相因。常楽我浄とあります云々」と。これには「仏法相因」とあって「仏法相縁」ではないが、「因」も「縁」も共に「ヨル」と訓読できる文字で、この場合、意は全く等しい。霊空律師曰く、「仏法相縁常楽我浄とは（中略）仏と法と相縁《よ》りて、ともに常楽我浄と云ふ意なり。仏は観世音仏なり。法は衆生の理性《しょう》なり。それ法宝は教・理・行《ぎょう》・果なり。今はその理法なり。唯識家《け》の書どもに〈法は教・理・行・果を謂《い》ふ〉と処々にあり。然れば観世音は衆生の理性を師として仏となりたまへり。衆生は理性の四徳（常・楽・我・浄）なり。観音は果上の四徳なり。是《こ》の故に衆生は能く観音を感じ奉り、観音仏は能く普く一切衆生に応じて、大利益《やく》を成し玉ふなり。此《かく》の如く見れば、仏法相縁等の二句がよくすむなり。然れども情の強《こわ》き人などは信受しがたからん。幸に慥《たしか》なる証拠を思ひ出したり。摩訶止観《まかしかん》（天台大師の実践哲学書。岩波文庫本あり。）に、涅槃経の文《もん》に依ってのたまへるは〈当《まさ》に知るべし止観は諸仏の師なり。法常なるを以ての故に、諸仏亦常なり。楽我浄等、亦復是《またまたかく》の如し〉と。輔行《ぶぎょう》（『止観輔行伝弘決《ぐ》』。摩訶止観の釈、唐の湛然《たんねん》作）に〈理性《しょう》の四徳は即ち仏の師なり〉と釈し玉へり。有り難き文共《ふみども》なり。面々の一心の体性《しょう》が理性の四徳なるゆへ、諸仏の師となれば、面々の理体が仏の本《もと》なり。仏の本なれども、迷あるゆへ、仏の働《はたらき》がならぬなり。仏の働はならねども、仏の利益《やく》を感ずることは、信心次第自由になることなり云々」覚者たる仏は法を覚った人格であるから、正に仏と法とは相互に密に関係し合っている。「仏法相縁」たる所以《ゆえん》である。

常楽我浄

常楽我浄は涅槃《ねはん》（さとり）の四徳と唱えられている。「涅槃」は梵語 nirvāṇa の音写。ただし中村元氏『仏教語大辞典』は、おそらく俗語の nibbān の音写であろうという。煩悩《ぼんのう》・迷いの火を吹き消した状態を言い、「滅」と訳される。滅度・寂滅・不生《しょう》・無為・安楽・解《げ》脱等とも表現されている。「四徳」の「徳」は優れた性質を言う。涅槃には有余《うよ》（有余依《え》）涅槃・無余（無余依）涅槃・無住（無住処）涅槃の三種が区別された。有余涅槃はこの世に生存している間に得られる涅槃の意で、煩悩は尽きてもまだ肉体を残しているので煩悩が起る余地ありとする。無余涅槃は「灰身滅智《けしん》」のこと。身を灰にし、智（こころ）を滅《めっ》し、身心が無に帰する死のことで、小乗仏教の理想であり、大乗仏教からは虚無思想として批判された。以上の小乗の涅槃に対し、大乗は無住処涅槃・不住涅槃を説く。生死《しょうじ》・迷界に住せざるのみならず、衆生《しゅじょう》を救うため、涅槃・覚界にも住しとどまらざる真の涅槃という意である。

「常・楽・我・浄」は凡夫《ぼんぶ》（仏の教えを知らぬ凡庸な人）の「四顛倒《してんどう》」（四倒）と涅槃の「四徳」の二種に区別される。「顛倒」は道理に背く見解《げ》を言う。「凡夫の四顛倒」とは、無常を常、苦を楽、無我を我、不浄を浄と思うことである。凡夫・凡人といえども無常の世の姿を見ていないわけではないが、うかうかして深く真実を洞察することなく、いつまでも一切が存続するように考えている「常見」にとらわれている。この「常見」「常顛倒」に対し、仏教では「諸行（変じ滅ぶ一切の存在・現象）無常」を説いた。「常」とは「永遠」の意である。『涅槃経』聖行品《しょうぎょうぼん》第十九の「諸行無常、是生《しょう》滅法、生滅滅已《い》、寂滅為楽」の諸行無常偈《げ》（雪山偈《せっせん》）は有名で、わが「いろは歌」にも歌われた。即ち「色は匂ど散りぬるを（諸行無常）わが世たれぞ常ならむ（是生滅法）有為（造られた相対的存在）の奥山けふ（今日）越えて（生滅滅已）浅き夢見じ酔《え》ひもせず（寂滅為楽）」である。

第二の「楽顛倒」は、凡夫が快楽の本質を究めず快楽に酔っていることである。これに対して仏教では「一切皆苦」が説かれた。世界は苦蘊《うん》で苦の集まりである。よく知られている「四苦八苦」の「四苦」は、生《しょう》・老・病・死の苦。「八苦」は以上の四苦に、愛別離苦（愛する者に別れる苦）・怨憎会苦《おんぞうえく》（怨み憎む者と会う苦しみ）・求《ぐ》不得苦（ほしい物が得られない苦しみ）・五陰《おん》（五蘊《うん》）盛《じょう》苦（五盛陰苦。色《しき》（身体）・受《じゅ》（感覚）・想《そう》（知覚）行《ぎょう》（判断等の心の活動）・識《しき》（統覚）の五陰・身心から生ずる苦しみが盛んなこと）の四苦を加えて言う。健康にも金銭にも恵まれ、且つ大往生する人もあろうが、全体として人生を見ると苦に満ちており、安易な楽天観は許されまい。病院は病人で満員であり、刑務所には囚人が溢れ、新聞には毎日悲惨な記事が掲げられている。キリスト教が罪を本に出発するのに対し、仏教は苦の観察から出発すると言われるが、我々は両教の出発の根拠をまず真剣に考察せねばなるまい。

四顚倒の第三は「我顚倒」である。「我」は「常一《いつ》主宰」の義とされている。おのれの内に一の主宰者があって常住なりと認めること、実体的・個体的の自我を認めることは誤りである。それ故仏教では「諸法無我」を説く。人を含め、すべての存在には実体が無い。自己は五蘊《うん》和合の存在に過ぎず、空であり、常一主宰者を自己に認めることはできない。しかる凡夫は「我」に執らわれ「我愛」に陥り、利己に奔る。「諸行無常」が現象を時間的に観ているのに対し、「諸法無我」は現象を空間的に観ている。何れも一切の実体は認められず、畢竟空なる理を示している。

四顚倒の第四は「浄顚倒」である。凡夫は我が身の「不浄・垢染《くぜん》」なるを反省せず、自身の「罪悪生死」の凡夫たるを自覚せず、「不浄」を「浄」と考えている。それ故、欲に耽り煩悩にまみれて堕落の生活を送る。古代の印度仏教では貪《とん》欲、特に強烈な性欲を離れしめんため「不浄観」が行われた。「愛欲のために浄くみえる外形を捨て去れ。心を統一して、身体の不浄を観ぜよ。」（スッタニパータ三四一）というのがそれである。遂にそれは「九想観」に発展する。地に横たわる美女の屍体がまず膨脹し、腐敗し鳥獣に食われ、ついに白骨となり火に焼かれて灰となる過程を九段階にして観ずる観想である（九想観の絵巻物も現存する）。ちなみに小乗では、身体を不浄と観ずる「身念処」、好悪の感受作用を苦と観ずる「受念処」、心は生《しょう》滅無常であると観ずる「心念処」、一切法（存在）は無我で実体無しと観ずる「法念処」の「四念処（新訳では四念住）」を以て凡夫の四顚倒を治せんとした。

さて、素朴な「常想」を打破するためには「諸行無常」観を説き、「心念処」を説くのは適切であったが、しかし人々はその消極性に甘んずることができず、積極的な「常」「永遠」を求めざるを得ない。そこで大乗の涅槃はついに「無常」をさらに否定・超克して高次元の「常」の世界に出た。涅槃の四徳の一としての「常徳」である。大乗は無常に対立し無常の外に常を求めることをせず、無常のただ中に常を見るのである。それは思慮分別を絶した深い体験的な世界である。禅の古典『碧巌集（録）』第八十二則大龍《だいりょう》堅固《けんご》法身《ほっしん》の則に、「僧、大龍《だいりょう》に問う。色身敗壊《え》、如何なるか是れ堅固法身《ほっしん》。龍云く、山花開いて錦に似、澗《かん》水湛《たた》えて藍《あい》の如し」とある。山花開いて錦の如く美しいがそれはやがて散るのであり、谷川の水は深く湛えて藍の如く青く美しいが、とどまらず流れている。春山の景色は美しいがうつろい行く姿である。その中に不滅の春を見よという大龍の答えである。分別を離れて観れば常と無常は不二である。本来切り離すべきではない（湖南の大龍山に住した智洪は宋代の僧。年代不詳）。

第二に、「一切皆苦」は世の姿であろうが、人々は「楽」を求めてやまない。大乗はついに苦楽を越えた「楽徳」の世界を求めた。『碧巌集』第四十三則「洞山《とうざん》無寒暑《じょ》」に、「僧、洞山に問う、寒暑到来、如何《いかん》が廻避せん。山《さん》云く、何ぞ無寒暑の処に向って去らざる。僧伝く、如何なるか是れ無寒暑の処。山云く、寒時は闍梨《じゃり》を寒殺《さい》し、熱時は闍梨を熱殺す」とある（闍梨は阿闍梨〈真言宗で教授・師の意〉の略だが、昔禅門では僧の代名詞に用いた。貴僧、あなた）。寒暑到来は寒苦暑苦の到来であり、病苦・死苦の到来でもあろう。苦を恐れて逃避しようとするとますます苦しくなる。勇敢に苦に立ち向かい苦しみと一つになり三昧になることが苦を脱する所以である。寒殺・熱殺の「殺」は動詞のあとにつけて意味を強める語。笑殺・愁殺等の用例がある。「寒い時にはお前さんを徹底的に寒くする、熱い時にはお前さんを徹底的に暑くする。寒暑に徹する時に寒暑の苦をまぬかれるのだ」というのである。武田勢を匿《かくま》った廉《かど》で、信長勢に甲州恵《え》林寺の山門の上に弟子達と共に追い上げられ、門に火をつけられ焼かれて死んだ住職、快川禅師は、「安禅不必須山水　滅却心頭火自涼（安禅ハ必ズシモ山水ヲ須イズ。心頭ヲ滅却スレバ火モオノズカラ涼シ）」と、晩唐の詩人杜荀鶴《とじゅんかく》の詩句に基づいた、『碧巌録』第四十三則本則の「評唱」に出ている黄龍《おうりょう》悟新禅師の語を高らかに唱えながら死んで行ったという。「心頭」の頭は「念頭」の頭などと同じく名詞の接尾詞で、心頭は単に「こころ」という意である。ここでは取捨愛憎の心の意である。取捨愛憎の心を滅却すれば苦も楽に転ずるという。苦楽を分け、苦を捨てて楽を求める苦楽二元観がいけない。大変難しいことだが大乗仏教はそう教える。そして苦楽を絶して、禅では、「日日《にちにち》是レ好日《にち》」「年年是レ好年」を唱える（雲門禅師の「日日是好日」の公案については『碧巌集』第六則参照）。

涅槃の四徳の第三は凡夫の四倒の一たる「我見」を転じて「我徳」とする。凡夫が「我」としているのはいわば小我である。小我を超克して無我に入り、無我に徹すれば「真我」が現われる。それは「大我」であり、自在の妙用《ゆう》をなす「自在我」でもある。小我を脱すればすべてが我れならざるは無きに至る。真の主体性の実現と現代風に言うこともできよう。ただし「無我」と言っても単なる無意識・無心の段階に留まってはならない。そこからさらに一歩を進めなければいけない。「無心猶隔ッ万重ノ関」である。ここが極めて難関なのである。

涅槃の四徳の第四は「浄徳」である。我等の心は煩悩に満ち、身体は不浄で穢れてはいようが、小乗の如くこれを徒らに嫌って死に憧れているとすれば人生はどうなるであろうか。すべては活気を失い社会は沈滞する外はないであろう。大乗はその消極性を克服し、精神を鼓舞し社会を活気づけようとしたのである。否定をさらに否定して肯定・大肯定の世界に出たのである。大乗は煩悩・人の欲望を断滅しようとするのでなく、これを洗練し浄化しようとする。煩悩を徒らに敵視するのでなく、荒馬を馴らすように調御しようとする。そして思想的には煩悩・生死と菩提・涅槃を区別せず、深い根源的体験的立場から「一如《にょ》」と観ずる。「不断煩悩得涅槃」(『正信偈』)であり、「煩悩即菩提」(『法華玄義』)であり、「生死《しょうじ》即涅槃」(『摂大乗論』、曹洞宗『修証義』)である。「生死」とは迷える衆生の輪廻する世界であり、苦界である。六道・六趣(地獄・餓鬼・畜生・修羅・人間・天上)輪廻《りんね》を、自己一心の中の遍歴と解すれば誰にもうなずかれよう。

初祖達磨、二祖慧可、三祖僧璨《さん》、四祖道信、五祖弘忍《ぐ》と続き、五祖の求めで偈《げ》(仏教詩)を作った高弟神《じん》秀を凌いで、碓房《すいぼう》・米搗き部屋に居た学問の乏しい青年盧行者《あんじゃ》(俗体のまま寺の用をする弟子）の作偈が五祖の意に叶い、六祖慧能《えのう》となった話は有名である。神秀の偈に曰く、「身ハ是レ菩提《ぼだい》樹《じゅ》。心ハ如二シ明《みょう》鏡台一ノ。時時《じじ》ニ（常に）勤メテ払拭《ほっしき》セヨ。勿《なか》レ使《し》レムルコト惹《ひ》二カ塵埃《ない》一ヲ。」と。盧行者《ろあんじゃ》（慧能）の偈に曰く、「菩提本《もと》無シレ樹。明鏡亦非ズレ台《うてな》ニ。本来無一物《もつ》。何《いずれ》ノ処ニカ惹《ひ》二カンヤ塵埃一ヲ」と（山田無文老師『六祖法宝《ぼう》壇経講話』春秋社版参照）。理想は明らかに慧能の方が高い。神秀の禅が北方に行われ北宗禅（北禅）と言われたのに対して、慧能の禅は彼の故郷南方に行われて南宗《なんしゅう》禅（南禅）と言われたが、北宗禅の系統は早く断え、南宗禅が天下を風靡した。日本の禅も南宗禅である。神秀はなかなかの学者であったのでその禅には理知的学的性格をともなったらしく、「漸悟」禅と言われた。それに対し南宗禅は「頓悟」禅と言われた。「頓悟」とは順序階梯を経ず直観的に速かに悟るの意である。六祖慧能の高弟永嘉《よう》玄（真）覚大師『証道歌』に、「一超直入如来地」という有名な句がある。ところで「本来無一物」は「本来成仏」に通ずる表現であるが、本来は無一物・成仏であっても修行をしなければその境地が現われないのは当然で、「大乗菩薩の総願」と言われる四弘《しぐ》誓願に「煩悩無尽誓願断」とあるのを忘れるべきでない。神秀の言う如く、「時時《じじ》に勤めて払拭《ほっしき》せよ」である。「頓悟」には必ず「漸修《しゅ》」をともなうのである。思想的には「煩悩即菩提」「不断煩悩得涅槃」であっても、実践的には「煩悩無尽誓願断」であるべきである。

煩悩は『倶舎《しゃ》論』等で非常に細かに分類されているが、今それら煩瑣な議論は措くとして、ここでは煩悩を知的な煩悩と情意的な煩悩に二大別して考えよう。前者を「見惑」「迷理の惑」と言い、後者を「思惑」「修惑」「惑事の惑」と言うが、古人が「見惑頓断如二シ破石《しゃく》一ノ」と言い、「思惑漸断如シ二藕絲《ぐうし》ノ一」と言っているのを銘記すべきである。見惑は石を割るようにいきなり割れ破れるが、思惑は蓮の絲が切れそうでなかなか切れないのに似て容易に断じ得ないと言うのである。実に巧みな譬えである。白隠が高田英巌寺で一旦は徹底していながら、程なく、ノイローゼ気味になり白幽道人の道教的実践、内観法と軟蘇の法によって治り、のちに『夜船閑話《やせんかんな》』（拙註本、春秋社版）を著わしてその一部始終を詳述するに至ったのであるが、見惑は痛快に破れても、思惑が断じ難かったことをよく示している。煩悩、特に思惑・修惑、情意的慣習的なものの余薫を仏教では「習《じっ》気《け》」と言うが、「習気」はなかなか取り切れるものではない。仏教で「老死」の苦の因を追究して「貪愛《とんない》」に到達し（貪愛縁起）、さらに溯って「無明《みょう》」に達し（無明縁起）、ここに「十二因縁」説が形成された。「無明」を転じて「明《みょう》」とするなら「貪愛」も正され「老死」の苦を免かれるとするのであるが、「貪愛」は「明」によって容易に断じつくされないことを注意したい。臨済禅で「公案」なる禅問題を学人《にん》に与えて工夫《くふう》せしめ、その透過によって古聖と同じ心境を体験せしめる方法を用いるが、「習気」頑強のため、公案禅は何といっても単に観念的に流れ易く、充分「習気」を去るまでには至り難い。学人はよくそのことを承知して厳に自己反省をすべきである。宋の五祖（五祖山）法演禅師（『碧巌集』の編著者円悟の師）は「我参禅三十年初メテ識レル羞《はじ》ヲ」の名言を残した。学人「識羞」を忘れる時、「禅天魔」に陥る恐れがあろう。公案を原則として用いない曹洞禅は公案禅の弊は免かれているものの、それなりの弱点があると思うが、ここではそれを論ずることはしない。

以上、『十句経』本文の「常楽我浄」について、『涅槃経』に基づき、凡夫の「四顛倒」が涅槃の「四徳」に転ずること、「四徳」の内容について概観した。

そもそも『涅槃経』には小乗の『涅槃経』(阿含経。長部一六)と大乗の『涅槃経』がある。「涅槃の四徳」は大乗のそれに述べられているものである。小乗の阿含部の『涅槃経』は釈尊の死を中心としてその前後のできごとを記したもので、釈尊の死を「入涅槃」と言う。身心滅した「無余涅槃」に入るということである。涅槃図・涅槃像とは、釈尊入滅・臨終の様子を絵画・彫刻に表現したものである。大乗『涅槃経』は『法華経』と並び、仏を仏たらしめ、覚者を覚者たらしめる根源は法であり、法は永遠に変らないものであるから仏には生死が無いとする「法身常住」を説く。「如来常住無有変易《やく》」である。そしてこの永遠性の法は同時に普遍的なものであるから「仏凡一体」「一切衆生悉有仏性」である。悉有仏性ではあるが、凡夫・衆生が有する仏性は煩悩・惑に覆蔵されていて露われていない。前述の如くこれを「如来蔵」と言う。また前述の如く、「一闡《いっせん》提《だい》(一を略し単に闡提としても用いられる)」は成仏できない者を指すが、『涅槃経』にあっては「一闡提は亦決定《じょう》せじ」(「光明遍照高貴徳王菩薩品第二十二」)とあって、一闡提も不成仏が決定的なのではない。破戒を慚愧し修行をすれば必ず成仏するとしている。仏法のたてまえ上、やはりそうなくてはなるまい。成仏とまではいかないまでも、死刑囚が刑務所内で改心し、立派な歌よみになった実例が昔あり、新聞に報じられた。法相宗が闡提を認めるのは現実主義的であり、他宗が一切成仏説に立つのは理想主義的と言えるであろう。理想を失ってはならないが、現実を忘れてもいけない。

甘い理想にのみ奔っていては生きた衆生済度はできまい。天台の十界互具《じっかいごぐ》思想には大いに考えさせられるものがある。地獄・餓鬼・畜生・修羅・人間・天上の「六凡」の「迷界」に声聞・縁覚・菩薩・仏の「四聖《ししょう》」の「覚界」を合せて「十《じっ》界」とするのであるが、その十界の一々が他の九《く》界をその中に含んでいるということである。菩薩や仏にも地獄・餓鬼・畜生等の他の九界が具わり、逆に地獄にも菩薩界・仏界等、他の九界が具わるということである。「一切衆生悉有仏性」の説をさらに深めたのが天台の「十界互具」説というべきで、ここにキリスト教の原罪説にも通ずる思想が加味されたというべきであろう。

常楽我浄の涅槃の四徳をさらによく理解するためには、仏教思想、特に大乗仏教思想の根幹を成す「空観」を考慮すべきであろう。一切は因縁に依って生じたもので固定的実体は無いとするのが本来の「空」の意義であり、「縁起の故に空」と呼ばれた。万物の真実相は把握できない。それは「不可得」の故に空と言われた。過去・現在・未来の事物の実体をつかむことができないことを「三世《ぜ》不可得」と言う。「不可得空」である。「一切皆空」である。

ところで空を単なる虚無と誤解すべきでない。それを「空見」「空病」と言う。天台では小乗仏教の説く空は、存在を分析して観ずるのであるとしてこれを析空《しゃくくう》観と言い、大乗の空観は存在に即して空を観じ、物の本体は空であると観ずるものであるとして、これを体空観と言った。古人は歌で前者を「引き寄せて結べば柴の庵《いおり》にて解《と》くれば元の野原なりけり」とうたい、後者を「引き寄せて結ばずとても庵にて解けねど元の野原なりけり」とうたった。そして後者を「ありながらありつぶれ」などと言った。析空観は観念的であり、体空観は直観的体験的である。

また、天台では小乗の空は空のみを見て不空を見ないから「但《たん》空」「偏空」であり、大乗の空は不空をも見るから「不但空」であると言う。不但空は「中道空」である。天台では空仮《け》中の三諦《たい》（諦は「真理」の意）を唱える。一切は無自性の故に「空」であるとする空諦（真諦・無諦）、一切は縁に依って仮に存在すると肯定的に見るのが仮《け》諦（俗諦・有《う》諦）、空・仮と一面的に考えず、この二つを越えた存在の第一義を示すのが中諦（中道第一義）である。そしてこの三諦が究極において別々に隔歴《きゃくりゃく》することなく「相即（融合）」すると見るのを「三諦円融《たいえんにゅう》観」と言う。原始仏教においては「中道」は主として「不苦不楽の中道（苦行と快楽の両極端を排斥）」を意味していたが、大乗においては、形而上的体験的に、対立を絶した不二《ふに》・空の意に深められたのである。

「涅槃の四徳」としての「常楽我浄」は、凡夫の「常見」としての常楽我浄と、それを否定する「断見」としての小乗の無常・苦・無我・不浄の、二つの四顛倒《どう》・四倒《とう》見を超克した境地である。常・無常を超えた絶対的の常、苦・楽を超えた絶対的の楽、我・無我を超えた絶対的の我、浄・不浄を超えた絶対的の浄が四徳の常楽我浄で、それは「空」の世界の四面を表わしている。田村芳朗博士はその著『現代人の仏教7　人間性の発見　涅槃経』（筑摩書房）において、「〈常〉とは常住のことで、時間論にのっとって永遠なる世界を規定したものであり、〈楽〉とは至福のことで、これは幸福観からの規定であり、〈我〉とは自我のことで存在論からの規定であり、〈浄〉とは純浄のことで、倫理観からの規定である。永遠なる世界とは常住不滅・確固不動の世界であり、至福純浄の世界ということである。」（七六頁）と言われた。ちなみに、「涅槃の四徳」に並んで「涅槃の三徳」と称せられる「法身・般若・解脱」がある。田村博士は「〈法身〉とは、永遠なる理法を中身とすることをいったものであり、〈般若〉とは、生死を見きわめる智慧のことであり、〈解脱〉とは、生死の超越である。つまり、真理・智慧・超越の三が、永遠なる世界の特性で、この三は、三にして一、一にして三なるもの」（七六頁）とされた。

『十句観音経』の本文「常楽我浄」は、「自分は常楽我浄の涅槃に到達している」ということ。さとりを得ているということである。

朝念観世音　暮念観世音

「朝暮《ちょうぼ》」ということは「一日中」ということ、「相続」ということである。朝暮に観音を念ずるということは、「正《しょう》念相続」と言いかえてもよかろう。この相続ということが何ごとにも最も大切なのであるが、また実に難しいことなのである。「相続」は精進に依って可能であるから、さらにこれを「精進《しょうじん》」と言いかえてもよいであろう。「精進」は大乗仏教の実践徳目六波羅蜜の第四に数えられている。波羅蜜は梵語 pāramitā の音写で「度」「到彼岸」「度彼岸」と訳される。前述の如く生死の大海を般若（智慧）の船に人を乗せて涅槃（覚）の彼岸に渡（度）すという意である。六波羅蜜は「布施・持戒・忍辱《にんにく》・精進・禅定・智慧」であり、対他的対社会的な「布施波羅蜜」（dānapāramitā 檀〈那〉波羅蜜。施波羅蜜）が初めに置かれているところに「自未得度先度他《じみとくどせんどた》」を心とし、慈悲を旨とする大乗精神が現われている。布施は「喜捨」とも言い、金品を人に恵むことであるが、人に親切な行ないをするのも布施である。親切を施すのである。これも大切な布施波羅蜜である。信者が僧に財物を施すことを「財施」と言い、僧が信者のために法を説くことを「法《ほっ》施」と言う。布施は大乗の「利他行」である。

六波羅蜜の第二は持戒波羅蜜（śīla-pāramitā 尸羅波羅蜜）である。「持戒」とは戒を守りたもつことである。戒の実践である。仏の制定された戒律・仏教道徳は、教団、ひいては社会の秩序を維持するのに欠くべからざるものであること、言うまでもない。在家の仏教信者の守るべき五戒は「不殺生・不偸《ちゅう》盗・不邪淫・不妄語（嘘をつかない）・不飲酒《おんじゅ》」であった。これをさらに拡大したのが十戒・十善戒で、殺生《せっしょう》・偸盗・邪淫・妄語・両舌（二枚舌）・悪口《あっく》・綺語《きご(ぎょ)》（冗談・ざれごと。うわべだけを飾った語）・貪《とん》欲・瞋恚《しんい(に)》・愚痴の「身三口四意三」の十悪を離れることである。ちなみに、「戒」は規律を守る自発的・自律的な道義を言い、「律」（vinaya）は他律的な教団規律で、背けば罰を受けるところに相違がある。いわば戒は道義であり、律は法律である。二者は平行して教団の秩序維持を果たした。ただし経・律・論の「三蔵」という時は、律蔵は経蔵・論蔵に対して生活規制の全部を意味するから、戒は律の中の一つ一つの禁止箇条を意味することになる。

六波羅蜜の第三は忍辱（kṣānti）波羅蜜である。苦難・侮辱・迫害等に耐え忍び、怒りや怨みの念を起さないことである。忍辱の念が足りないため人は瞋恚を起し闘争に趨るのである。「忍辱慈悲」と続けて用いられることがあるが、忍辱は消極的に耐え忍ぶことであり、慈悲は積極的に人を愛し人に同情することであり、この消極積極両面を具えるべきことを言ったものと考えられるが、忍辱は慈悲心を持ってこそ実践できるという意とも考えられる。

『証道歌』には『金剛経』に基づいて「訕謗《せんぼう》に因《よ》って怨親《おんしん》（敵味方の念。この場合「怨」の意）を起こさざれば何ぞ無生《しょう》慈忍の力を表せん」とある。謗られても怨まなければわざわざ慈悲忍辱に努力をして見せることもあるまい、ということである。「無生」とは「空」の意である。空に基づいて慈忍が行じられることである。なお『証道歌』には、同じく『金剛経』に依って、「我が師、然《ねん》灯仏に見《まみ》ゆることを得て、多劫《ごう》曾て忍辱仙と為《な》る」とある。「我が師」は釈尊を言う。然灯仏は釈尊前生《しょう》の物語において釈尊の師とされている仏。釈尊は前生で多年忍辱行《ぎょう》をする仙人（修行者）であったと言うのである。

忍辱について思い出されるのは『法華経』第二十の常不軽《きょう》菩薩のことである。無量の過去に最初に現われた仏威音王仏の、正法時《しょうぼうじ》を過ぎて像法時（正法すたれ形式化した時代。末法時の手前）に当り、増上慢《ぞうじょうまん》の比丘《びく》が多勢現われた。その時常不軽という比丘菩薩がいたが彼は比丘・比丘尼・優婆塞《うばそく》（信男）・優婆夷《い》（信女）四衆のすべてに対し礼拝讃嘆して、「我《われ》深く汝等を敬して敢て軽《きょう》慢せず。何とならば汝等皆菩薩道を行じて当《まさ》に作《さ》仏を得べきが故に」と言った。この比丘専ら経典の読誦をせず、ただ礼拝を行じた。遠く比丘等《ら》四衆を見るや、近づいて右の言を繰り返した。四衆の中には心不浄で瞋恚を生ずる者あり、罵って言った。「この無知の比丘、どこから来て『我れ汝を軽しめず』と言い、我等に授記（予言）を与えて『当に作仏を得べし』と言うのか、我等はそんな虚妄《こもう》の授記を必要としない」と。かくの如く多年を経て、常に罵られても瞋恚を生ずることなく、「汝等作仏すべし」を繰り返した。衆人或いは杖木瓦石を以て打擲《ちょうちゃく》すれば、避け走り遠くに住《とど》まって相変らず高声に、「我、汝等を軽んぜず。汝等当《まさ》に作仏すべし」と叫んだ。それで増上慢の四衆は彼を常不軽《きょう》と名づけた。この比丘命終《みょうじゅう》の時、虚空の中において威音王仏が『法華経』を説くを聞き、六根清浄なるを得て、広く四衆のためにこれを説いた。前に罵詈《ばり》打擲せし者皆悉く彼に帰依した。それより無数の仏に遇い、『法華経』を受持読誦し四衆のためにこれを解《げ》説しついに作《さ》仏した。仏曰く、「その時の常不軽菩薩は豈に異人ならんや。則ち我が身是なり」と。常不軽を忍辱仙の姿と見做すことができる。勝海舟から「近世では行誡だろうよ」（『氷川清話』）と賞讃された増上寺の福田行誡上人は、常不軽を詠《よ》んで「我が袖の玉と拾ひて包まばや打ちつけられし石も瓦も」とうたった（『行誡上人全集』）。両国橋畔の乞食をコッソリ拝んだという行誡上人は近頃の常不軽と仰がれていい人であろう。

　六波羅蜜の第四は精進（virya）波羅蜜である。「精進」を単に「勤《ごん》」とも言う。「於テレ法ニ無染《ぜん》ナルヲ曰《い》イレ精ト。念念趣求《ぐ》スルヲ曰フレ進ト」（『止観輔行』二）という釈が明快である。わき目もふらず専一に目的に向かって努力することである。六波羅蜜は戒・定・慧の三学（学は実践・修行）の順になっているが、精進波羅蜜は三学のすべてに関係し、余の五波羅蜜の必須条件とされる（宮本正尊氏編『大乗仏教の成立史的研究』第二章大乗仏教の倫理思想。九五頁。三省堂）。辱知、故野々村直太郎先生

（旧三高・立命館大学教授。宗教学者）もこれを三学全体に通ずるものとされた（『宗教学要論』）。誠に精進を欠くならば戒・定・慧共に成就しない。釈尊最後の説法を記録した『仏遺《ゆい》教経』の終りの「流通分《るづうぶん》」は「汝等比丘、諸《もろもろ》の功徳《くどく》（正宗分の「世間法要」の戒の功徳、諸苦・煩悩を対治する功徳と「出世間法要」の無求・知足・遠《おん》離等の八功徳）において、常に当《まさ》に一心に諸《もろもろ》の放逸を捨つること、怨《おん》賊を離るるが如くすべし。大悲世尊の所説の利益は皆以て究竟《くきょう》せり。汝等但当《ただまさ》に勤めて之を行《ぎょう》ずべし。若《も》しは山間《せんげん》、若しは空沢《くうたく》の中に在りても、若しは樹下閑処静室《げげんじょじょうしつ》に在りても、所受の法を念じて忘《もう》失せしむること勿《なか》れ。常に当《まさ》に自ら勉めて精進して之を修すべし」の文から始まっている。放逸懈《け》怠《たい》は賊として仏の堅く戒めた所であった。『観音経』にすでに「常念観世音」の語がある。「常念」の代りに、『十句観世音』は「朝念」「暮念」と表現して、更に精進の意を強調したのである。念仏の世界でも「常念仏」と言って熱心な念仏門の人は念仏を絶やさないのである。

六波羅蜜の第五は禅定（dhyāna　禅・静慮《じょう》）波羅蜜である。禅は梵語の音写で、本来は「禅那」であるが「那」を略して使われている。「定」は意訳で、精神が集中し安定した状態を意味している。心の「定《じょう》」は、身体の「定」、足を組んで坐る安定した坐禅によって得られるから、禅波羅蜜は坐禅を別にしては考えられないが、しかし主眼は心にあること言うまでもない。六祖慧能の言行録『六祖法宝壇経』坐禅第五に「迷人は身動ぜずと雖も、口を開けば便ち他人の是非長短好悪を説きて道と違背す。若し心に著し浄に著せば、即ち道を障《さ》うるなり」とある。「身動ぜず」とは坐禅のこと。「心《しん》に著し浄に著す」の「心」は動く心。「浄」は無心無念、動かぬ心。そのいずれにも執着するのは道のさまたげである。六祖進んで曰く、「外《そと》、一切善悪の境界に於いて心念起らざるを名づけて坐と為《な》す。内《うち》、自性を見て動ぜざるを名づけて禅と為す。善知識（皆さん！）何をか禅定と名づく。外《そと》、相を離るるを禅と為し、内、乱れざるを定と為す。外、若し相に著すれば、内、心即ち乱る。若し諸境を見て、心乱れざるは是れ真定なり。善知識、外、相を離るれば即ち禅、内、乱れざるは即ち定、外、禅にして内、定なる、是を禅定と為す」と。当然のことながら六祖は心の坐禅を問題にしていることに注目したい。

六波羅蜜の第六は智慧（般若。梵語 prajñā 巴利語 paññā）波羅蜜である。元来仏教は哲学的で「覚」の宗教であるから、智慧を体験体得すること、禅定により智慧を生ずることを理想とする。その智慧は単なる観念でなく実践的に生活に具現する。そのことから定慧等学の思想がのちに出現した。『六祖壇経』（壇経。略称）定慧第四に曰く、「我が此の法門は定慧を以て本と為す。大衆《だいしゅ》迷うて定慧別なりと言うこと勿れ。定慧一体にして是れ二にあらず。定は是れ慧の体、慧は是れ定の用、慧に即する時、定、慧に在り、定に即する時、慧、定に在り。若し此の義を識らば即ち是れ定慧等学なり」と。さらにこれを灯光に譬えて曰く、「灯有れば即ち光り、灯無ければ即ち暗し。灯は是れ光の体、光は是れ灯の用《ゆう》、名は二有りと雖も、体本《もと》同一なり。此の定慧の法も、亦復是《またまたかく》の如し」と。この定慧等学の説は既に天台の智顗《ぎ》にありとされるが、禅においては六祖によって初めて唱えられた。

「定慧等学」は禅ではさらに「修証（証は覚）一如（一等）」に発展する。道元禅師は『正法眼蔵弁道話』に曰く、「修証ハ一ニ有ラズト思ヘル、即《すなわち》外《げ》道ノ見ナリ。仏法ニハ、修証是《これ》一等ナリ。今モ証上ノ修ナルガ故ニ、初心ノ弁道即《すなわち》本証ノ全体也。故ニ、修行ノ用心ヲ授クルニモ、修ノ外ニ証ヲ待ツ思ヒナカレト教フ。直指《じきし》ノ本証ナルガ故ナルベシ。既ニ修ノ証ナレバ、証ニ極メ無ク、証ノ修ナレバ修ニ初メ無シ」と。この道理は別に「本証妙修《しゅ》」とも表現されている。本証・本覚を踏まえながら、修には初めも無く終りも無いのである。「釈迦も達磨もいまだ修行中」という語が禅にはある。「朝念観世音　暮念観世音」。一日中、いや一生涯常念観世音ということである。

念念従心起　念念不離心

「念念従心起（念念心より起る）」、朝念観世音・暮念観世音の一念一念は心から起る。凡夫の汚れた心からでなく清浄な本心から起る。真剣に念ずる。無我無心になって念ずる。次の「不離心」と並べて実践上の注意を促しているのである。

「念念不離心」、念念心から、本心から起るにしても、やがて本心から離れてしまうのではいけない。いつまでも本心を離れないこと、相続することが肝心である。『白隠和尚全集』巻八の「拾遺」に出ている白隠門下東嶺の『十句観音経』のここの着語に「不離根本智体。隠顕出没《おんけんしゅつもつ》得大自在」（四二二頁）とある。東嶺は学究的で白隠のブレーン的役割を演じた人である。

辱知故陸川堆雲《たいうん》居士はその大著『白隠和尚詳伝』（昭和三十八年。山喜房仏書林）に於いて「東嶺は延命十句観音経の各句の下に、註釈的着語風のものを作って付したものが、白隠和尚全集第八巻の拾遺の部にある。此れについて私は未だ考究を詳かにしないが、志ある人は参照されたい」（第七章第五節、二二八頁）と言われた。以下その全文を掲げ、句読の誤りと思われるものを正し、且つ略解を付した。不明の箇処については識者の御高教を仰ぎたい。

観世音。縁因ハ大悲救世《くぜ(くせ)》王。了因ハ自己返観。体ノ正因ハ明慧《みょうえ》円満也。本性《しょう》ヲ喚デ為ス二観世音一ト。南無仏。縁因ハ曰イ二過去正法明《しょうぼうみょう》如来一ヲ。了因ハ指ス二本具如来一ヲ。正因ハ明《あか》ス下心体現成《じょう》与二三世仏一不二冥合上スルコトヲ。与仏有因。娑婆耳聴明シ二別因ハ者正因円具スルモ。総因ハ者迷ウコトヲ一。明ス三自己ノ五蘊ノ身心共ニ見《あらわ》スコトヲ二一乗妙法ヲ一也。与仏有縁。諸法ノ常位。明ス二面前六塵ノ諸法斉シク実相之境界《がい》ナルコトヲ一。仏。縁ズレバ即チ大悲願了ジテ指ス二其ノ体一ヲ。法。観二-行シ大小ノ法門一ヲ了リ、指視シテ照ス二法門一ヲ。僧。菩薩冥合ノ義了ス。即チ心境一如義。縁。諸仏ノ智徳本来円明《みょう》底。自他冥《みょう》合。是レ縁因之義ナリ。工夫成《じょう》熟シ。命《みょう》根截断ス。是レ了因之義ナリ。畢竟明ス下自己ノ本仏与二面前ノ妙法一不二冥合上スルコトヲ。故ニ即事即心。念々受二-用《ゆう》スル涅槃《ねはん》之四徳一ヲ也。常。無常ヲ計《け》シレ常ト。常ヲ計ス二無常一ト。楽。苦ヲ計シレ楽ト。真楽ヲ計スレ苦ト。我。無我ヲ計シレ我ト。真我ヲ計ス二無我一ト。浄。不浄ヲ計シレ浄ト。浄ヲ計ス二不浄一ト。真浄ノ縁因ハ。即チ一心ニ帰二-命《みょう》シ諸仏ノ智徳一ニ。冥《みょう》二-加《が》セバ了因一ヲ。即チ性《しょう》徳自ヲ現ズル義ナリ。正因ハ同シ二前句一ニ。朝念観世音。暮念観世音。以上之故ニ。莫レ二忘失一スルコト。是縁ノ義ニシテ念ズ二縁起《ぎ》一ヲ。法界如《にょ》々。縁起無生《しょう》如々。是レ了因之義ナリ。二句明《あか》ス二於自受用穏密《ゆうおん》純真之一大事一ヲ者也。念念従心起。生《しょう》滅不ルガ二レ離レ真如《にょ》一ヲ故ニ。念不離心。動静《じょう》常ニ在リ二此ノ中一ニ。二句明ス下於化《け》他門応用《ゆう》無辺。了々トシテ不二レ離レ根本ノ智体一ヲ。隠《おん》顕出没《もっ》得中ルコトヲ大自在上ヲ。

〈略解〉

観世音——悟りの縁となられるのは大悲救世《ぐせ》王・観音であり、悟るのは自己返観（self-reflexion）に依るのであり、本体は円満な明《みょう》慧である。その本体・本性を観世音というのである。（天台宗で説く三因仏性〈三仏性〉。正因仏性はすべてに本来具わる真如の理。了因仏性は理を表わす智慧。縁因仏性は智慧を生ずる縁となるもの。救世は世を救う人で、仏菩薩の通称。特に観音）

南無仏——縁となられるのは過去正法明《しょうぼうみょう》如来であり、人々が本来具えている如来・仏に依って悟るのであり、心の本体が現われて、過去・現在・未来三世《さんぜ》の諸仏と知らず知らずのうちに合体することを明らかにする。

与仏有因——「娑婆耳以下、総因者迷」まで難解。最後の一文は「自己の色受想行《ぎょう》識の五蘊の身《じん》心が、すべて、法華経の言う仏一乗《ぶついち》、あらゆる者が仏になるという微妙な真理を表わしていることを示している」という意。

与仏有縁——もろもろの存在が永遠のものであり、面前の六塵《ろくじん》（我々をけがす色声香《しきしょうこう》味《み》触法《そくほう》。触は触覚。法は外界のもの）がことごとく仏法真実の世界に外ならぬことを明らかにする。

仏——縁に依って大慈大悲の観世音の願《がん》が成就《じょうじゅ》してその本体に達する。

法——大小さまざまの教えを理解し実践しおわり、教えの真実義を明らかにする。

僧——菩薩と知らず知らずのうちに一つになる意義がハッキリする。主観と客観と一如《にょ》となる意義である。

縁──諸仏の智徳が本来円満明白《ばく》で、自他が知らず知らずのうちに合一する。これが「縁因」（因縁）の意義である。修行工夫が成《じょう》熟し、凡夫の命根《みょうこん》（いのち）が断ち切れてしまう。これが「了因」の意義である。畢竟、自己本来の仏性《しょう》と面前妙法とが、二つに分れず、知らず知らず一つになることを明らかにするのである。それ故、もの事そのまま、心そのまま、一念一念、涅槃（さとり）の四徳《しとく》（常・楽・我・浄の四つのすぐれた性格）を受持して活用するのである。

常──世人は無常を常と考え、常を無常と考えている。

楽──世人は苦を楽と考え、真楽を苦と考えている。

我──世人は無我を我と考え、真我を無我と考えている。

浄──世人は不浄を浄と考え、浄を不浄と考えている。真浄の縁と因は、一心に諸仏の智徳に帰命《みょう》帰依《え》し、了因を冥々のうちに加えるならば、仏性《しょう》の徳がおのずから現われるということである。

正《しょう》因は前句と同じで、諸仏の智徳である。

朝念観世音、暮念観世音──以上の次第であるから、忘れてはいけない。この縁・行《ぎょう》の意義は「縁起《えんぎ》」を念ずることである。仏法の司配する世界は如々《にょにょ》（ありのままの真実のすがた。真如。不生不滅）であり、縁起は生じながら生じない無生《しょう》の如々《にょにょ》である。これを悟るのが「了因」の意義である。本文の二句は自受用《じじゅゆう》（みずから法を受持しはたらかせる）穏密《おんみつ》（人に知られぬようひっそりした）純真のさとりの一大事を明らかにしている。

念念従心起――生滅《しょうめつ》の現象世界は真如を離れてはいないのである。
念念不離心――動く時も動かない時も常にこの真如の中に在るのである。「念念従心起。念念不離心」の二句は化他門《けたもん》（人を教化救済する領域）に於いて応用限り無く、あきらかに根本の智体を離れず、隠顕出没《おんけんしゅつもつ》さまざまの姿で大自在を得ることを明らかにしている。

故原田祖岳老師は『十句観音経』の内容を三段に分け、「観世音・南無仏」を「宗教の真訣」とし、「与仏有因・与仏有縁・仏法僧縁・常楽我浄」を「哲学の真訣」とし、「朝念観世音・暮念観世音・念々従心起・念々不離心」を「倫理の真訣」と一応分類されたが、参考になろう。第一が「信仰の要諦」、第二が「仏教哲理の生粋《きっすい》」、第三が「実行法の要訣」というわけである。「何処までも便宜上の分け方」であるという仰せであるが、大いに結構である。

最後に、『十句観音経』を簡潔に意訳すると次の如くなろう。

「観世音菩薩さま！　私は仏に帰依《え》いたします。
私には仏性があり、仏性を開発する諸縁に恵まれ、仏法僧三宝と御縁があります。私は涅槃の四徳、常楽我浄を体験できました。
私は朝暮に観世音菩薩を念じております。私の一念一念は本心仏心から出ており、一念一念本心仏心から離れることはありません。それ故におかげで真に自由無礙な幸福な生活ができるのであります。」

『延命十句観音経霊験記』解題

白隠は宝暦九年（一七五九）七十五歳の時『八重葎《やえむぐら》』を出した。二巻本である。（白隠については拙註本『遠羅天釜』「白隠禅師小伝」参照。）巻之一は「高塚四娘《しじょう》孝記」であり、巻之二が本書に収録した「延命十句経霊験記」であるが、二者には何の連関も無い。便宜的に内容の全く違うものを合冊にしたのである。

遠州高塚の小野田五郎兵衛久繁《ひさしげ》の孫娘、おさき十四歳、おやす十二歳、おかの八歳、おその六歳の四人の娘が、父母の冥福を祈って、『法華経』八巻を、宝暦四年の秋より同七年の春にかけて三年を費やし、仮名文字で分担筆写した。白隠宝暦九年遠州高塚の地蔵寺で『虚堂和尚語録』を講じた時、前記の久繁が来って相見《しょう》し、その『法華経』を見せていわれを語った。白隠は四人の心がけを嘆賞して、久繁の望みに応じてその由来を記し、且つ『法華経』の功徳を説いたが、久繁は資を投じてそれを刊行した。その時それを巻の一とし、ついでに巻の二として「十句経霊験記」を入れてもらって世に出したということらしい。「延命」の二字はこの時白隠がつけ加えたと言われている。

「此の八重葎巻の二なるものは、白隠の筆蹟を其儘木版にしたもので、江戸の書肆植村藤三郎の版行である。此の書の内容は、頗る長篇で篇中には色々の逸話や故事が列記されて居て、到底一夕《せき》の思いつきによる文章とは思われない。是は相当の歳月に亘つて立案されたものを、此の時初めて清書されたものと察せられる」と陸川堆雲居士も言われるが（『白隠和尚詳伝』）、『霊験記』の構成は相当練り上げられ推敲されたものと思われる。

尚、陸川居士は江戸時代の歌人津村淙庵の随筆『潭海』に出ている白隠関係の事項を、その著『白隠和尚詳伝』の第六章「白隠伝の関係書」の第一節に掲げ、「その二」の条に淙庵の次の文を引いておられる。曰く、「観世音。南無仏。与仏有因。与仏有縁。仏法僧縁。常楽我浄。朝念観世音。暮念観世音。念々従心起。念々不離心。と云ふ文字は、元来京都山科《しな》にある僧の伝へたる事なり。此の僧の伯父、京都に在りけるが重病大事なり。旦夕《たんせき》に迫りし故、見舞廻に行かんとて、山科より京都へ赴むく道に、或る茶店に休みたるに、眠りを催して暫らくまどろみたる内に、天満宮託宣ありて、汝が伯父定業《じょうごう》（前世から定まった業因による結果）の死未だ至らず、此文《もん》を唱へ念ぜば平癒すべしとて、再遍教へさせ給ふ。僧夢さめて伯父の許《もと》へ行《ゆき》て、示現《じげん》の次第を語り、諸《も》ろ共に朝夕念ぜしかば、病気平癒せり。この事洛《らく》中（京都中）に伝へ聞《きき》て、専ら当時諸人唱へたる事なり。其頃駿河《するが》の白隠和尚上京して、此の文を聞て試みに一切経を捜がされければ、皓《こう》王観音経と云ふ中に此の文《もん》有り。和尚感嘆して弟子にも伝へ誦《じゅ》せられける。和尚此の文を十句《じっく》観音経と名付けて弘《ひ》ろめられける。其後他国にも弘《ひろ》まりて、所々《しょしょ》にも唱ふる人多し。そもそも天満宮は、天台円頓《どん》戒（大乗戒）守護神にてましませば、旁々《かたがた》（いずれにせよ）斯《か》かる奇特《どく》なること（不思議な効果あること）宜《う》べなる（もっとも）にこそ。」陸川居士も言われるように、必ずしも確実な資料とは認められないであろうが、珍しい記述ではある。

この二巻本が出てから、二年後白隠七十七歳の時、巻三として『策進幼稚《おさな》物語』及び巻三跋『高山勇吉物語』が自筆刻本で刊行された。前者は白隠の自伝的内容であり、後者は名を勇吉に借りて修道の心得を説いたもので、共に大日本文庫「白隠禅師集」（昭和十三年）に収録されている。『禅籍目録』（駒沢大学図書館、昭和三十七年）に依れば、『十句観音経霊験記』は寛政四年、宝暦九年初刊後三十三年後に、丹波円通寺から二冊物として刊行されている。

その後明治に入り、二十八年に東京経世書院から同じく二冊物が刊行された。静嘉堂文庫に蔵本がある。

また、明治三十三年東京光融館から出版された二冊物は、白山龍雲院の渡辺南隠老師の願に依るもので、「重ねて十句経霊験記を刻する緒言」として、次の如き老師の序が付いている。

「吾《わが》白隠老師宝暦の頃横《おう》説竪《じゅ》説之際、広く緇《し》素（僧俗）をして、此延命十句経を信受せしめ給ひしに其感応勝《のうあげ》て計《かぞ》ふべからず。師曽て手自ら漢土及び当時の霊験を書し剞劂《きけつ》氏（版木ほり）に命じて世に行《おこなわ》せ給ふ。寔《まこと》に永世の法程（手本）、長冥（闇）の示炬なるものといふべし。幾許《いくばく》もなくして災《わざわい》に罹り板梓《はんし》（版木）も灰燼《かいじん》となりぬ。其後志を継《つぎ》て再び梓《あずさ》に上《のぼ》す人有りしも、維新之際、寺院多くは荒廃し法道も亦随て衰頽し、是を以て板本共に散滅せしにや、書肆を捜索するも一部も亦得難し。余斯《か》くの如き霊験記の湮《いん》滅せん事を憂ひ、資を投じて上梓せんと欲する事久し。此ころ信者某等の資助する有りて今年漸く重ねて上梓する事を得たり。豈《あに》歓喜に堪へざらん哉《や》。是《これ》名利の為にあらず。先哲法施の地に堕《おち》む事を憂ひ世に弘め万世不朽を庶幾《しょき》（こいねがう）するのみ。聊《いささ》か顛末《てんまつ》（事の始めから終りまで。いきさつ）を記し置く事しかり（以上の如し）。

明治廿八年十一月

希有《けう》庵主謹識」

渡辺南隠老師については陸川居士の『白隠和尚詳伝』に、老師門下の漢学者故公田《こうだ》連太郎氏撰の「略歴」が転載されており、また現竜雲院主小池心叟老師が、山田孝雄編『近代日本の倫理思想』（昭和五十六年、大明堂刊）に「渡辺南隠」の一文を寄せられているので、詳しくはそれらを参照していただきたいが、老師の観音信仰の機縁は次の如くである。

渡辺南隠（天保五年〈一八三四〉―明治三十七年〈一九〇四〉）諱《いみな》は全愚。字《あざな》は南隠。岐阜県安八郡大藪村の庄屋の家柄に生まれ、教養ある母ことより幼少の折四書等の素読を受けた。十七歳の時大分県日田の碩儒広瀬淡窓に師事すること六年、京に上り佐藤延陵の門に入り易を学ぶこと数年に及んだ。悪疾に罹り身体憔悴したのを期に、師が後継者たるを望んだのを断わり、比叡山に入り、滝に浴し観音を念ずること数日、疲れて睡りし時、夢に観音菩薩現われ霊薬を示す。夢醒めて後、薬草を採りこれを服したところ、間もなく身心回復した。これより出家を決意した。このことあってより終生観音を深く信じ、白隠和尚の『延命十句観音経霊験記』を晩年刊行し世にひろめた。

老師会下の高嶺幾乃《きの》子氏は、「老師は私共の様《よう》な何も分らぬ者には其《それ》相応の読みものをお授け下さいまして、老師が自分で遊ばした十句観音経の御講義であるとか、又は白隠禅師の遠羅天釜《おらてがま》などを能く見よとてお勧め下さいました」（『追憶』）と言われている。

『十句観音経霊験記』が、観音信者のこの明治の禅傑の力により世に出た因縁の妙を思わざるを得ない。

その後、この「霊験記」は『白隠和尚全集』（昭和九年）、次いで大日本文庫「白隠禅師集」（昭和十三年）に収められたが、近くは原田祖岳老師が昭和二十六年「霊験記」の本文を出され、これは現在も大蔵出版から刊行されている。

因みに、現在禅関係で最も深く観音信仰を行じておられるのは、東京代々木の不二禅堂を主宰されている辻雙明老師（円覚寺故古川堯道管長の法嗣）であろう。老師は昭和四十八年七月『禅と人生』を日本文芸社から出されたが、その中に「観音経の教説とその信行」の一文あり、それは加筆されて昭和六十年一月に抜き刷りとし、盤珪禅師墨蹟の「南無観世音菩薩」を巻頭に写真として掲げ、知友に施本として贈られ、筆者も一冊頂戴した。一ツ橋大学を出られ一時実業界に入られた辻老師が禅に入られ、且つ観音信仰を持たれるに至った遠因は、信仰心篤かりし母上の感化にあり、更に二年に及ぶシベリア抑留生活の御苦労、夫人の重患、御長逝があずかっていると思われるのであるが、今それらのことは措いて、心を打つお言葉を左に摘記しよう。

「観音経を極度に圧縮したと思われるような経典に『十句観音経』というのがあり、これは短くて読誦し易く念じ易い経文であるが、白隠禅師も、この『十句観音経』の普及に尽力されたらしく、その法語の中には、この経文の功徳を説いた『延命十句観音経霊験記』がある。白隠禅師と並んで江戸時代における最も傑出した禅僧の一人であった盤珪《ばんけい》禅師にも「南無観世音菩薩」という立派な墨蹟があり、また、禅僧ではないが禅学の造詣も深く江戸時代の最大の仏教者の一人と言われる慈雲尊者は、観音経の「世尊偈」の結句である「福聚海無量」（福あつまりて海のごとく無量なり）という一句を、しばしば書かれたようである。

病気にかかると、私は、よく「南無観世音菩薩」と念ずる。しかし「念彼観音力」のために病気が治ると思って念ずるのではない。治るとも治らないとも考えないで、ただ念ずるのである。しかしまた、そのために心持ちが楽になるから、病気が治るには都合がいいかもしれない。病気にかかって、こりゃ大変だとあがくよりも「一心称名」して、私たち人間の生命の究極の根源である無限に大きな生命力に任せ切ったほうが、治病にはいいかもしれないが、私は治ろうとして「称名」するのではない。言わば、ただ只管《ひたすら》に「称号」するのである。」

現代の知識人で且つ禅者であられる辻雙明老師の、多年に亘る「観音信仰」体験の記述として、尊くありがたく拝読できる金文と仰がれる。

なお、白隠を開山とする三島竜沢寺専門道場では、現在も十句観音経を平生読誦する。

南無や大悲の観世音
虚《こ》空にあまねき
慈悲なれど
ただその声を聞く底《てい》の
主《ぬし》をたちまちみるときは
これぞまことの
観世音

という詩が、前住職故中川宋淵老師の詩集『命篇』の中にあるが、観音信仰と禅は深い関わりを持って現在にまで至っていると言えよう。

さて、『霊験記』は観音信仰の書としてよみつがれて来たのであるが、そもそも白隠は霊験を真に信じたのであろうか。二百年以上前に生きた白隠は多分そうであったろう。しかし白隠は遂に禅僧であった。数多くの十句経読誦の霊験を述べて来た末に、急に大転回して、「如上逐一枚挙する所の、限りも無き十句経の霊験、正眼《しょうげん》に看来れば、唯是《ただこれ》世間住相、有為《うい》夢幻空華《げ》の談論取るに足らず」と喝破しているのである。読者は「おやおや」と驚かされるであろう。

十句経読誦のさまざまの霊験を述べて来たのも、実は坐禅をして悟りを開くための誘い水だったのである。十句経を熱心によめば霊験もあることだが、そんなことよりも十句経をよみ、且つ坐禅をして悟りのまなこを開く方がもっと人間にとって大切なのだと言うのである。霊験などよりも悟りのために十句経を唱えよ、坐禅の姿勢で。法然は念仏を、日蓮は題目を人に勧めたが、自分は十句経をよむことを勧める。禅宗には他の宗旨のように唱える文句が無いが、自分は念仏の代わりに十句経を勧める。念仏に比べれば長いが、観音経よりはずっと短い。十句経を唱えて観音を念ずるのだが、実はその正体は己れ自身なのだ。小さい己れでなく、無我にして大我の大きな我れにお目にかかるのだ、という白隠の慈悲心である。「口には常に十句経を念誦し」と教え、「公案を拈提せよ」とは言っていない。民衆のためにはそうでなければなるまい。

一般庶民のために「覚」より「信」に重点を移し、十句経読誦の霊験を紹介してまず庶民の関心を喚起し、最後に一転して霊験より見性の大事に目覚めしめようとしたのが、霊験記のねらいというべきである。元来、大乗仏教なるものは仏教本来の知的な「覚」の哲学的宗教が、民衆の要求に応じて主情的な「信」の宗教に転じたものと言えよう。諸仏・諸菩薩が信ぜられ多神教の印度教に近い性格のものとなった。そして多くの仏・菩薩の信仰の中にあって、現世利益の観音信仰は来世利益の阿弥陀信仰を超えて圧倒的に広く民衆の間に行なわれ、その霊験が信ぜられて来たのである。白隠は仮名法語の双璧の第一の『遠羅天釜《おらてがま》』において禅の概要を語り、第二の『夜船閑話《やせんかんな》』においてそれを補う禅的・道教的健康法を語ったが、『延命十句観音経』においては、この双方を更に補う意図で、観音信仰を庶民の現世《ぜ》利益のために語った（最後は現世利益に終わるべきでないとしながらも）。正に白隠仮名法語の三部作と言うべきものである。

なお、本書は前著『夜船閑話』『遠羅天釜』に同じく、底本として自筆刻本に基づいている大日本文庫『白隠禅師集』を用い、全集本を参考にした。

また、霊験譚の小見出しは原文にはない。通読する際の便宜上付けたものである。

著者略歴

伊豆山格堂（いずやま・かくどう）

明治31年、東京生まれ。東大社会学科卒。姫路高等学校・水戸高等学校・茨城大学各教授歴任。茨城大学名誉教授。大正６年、心学参前舎主早野柏蔭老居士（今北洪川の法嗣川尻宝岑居士の後継者）に入門参禅。岐阜県伊深正眼寺小南惟精老師、埼玉野火止平林寺白水敬山老師に歴参。昭和39年、参前舎主を依嘱され、参前舎（在家禅道場）顧問となる。雄山閣『講座心学』に「心学と禅」、創元社『茶道全集』に「禅と茶」「墨蹟」、角川書店『現代禅講座』に「茶の精神と禅」執筆。春秋社『鈴木大拙禅選集』の「禅の思想」「今北洪川」の解説担当。平成元年、遷化。

白隠禅師　夜船閑話・延命十句観音経霊験記

二〇二三年八月一五日　第一刷発行

著　者　伊豆山格堂
発行者　小林公二
発行所　株式会社　春秋社
東京都千代田区外神田二—一八—六（〒一〇一—〇〇二一）
電話〇三—三二五五—九六一一　振替〇〇一八〇—六—二四八六一
https://www.shunjusha.co.jp/

印刷所　信毎書籍印刷株式会社
製本所　ナショナル製本協同組合
装　丁　本田　進

定価はカバー等に表示してあります
2023©ISBN978-4-393-14022-2

椎名由紀・横田南嶺

ZEN呼吸

「健康」は白隠さんから

「健康」の源流は江戸の禅僧・白隠にあり。身心の不調が見事に消え去る、日々の呼吸と姿勢のあり方とは？　今こそ身に付けたい『夜船閑話』に学ぶ真の健康法。

一七六〇円

横田南嶺

祈りの延命十句観音経

3・11以来著者は十句経を唱え、祈ることは「めげずに生きるぞ」という「いのちの宣言」であると説いてきた。円覚寺派管長がみずからの十句経との縁と共に仏教の核心を説く。

一一〇〇円

細川晋輔

禅の調べ

はじめて唱う白隠禅師「坐禅和讃」

衆生本来仏なり水と氷の如くにて——江戸時代より今日まで広く親しまれている白隠禅師「坐禅和讃」。四十四句に込められた真心を、身近な比喩と共にあたたかに読み解く。

一九八〇円

朝比奈宗源

人はみな仏である

白隠禅師坐禅和讃・一転語

「死んでも死なないいのち」とは何か。白隠禅師の有名な「坐禅和讃」を素材に「仏心」に休らう人の生き方を語る法話集。禅機に溢れた老師の語録「一転語」を付す。〈新装版〉

二二〇〇円

表示価格は税込（10％）。